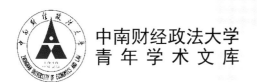
中南财经政法大学
青年学术文库

U0454220

本书受中南财经政法大学出版基金资助

受高等学校学科创新引智计划:
收入分配与现代财政学科创新引智基地(B20084)资助

慢性病对农村老年相对贫困影响的效应与机制研究

于长永 著

WUHAN UNIVERSITY PRESS
武汉大学出版社

图书在版编目(CIP)数据

慢性病对农村老年相对贫困影响的效应与机制研究 / 于长永著 .
武汉 : 武汉大学出版社, 2024. 12. -- ISBN 978-7-307-24695-9

Ⅰ. F323.8

中国国家版本馆 CIP 数据核字第 20243X9N17 号

责任编辑:黄金涛　　　责任校对:汪欣怡　　　版式设计:韩闻锦

出版发行: **武汉大学出版社**　（430072　武昌　珞珈山）

（电子邮箱：cbs22@ whu.edu.cn　网址：www.wdp.com.cn）

印刷:湖北云景数字印刷有限公司

开本:720×1000　1/16　印张:18.75　字数:302 千字　插页:2

版次:2024 年 12 月第 1 版　2024 年 12 月第 1 次印刷

ISBN 978-7-307-24695-9　　定价:88.00 元

目　　录

图　目　录

表 目 录

第一章 导 论

第一节 研究背景与意义

中华人民共和国成立七十余年、改革开放四十余年以来，中国的反贫困实践取得了举世瞩目的伟大成就，特别是党的十八大以来，国家通过大力实施"六个精准"①扶贫策略、"五个一批"②脱贫举措、"十大扶贫工程"③和"中央统筹、省负总责、市县抓落实"④和"五级书记"一起抓扶贫的脱贫攻坚工作机制以及动员全社会力量广泛参与扶贫工作，实现了全国832个"贫困县"全部摘帽，12.8万个"贫困村"全部出列，历史性地解决了绝对贫困问题，开启了全国人民迈向"共同富裕"的新征程。但是，绝对贫困问题的历史性解决，并不意味着中国不再有贫困问题，而是反贫困工作的重点将从过去的绝对贫困问题转向结构性的相对贫困问题，而农村老年人的相对贫困是中国相对贫困的重点群体。农村老年相对贫困的致贫因素涉及多个方面，其中，慢性病导致的农村老年贫困是其中的重要方面。在"后扶贫"时代，从慢性病的角度探究中国农村老年相对贫困问题解决之道，不仅有着特殊的时代背景，还有着重要的现实意义。

---

① 即扶持对象精准、项目安排精准、资金使用精准、措施到户精准、因村派人精准、脱贫成效精准。

② 发展生产脱贫一批、易地搬迁脱贫一批、生态补偿脱贫一批、发展教育脱贫一批、社会保障兜底一批。

③ 即干部驻村帮扶、职业教育培训、扶贫小额信贷、易地扶贫搬迁、电商扶贫、旅游扶贫、光伏扶贫、构树扶贫、致富带头人创业培训、龙头企业带动。

④ 中共中央办公厅 国务院办公厅印发《脱贫攻坚责任制实施办法》，中华人民共和国人民政府官网：http://www.gov.cn/xinwen/2016-10/17/content_5120354.htm

一、研究背景

从慢性病角度探讨中国农村老年相对贫困问题的重要性，源于中国当前面临的四大时代背景，即一是人口老龄化快速发展；二是疾病谱已经发生转变；三是全面建成小康社会的目标已经实现；四是乡村振兴战略快速推进。

（一）人口老龄化快速发展

人口老龄化是 21 世纪世界各国共同面临的人口结构问题，中国的人口老龄化问题更加突出、更加严重。老年人口基数大、人口老龄化速度快、人口高龄化趋势明显、"未富先老"和"未备先老"以及城乡人口老龄化程度倒置的特殊人口发展背景，凸显出研究农村老年人相对贫困问题的重要价值。

第一，老年人口基数大。根据 1956 年联合国《人口老龄化及其社会经济后果》中确定的人口老龄化标准和 1982 年维也纳老龄问题世界大会对人口老龄化的重新界定，静态视角下的人口老龄化是指 60 岁及以上老年人口占总人口中的 10%，或者 65 岁及以上人口占总人口中的 7%；动态视角下的人口老龄化是指，60 岁或 65 岁及以上的老年人口占总人口中的比重逐渐增加的过程。中国从世纪之交进入人口老龄化社会以来，[①] 老年人口数量呈现出不断增长态势，从图 1-1 的统计结果可以看出，中国农村 60 岁及以上老年人口数量从 2001 年的 8 985 万人增长到 2020 年的约 1.21 亿人，增长了 35.1%；65 岁及以上老年人口数量从 2001 年的 5 634 万人增长到 2020 年的 9 035 万人，增长了 60%。

第二，人口老龄化速度化。人口老龄化速度的快与慢是一个相对的概念，而不是一个绝对的概念。国际上一般以人口老龄化程度倍增所需要的时间长短，作为衡量人口老龄化速度快慢的标准。表 1-1 的统计结果表明，按照 60 岁及以上人口所占比例的倍增时间来看，法国人口老龄化速度最慢，人口老龄化程度从人口占比的 10% 上升到 20%，法国耗时 140 年，按照 65 岁及以上

---

① 按照 60 岁及以上老年人占总人口中的比例达到 10% 的人口老龄化标准，中国从 1999 年进入人口老龄化社会，按照 65 岁及以上老年人占总人口中的比例达到 7% 的人口老龄化标准，中国从 2000 年进入人口老龄化社会。

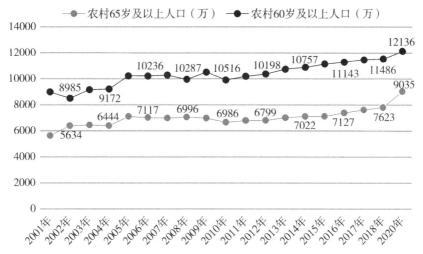

注：全国农村人口总规模来源于 2001—2020 年《国民经济和社会发展统计公报》。

图 1-1 中国农村老年人口数量变动趋势

人口所占比例的倍增时间来看，法国人口老龄化程度从 7% 上升到 14% 耗时 115 年。而按照同样的标准，中国 60 岁和 65 岁标准下的人口老龄化程度倍增时间分别耗时 27 年和 28 年，但这是预测的时间，实际时间比这个时间更短。① 中国的人口老龄化速度与日本、印度和韩国比较接近，是世界上人口老龄化速度最快的几个国家之一。但是，与日本和韩国相比，中国是一个典型的人口老龄化速度快且社会经济发展水平较低的发展中国家，是典型的"未富先老"国家。②

---

① 需要说明的是，上述统计数据是一个预测值，而不是实际值。2000 年，中国 65 岁及以上老年人口占总人口中的比例达到 7%，进入人口老龄化社会，到 2021 年中国 65 岁及以上老年人口所占比例已经达到了 13.5%，接近 14%，2022 年 65 岁标准下的人口老龄化程度将超过 14%。这也就是说，中国 65 岁标准下的人口老龄化程度倍增时间只有 23 年左右。

② 关于"未富先老"也有学者提出不同观点，例如著名人口学家邬沧萍教授在一次学术会上曾经提出"边富边老"的思想，严格来说，中国的人口老龄化过程确实是一个"边富边老"的过程，但是判断一个国家是"未富先老"还是"边富边老"，需要从进入人口老龄化社会门槛之时，这个国家的社会经济发展水平，按照这个标准，中国属于典型的"未富先老"国家。

表 1-1　　　　　中国与部分国家老年人口比例倍增时间比较

国别	10%~20%(60+)	年数	7%~14%(65+)	年数
法 国	1850—1990	140	1865—1980	115
瑞 典	1890—1970	80	1890—1975	85
意大利	1911—1990	79	1921—1988	67
美 国	1937—2015	78	1944—2010	66
荷 兰	1930—2005	75	1940—2005	65
加拿大	1940—2010	70	1994—2008	64
丹 麦	1911—1980	69	1921—1980	59
瑞 士	1930—1995	65	1930—1985	55
西班牙	1950—2000	50	1950—1990	40
中 国	2000—2027	27	2000—2028	28
日 本	1970—1995	25	1970—1995	25
印 度	2015—2040	25	2000—2030	30
韩 国	1997—2020	23	2000—2020	20

注：数据来自中国人口与发展研究中心课题组：《中国人口老龄化战略研究》，《经济研究参考》，2011 年第 34 期，第 2-23 页。

第三，人口高龄化趋势明显。一般认为，高龄老年人是指 80 岁及以上的老年人[1]。高龄化是与人口老龄化相近的一个概念，按照人口老龄化的界定标准，人口高龄化也可以界定为两种情况：一是高龄老年人口占老年人口中的比重达到一定水平，我们就称为一个国家或社会进入了高龄化状态，但这个水平到底是多少目前并没有一个统一的标准。高龄化系数是指 80 岁及以上的老年人口占 60 岁及以上老年人口中的比重。[2] 人口老龄化和高龄化发展均是一个世界趋势，从图 1-2 的统计结果可以看出，从 1950 年到 2050 年，60岁、65 岁、70 岁、75 岁以及 80 岁及以上的老年人口，都呈现出一个快速上升的态势。

从高龄老年人口的增长率来看(图 1-3)，中国是世界上高龄老年人口增长

----

① 王琳：《中国老年人口高龄化趋势及原因的国际比较分析》，《人口与经济》，2004 年第 1 期，第 6-11 页。

② 罗淳：《高龄化：老龄化的延续与演变》，《中国人口科学》，2002 年第 3 期，第33-40 页。

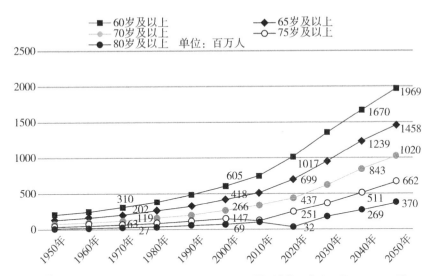

注：United Nations. Population Division, World Population Prospects: The 1998 Revision, Vol. II, 10-11.

图 1-2 1950—2050 年全球人口老龄化和高龄化发展趋势

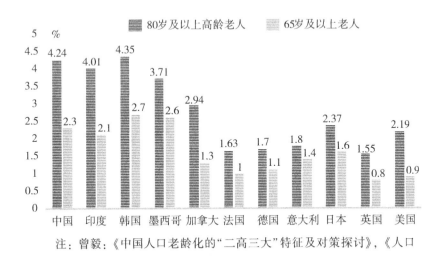

注：曾毅：《中国人口老龄化的"二高三大"特征及对策探讨》，《人口与经济》，2001 年第 5 期，第 3-10 页。

图 1-3 1990 年至 2050 年间老年人口每年平均增长率的国际比较

率最高的国家之一，从 1990 年到 2050 年，中国 80 岁及以上的高龄老年人口平均每年的增长率为 4.24%，高龄老年人口增长率仅次于韩国的 4.35%，远远高于美国的 2.19%，日本的 2.37%，德国的 1.7%，以及法国的 1.63%。但是与上述这些发达国家相比，中国社会经济发展水平远远没有他们的社会经济发展水平高。

中国农村 80 岁及以上的老年人口也呈现出快速增长趋势。图 1-4 的统计结果显示，从 2001 年到 2020 年，中国农村的 80 岁及以上高龄老年人口呈现出逐渐上涨趋势，高龄老年人口数量从 858 万人增长到1667万人，20 年时间数量增长了近一倍。高龄老年人口是一个容易失能失智的群体，根据不同的失能标准，中国高龄老年人口失能率为 6.6%～41%①。老年人的失能与失智将大大增加高龄老年人的医护成本，导致老年人贫困发生率增加。

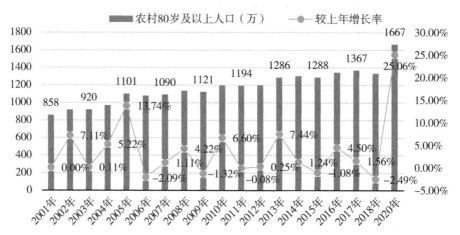

注：全国农村人口总规模来源于 2001—2020 年《国民经济和社会发展统计公报》的数据整理。

图 1-4　中国农村人口高龄化发展趋势

第四，"未富先老"与"未备先老"并存。未富先老也是一个相对的概念，一般以一个国家进入人口老龄化社会时的人均 GDP 水平，作为判断一个国家是否属于"未富先老"国家的依据。相对于国外发达国家的"先富后老"而言，中国属于典型的"未富先老"国家。发达国家进入人口老龄化社会时，人均

———————

① 孙鹃娟、高秀文：《国际比较中的中国人口老龄化：趋势、特点及建议》，《教学与研究》，2018 年第 5 期，第 59-66 页。

GDP 一般达到5000~10000美元的水平，而中国在世纪之交进入人口老龄化社会时，人均 GDP 只有1000美元左右①。即便是按照购买力平价的标准，中国2000 年进入人口老龄化社会时，人均 GDP 也只有不到 4000 美元，见表1-2。从表1-2 的统计数据来看，日本从 1970 年进入人口老龄化社会，人均 GDP 约为1.2 万美元，世界平均水平的人均 GDP 为7446美元，美国为 1.1 万美元左右，以色列为 1.2 万美元左右，韩国为 1.7 万美元左右，新加坡为 2.4 万美元左右。美国、日本、韩国、中国 65 岁及以上人口占比达到12.6%分别是在 1990年、1992 年、2015 年、2019 年，当时人均 GDP 分别为 2.4 万美元、3 万美元、2.7 万美元、1 万美元②。

表 1-2 　　　　　　　　　　进入老年型社会时人均 GDP 国际比较

国家(年份)	人均 GDP(美元)（购买力平价）	老龄化程度(%)	
		60 岁及以上人口比例	65 岁及以上人口比例
世界(2000)	7446	10.0	6.9
中国(2000)	3976	10.1	6.8
中等收入国家(2000)	5734		6.6
美国(1950)	10645	12.5	8.3
日本(1970)	11579	10.6	7.1
以色列(1975)	12270	11.8	7.8
韩国(2000)	17380	11.0	7.1
新加坡(2000)	23356	10.5	7.2

注：数据来自中国人口与发展研究中心课题组：《中国人口老龄化战略研究》，《经济研究参考》，2011 年第 34 期，第2-23 页。

---

① 穆光宗、张团：《我国人口老龄化的发展趋势及其战略应对》，《华中师范大学学报(人文社会科学版)》，2011 年第 5 期，第 29-36 页。

② 《令人心忧的中国人口老龄化》，https：//view.inews.qq.com/k/20200911A0GID700?web_channel＝wap&openApp＝false。

第五，人口老龄化"城乡倒置"特点明显。"城乡倒置"是指中国农村的人口老龄化程度高于城市的人口老龄化程度。发达国家人口老龄化发展过程中，城市人口老龄化程度一般高于农村人口老龄化水平，而中国却恰恰相反。图1-5的统计结果虽然表明，城镇65岁及以上老年人口的数量虽然比农村老年人口的数量多，但是由于农村外出务工人数高达近3亿人，因此，农村人口老龄化程度却比城镇人口老龄化程度更高。统计数据显示，2007年农村人口老龄化程度高于城镇1.24个百分点，到2030年人口老龄化高峰到来的时候，农村和城镇人口老龄化程度将分别达到29%和22%①。根据人口学家的预测，中国人口老龄化程度城乡倒置的人口结构，将一直持续到2040年，之后才会实现转变，即到2040年以后，城镇人口老龄化程度将高于农村人口老龄化程度②。

注：数据来自《2004—2020年民政事业发展统计公报》，https：//www.mca.gov.cn/article/sj/tjgb/

图1-5 中国人口老龄化的城乡倒置特点

① 全国老龄工作委员会办公室：《中国人口老龄化发展趋势预测研究报告》，《中国妇运》，2007年第2期，第15-18页。
② 杜鹏、王武林：《论人口老龄化程度城乡差异的转变》，《人口研究》，2010年第2期，第3-10页。

(二)疾病谱已经发生转变

中国疾病谱的快速转变是指国内人口疾病的发病率和死亡原因,由建国初期的烈性或急性传染病向慢性非传染性疾病转变的过程。中国疾病谱的转变,可以用下列三个指标加以反映:一是传染病的患病率,二是慢性病的发病率,三是死亡原因的构成。从传染病的患病率来看,20世纪70年代以后,在国家一系列干预政策的实施背景下,中国农村传染病的发病率快速下降,至今保持较低的流行水平,相反,从20世纪90年代以后,农村慢性病的发病率开始出现逐渐增加趋势,现在已经成为威胁农村人口健康的主要问题①。中国疾病谱的快速转变不仅影响老年人的工作效率及由此导致的收入水平下降等问题,还将严重影响农村老年人口疾病的诊疗模式和诊疗周期,增加老年人的医疗费用支出,成为老年人群"因病致贫"和"因病返贫"的重要诱因。

第一,从传染病患病率的发展趋势来看,从图1-6的统计数据可以看出,中国甲、乙类传染病发病率呈现出"正态分布型"的变动趋势。从1950年到1970年,全国甲乙类传染病发病率呈现出快速上升趋势,但是到20世纪70年代以后,随着国家一系列健康干预措施的有效实施,例如全面建立农村合作医疗制度等(被称之为"旧农合"),全国甲乙类传染病发病率呈现出快速下降趋势,进入21世纪后,全国甲乙类传染病发病率长期维持在稳中有降的低水平状态。

第二,从慢性病的发病率来看,表1-3的统计结果显示的是从1985年到2013年中国农村排名在前六位的慢性病排序情况和发病率。从慢性病排序和发病率的变动趋势看,排在前六位的慢性病种类虽然也呈现出不断的调整趋势,但是高血压始终是处在前六位的慢性病之一,甚至近年来成为排名最为靠前的慢性病类型。从高血压的患病率来看,农村居民的高血压患病率从1985年的4.‰持续上升到2013年的123.1‰,28年左右的时间,农村高血压患病率增长率近26倍。慢性支气管炎等疾病,也是发病率较高的慢性病之一。

---

① 余成普:《中国农村疾病谱的变迁及其解释框架》,《中国社会科学》,2019年第9期,第92-114页。

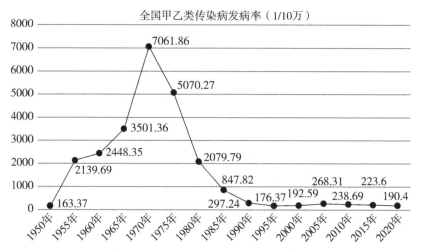

注：数据来自国家卫生健康委：《中国卫生统计年鉴》（2018 年卷），北京：中国协和医科大学出版社，2018 年版，第 253 页。2020 年数据来自《2020 年我国卫生健康事业发展统计公报》，http：//www. gov. cn/guoqing/2021-07/22/content_5626526. htm

图 1-6　中国甲乙类传染病发病率变动趋势

表 1-3　　　　　　　　　农村慢性病发病率变动趋势（单位：‰）

排序	1985 年	1993 年	1998 年	2003 年	2008 年	2013 年
1	慢性支气管炎 11.44	慢性肠胃炎 16.3	慢性肠胃炎 11.97	高血压 16.4	高血压 38.5	高血压 123.1
2	关节炎 8.34	风湿性关节炎 13.2	类风湿性关节炎 9.76	肠胃炎 10.5	肠胃炎 11.7	糖尿病 21.3
3	肠胃炎 5.27	慢性支气管炎 13.1	慢性支气管炎 8.81	类风湿性关节炎 8.7	类风湿性关节炎 11.3	椎间盘疾病 16.1
4	高血压 4.8	高血压 5.9	高血压 7.01	慢性阻塞性肺病 7.3	椎间盘疾病 9.3	肠胃炎 13.2
5	消化道溃疡 3.43	消化道溃疡 5.5	消化道溃疡 3.6	胆结石胆囊炎 4.7	慢性阻塞性肺病 8.5	脑血管病 12.3
6	心脏病 3.15	胆结石胆囊炎 3.2	胆结石胆囊炎 3.57	脑血管病 4.4	脑血管病 8.3	类风湿性关节炎 11.4

数据来自：余成普：《中国农村疾病谱的变迁及其解释框架》，《中国社会科学》，2019 年第 9 期，第 92-114 页。

第三，从农村人口死亡原因的构成来看，图1-7的统计结果显示，农村每10万人口的死亡率中，因为传染病导致的死亡率从1990年开始快速下降，至2005年以后，虽然农村因为传染病导致的死亡率和死亡原因所占比例有所上升，但是总体上维持在较低的水平。这也就是说，中国疾病谱的转变，即从急性传染性疾病向慢性非传染性疾病的转变，从20世纪90年代就已经开始了。

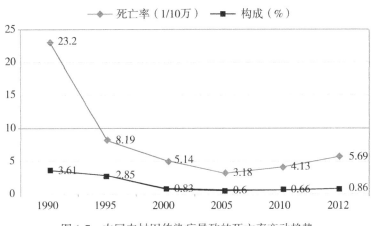

图1-7　中国农村因传染病导致的死亡率变动趋势

(三)实现全面建成小康社会

全面建成小康社会目标的概念，起源于1979年12月邓小平同志提出的"小康之家"理念。1982年9月党的十二大正式将小康社会，确定为此后20年中国经济发展的战略目标。1987年10月、1992年10月，党的十三大、十四大重申到20世纪末实现小康社会目标。1997年9月党的十五大提出到2010年、建党100年和中华人民共和国成立100年的发展目标，其中，要求在21世纪头10年使人民的小康生活更加宽裕。2002年11月，党的十六大正式确立"全面建设小康社会"的奋斗目标，2007年10月，党的十七大重申"全面建设小康社会是党和国家到2020年的奋斗目标"，2012年党的十八大将"全面建设小康社会"的目标，进一步上升到"全面建成小康社会"目标的高度。

中国社会建设目标从 20 世纪 70 年代末提出的"小康之家"向 2020 年全面建成小康社会目标转变的过程，是中国经济快速发展的过程和结果，也是贫困人口尤其是农村贫困人口不断减少的过程。统计数据表明，按照 2010 年的扶贫标准，中国农村贫困人口从 1978 年的 7.7 亿多人减少到 2019 年的 551 万人（见图 1-8）。中国用 40 多年的时间，把贫困发生率从 97.5% 降低到 3% 以下，创造了美、英、德、日等经济发达国家 100 多年也没有达到的反贫困成就①。当前，中国已经实现全面建成小康社会的伟大目标，绝对贫困人口已经被历史性地消除，贫困问题研究以及反贫困目标也正在悄悄发生转变。在此背景下，从慢性病角度深入探讨农村老年人的相对贫困问题，是进一步巩固脱贫攻坚成果、防止社会大面积返贫和长期保持全面建成小康社会水平的内在要求。

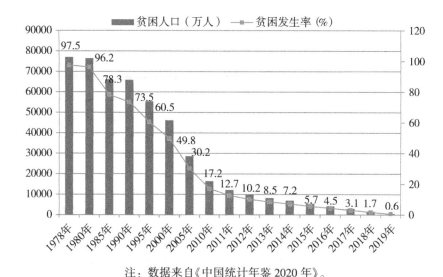

注：数据来自《中国统计年鉴 2020 年》。

图 1-8　中国农村贫困人口和贫困发生率变化趋势

____

① 改革开放 40 年，中国将贫困发生率降到 3% 以下，而美、英、德、日等国家用 100 年时间，才将贫困发生率降到 10%，创造了世界反贫困的中国速度和国际典型。参见雒亚男：《中国共产党百年反贫困的机制创新和历史启示》，《经济社会体制比较》，2021 年第 4 期，第 19-26 页。

(四)共同富裕理念的提出

共同富裕理念提出的重要背景是社会主要矛盾的深刻变化。其根本任务在于解决社会公平正义问题，以及社会经济发展过程中存在的不平衡不充分问题。改革开放四十余年来，中国在取得经济社会发展巨大成就的过程中，社会公平正义问题、发展不平衡不充分的问题，不仅没有得到明显的改观，甚至还有进一步恶化的风险。国际上测度和研究不平等的方法有很多，例如Bonferroni指数、Vergottini指数、泰尔指数、基尼系数以及Zenga指数等①。其中，基尼系数是被国际社会广泛接受的测度和评价一个国家或地区收入分配差距情况和社会不平等情况的重要指标。中国基尼系数的变化情况，反映了收入分配差距和社会公平问题变动趋势(见图1-9)。

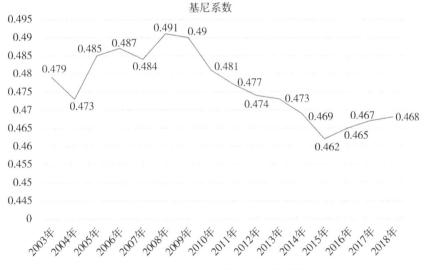

注：数据来自《2020中国住户调查统计年鉴》。

图1-9 中国基尼系数变动趋势

国际上，一般把基尼系数达到0.4界定为一个国家或地区收入差距过大的警戒线。从图1-9的统计结果来看，尽管从2009年以来，中国的基尼系数

---

① 韩秀兰、张楠：《堪培拉指数与基尼系数的不平等测度比较》，《统计与决策》，2018年第17期，第21-26页。

呈现出不断下降的趋势，但是多年来中国基尼系数始终高于 0.4 的国际警戒线，甚至有专业机构的研究结果显示，中国基尼系数可能高达 0.61①。正是在这样的社会背景下，共同富裕发展理念再次被提出。农村老年人是较为脆弱的群体，农村老年人的相对贫困问题是人口老龄化快速发展背景下容易出现的"新贫困"群体，推动共同富裕需要优先解决农村老年人口贫困问题。

（五）全面推进乡村振兴战略

中国的人口老龄化呈现出明显的城乡倒置特点、农村人口老龄化程度更高的现实以及农村是中国社会经济发展短板与洼地的客观现实，决定了农村地区是贫困问题的聚集地和容易发生地，解决中国人口老龄化问题的重点和难点在农村。全面实施乡村振兴战略，是党的十九大做出的重大战略部署，是决战全面建成小康社会、全面建设社会主义现代化国家的重大历史任务，是新时代"三农"工作的总抓手。乡村振兴战略的总体要求和指导思想是产业兴旺、生态宜居、乡风文明、治理有效、生活富裕②。其中，农村居民的生活富裕是乡村振兴的根本任务之一。因此，推进乡村振兴战略，落实乡村振兴的战略任务，不仅需要解决已经发生的贫困问题，还需要解决可能新增的贫困问题，而在人口老龄化快速发展和"疾病谱"快速转变背景下的农村老年人口贫困问题，是农村新增贫困问题的潜在来源，亟待引起高度重视和治理。

二、研究意义

本书研究的意义，包括理论意义与现实意义两个方面。

（一）理论意义

老年人是一个特殊的脆弱性群体，农村老年人是中国特殊脆弱性群体中的最突出人群。老年人的脆弱性一方面来自社会资源的获取能力逐渐降低、社会网络日益缩小，另一方面源于老年人的健康机能日益下降，其中，慢性病高发是老年人健康状况不断恶化的一个典型表现。老年人罹患慢性病的影

---

① 2012 年西南财经大学的统计报告指出，中国大陆的基尼系数已达到了 0.61。

② 中共中央　国务院印发《乡村振兴战略规划（2018—2022 年）》，http：//www. moa. gov. cn/xw/zwdt/201809/t20180926_6159028. htm.

响因素复杂，人口老龄化是其中的一个重要因素，慢性病发病率随年龄增加而显著上升①。当前，中国人口老龄化呈现出加速发展态势，农村人口老龄化程度更高、城乡倒置的人口结构持续时间较长。慢性病与人口老龄化的叠加，必将加剧农村老年人的脆弱性，从慢性病视角防治农村老年人的相对贫困问题已成为新时代的重大议题。国内外关于慢性病与农村老年贫困的研究虽然较多，但往往把二者分开研究。从慢性病角度研究农村老年相对贫困，有助于丰富和深化老年贫困治理理论、构建基于慢性病的老年贫困分析框架，拓展老年贫困研究的多维体系。

(二)现实意义

慢性病已成为危害居民健康的首要因素。世界卫生组织2014年公布的数据显示，全球每年约有3800万人死于非传染性疾病，其中，42%的人即约有1600万人的死亡是本可以避免的过早死亡，比2000年过早死亡人数的1460万人还要多，中国在2012年就已经有860多万人"过早死亡"②。中国农村老年人的慢性病发病率是多少，农村老年人慢性病发病率呈现出什么样的结构性特点，慢性病对农村老年人的相对贫困会带来什么样的影响及其影响机制是什么，等等，这些都是值得深入探讨的重要议题。准确把握农村老年人慢性病的发病特点和基本规律，对于有效治理农村老年人的慢性病具有重要的现实意义。同时，巩固全面建成小康社会的伟大历史成就，不仅要治理已经发生的"贫困"，还要预防潜在增长的"新贫困"。农村老年人的相对贫困问题，是慢性病和人口老龄化叠加背景下极易出现的"新贫困"问题。因此，研究慢性病对农村老年人的致贫效应与致贫机制，有助于指导农村老年相对贫困和慢性病问题的有效治理，有助于顺利推进"健康中国"战略的有序实施和巩固全面建成小康社会的良好局面。

第二节　国内外研究现状述评

慢性病对农村老年相对贫困影响的效应与机制，这一问题涉及四个方面

---

① 郑晓瑛、宋新明：《中国人口转变、经济发展与慢性病增长》，《中国高校社会科学》，2014年第4期，第109-118页。

② 世界卫生组织：《2014年全球非传染性疾病现状报告》，www. who. int/ncd.

的内容：一是慢性病问题，二是农村老年相对贫困问题，三是慢性病对农村老年人相对贫困的影响效应，四是慢性病对农村老年人相对贫困的影响机制。从已有研究的关注角度来看，国内外已有文献关注的重点是老年贫困问题，而针对慢性病以及慢性病对农村老年相对贫困的影响效应与机制的研究明显较少。近年来，随着世界卫生组织连续多年发布全球慢性病发展报告以及中国提出大力实施"健康中国"战略之后，慢性病相关问题研究才逐渐成为国内外学者研究的热点问题。

一、关于慢性病问题的研究进展

（一）国内外"慢性病"问题的研究阶段

国内慢性病相关问题的研究缘起，较早可以追溯到 20 世纪 50 年代①，但是在 2006 年以前，慢性病问题始终未引起国内学者的高度重视。以"中国知网"为文献检索平台，以"慢性病"为题名，共检索出从 1951 年到 2021 年与慢性病相关的文献11547篇文献，其中 2006 年及以前的文献数量1459篇，占全部文献数量的比例只有 12.7%（见图 1-10）。2005 年世界卫生组织首次发布有关全球慢性病问题的研究报告，并指出"80%的慢性病死亡发生在低收入和中等收入国家，中国未来十年因慢性病导致的损失将高达5580美元"。在这之后，慢性病问题逐渐成为国内学者和有关部门关注的重点问题，2007 年以后"慢性病"相关问题的文献梳理占据从 1951 年到 2021 年总文献总量的近 90%证明了这一点。从 2006 年到 2021 年，国内关于"慢性病"问题的研究进程，又可以划分为两个阶段：一是从 2006 年到 2015 年，二是从 2016 年到 2021 年。2016 年中国提出并大力实施"健康中国"战略，在"健康中国"战略的大背景下，越来越多的国内外学者开始关注并研究慢性病及其治理问题。从 2006 年到 2015 年的十年时间，关于"慢性病"问题的文献总量只有4724篇，而从 2016 年到 2021 年的五年时间，关于"慢性病"问题的文献总量却达到了5352篇。这也就是说，从"健康中国"战略提出后的 6 年时间，国内外学者对"慢性病"问题的关注超过了"健康中国"战略提出前 10 年的关注量。

_____

① 国外关于"慢性病"问题的学术研究，较早可以追溯到 1891 年，在这一年已有 20 篇文章涉及"慢性病"问题。

注：数据来自"中国知网"检索，检索标准是以"慢性病"为题目。

图 1-10　1951—2021 年国内"慢性病"问题的研究轨迹

（二）国内外"慢性病"问题的研究视角

国内外学者对"慢性病"问题的研究视角，包括"学科"视角和"内容"视角两个方面。

从国内外学者对"慢性病"问题研究的学科视角来看，涉及卫生政策、医学药学、肿瘤学、医学教育、医疗保险、政治学、精神病学、社会统计以及体育学等多个学科。其中，卫生政策、医学药学是研究"慢性病"问题最多的两个学科。从 1951 年到 2021 年的11547篇文献中（见图 1-11），有5704篇文献是从医学药学的角度，对"慢性病"问题展开系统研究，占所有研究文献的比例为 49.4%；有5009篇文献是从卫生政策的角度，对"慢性病"问题展开深入研究，占所有研究文献的比例为 43.4%；另有 7.2%的研究文献分别从医学教育、医疗保险、政治学、社会统计以及体育等其他学科的角度，对"慢性病"问题展开更为细化的研究。

从国内外学者对"慢性病"问题研究的内容视角看，通过"中国知网"平台的文献检索可以发现，国内关于"慢性病"问题的研究内容，涉及慢性病现状与趋势、慢性病管理、慢性病影响因素、慢性病健康促进、慢性病防控、慢

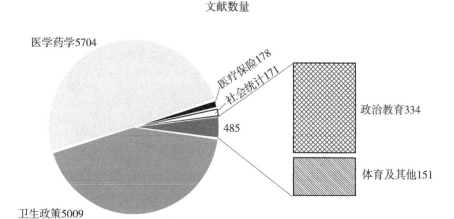

注：数据来自"中国知网"检索，检索标准是以"慢性病"为题目。

图 1-11　1951—2021 年国内"慢性病"问题的研究视角

性病类型以及慢性病经济负担以及综合内容等(见图 1-12)。其中，综合内容所占比例最大，综合内容是指包括多个研究内容不宜明确分类的文献。慢性病管理是研究内容较为明确且研究文献较多的方面，有2324篇研究文献关注慢性病管理，在总文献中所占比例为 20.12%；有 1743 篇研究文献关注慢性病的健康问题，所占比例为 15.1%；有1454篇研究文献关注慢性病的影响因素，所占比例为 12.6%；有 927 篇文献关注慢性病的现状，所占比例为 8.0%；有 792 篇研究文献关注慢性病的患病情况，所占比例为 6.9%；有 685 篇研究文献关注慢性病防控问题，所占比例为 5.9%。除了上述研究内容之外，只有 140 篇研究文献关注了慢性病的负担问题，所占比例仅为 1.2%。

(三)国内外"慢性病"问题研究的典型文献

课题组以文献的被引次数为依据，按照"国内"与"国外"文献相结合的原则，从每一组较多关注"慢性病"问题的研究文献中，选择出被引次数排名靠前的几篇文献作为代表，反映已有研究的主要内容和结论。

第一，慢性病现状与趋势问题。余成普(2019)将慢性病划分为过度损耗类慢性病和过量摄取类慢性病，前者以关节炎、椎间盘疾病等为代表，是早年"苦日子"在人们身上留下的印记；后者以高血压、糖尿病为代表，是生计

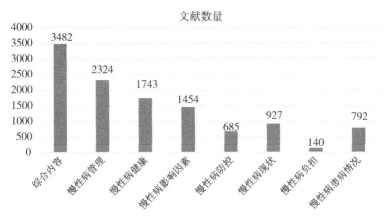

注：数据来自"中国知网"检索，检索标准是以"慢性病"+"?"为题目，
其中"?"代表"管理"、"负担"、"管理"、"防控"等关键词。

图 1-12　1951—2021 年国内"慢性病"问题的研究内容

转型之后"好日子"的快速到来使得长久遭受饥饿和劳累的身体难以适应的表现。过量摄取类慢性病表面上看是当前"生活的甜蜜"导致的，实则是早年经历的身体再现。作者认为，厘清社会制度、生计模式、文化心态、身体习性和健康疾病之间的复杂关系，有助于农村健康促进政策的合理制定和精准实施①。Jonathan Fuller(2017)讨论了慢性病的基本内涵和主要类型，探讨了慢性病的发病机制、病因学、体征和症状，他认为慢性疾病是一种身体状态或特性——通常是意向的(dispositional)，但有时是分类的(categorical)②。

第二，慢性病管理问题。吕兰婷、邓思兰(2016)分析中国慢性病管理的现状与问题，并提出相应对策。他们认为中国当前的慢性病管理目标主要是"1 升 2 早 3 降"，即对慢性病以预防和控制为主，争取做到早诊断、早治疗，以降低发病率、病死和病残问题。中国慢性病的管理模式主要有三种：一是以个人为主体的慢性病自我管理模式，二是以社区为主导的社区慢性病健康管理模式，三是以信息系统为主的慢性病信息检测模式。中国慢性病管理存

① 余成普：《中国农村疾病谱的变迁及其解释框架》，《中国社会科学》，2019 年第 9 期，第 92-115 页。

② Jonathan Fuller. What are chronic disease? https：//www.wisegeek.net/what-is-chronic-liver-disease.htm

在的主要问题，包括政策支持环境尚未形成、慢性病管理项目与常规工作脱节、项目评估机制尚未建立、不同层级机构之间协调不够、居民健康素养不高和慢性病防治人力资源不足。他们认为应加强慢性病管理项目绩效评估，推进分级诊疗，构建合理的慢性病管理服务网络，增强慢性病患者自我管理和加强慢性病健康管理人才队伍建设①。Vestbo, J. et al.（2013）阐述了慢性阻塞性肺病的诊断、管理和预防的全球战略。文章指出，全球慢性阻塞性肺病倡议发布的战略文件，强调 COPD 患者的评估应包括：（1）症状评估；（2）气流限制的严重程度评估；（3）加重史评估；（4）共病评估②。Zhang Xiaohong 等（2021）分析了慢性病资源对冠心病患者自我管理的影响，研究结果表明：慢性病资源和患者激活与自我管理行为呈显著正相关，患者激活介导了慢性病资源与自我管理之间的关系，为了改善自我管理行为，医务人员需要重视慢性病资源和患者激活的重要性③。

第三，慢性病影响因素问题。范涛等（2012）基于 2009 年中国健康和营养调查（CHNS）数据，实证分析老年人慢性病的影响因素，研究结果表明，年龄、对疾病的感知、体质指数、饮水习惯、家庭人口、是否在职、饮用水获得方式和人均收入是老年人慢性病的影响因素④。聂雪琼等（2015）采用分层多阶段与人口规模成比例抽样（PPS 抽样）的方法，实证研究了全国 31 个省（区、市）336 个监测点非集体居住的 15~69 岁常住人口的慢性病防治素养水平及其影响因素。研究结果表明，农村居民慢性病防治素养水平低于城市居民，受教育程度越高的居民，慢性病防治素养水平越高⑤。Queen Jessica et al.（2020）分析了抗生素使用对慢性病的影响，研究结果表明，抗生素使用增

①　吕兰婷、邓思兰：《我国慢性病管理现状、问题及发展建议》，《中国卫生政策研究》，2016 年第 7 期，第 1-7 页。

②　Vestbo, J. et al., Global Strategy for the Diagnosis, Management, and Prevention of Chronic Obstructive Pulmonary Disease GOLD Executive Summary, American Journal of Respiratory and Critical Care Medicine, 2013, 187(4): 347-365.

③　Zhang Xiaohong, Chen Hongbo, Liu Yanhui, Yang Bing. Influence of chronic illness resources on self-management and the mediating effect of patient activation among patients with coronary heart disease. Nursing open, 2021, 8(6): 3181-3191.

④　范涛、曹乾、蒋露露、许珍子：《老年人慢性病影响因素的健康生态学模型解释》，《中国全科医学》，2012 年第 1 期，第 33-36 页。

⑤　聂雪琼、李英华、陶茂萱、李莉、黄相刚：《中国居民慢性病防治素养水平及其影响因素》，《中国健康教育》，2015 年第 2 期，第 108-111 页。

加了癌症的发病风险，偏离了健康目标追求的长期健康后果①。Fried, LP. et al. (2001)研究老年人虚弱的影响因素，研究结果表明，被研究老年人的总体虚弱发病率为 6.9%，年龄越大虚弱患病率越高，女性老年人虚弱患病率高于男性，教育和收入较低、健康状况较差、慢性病等是导致虚弱的影响因素②。

第四，慢性病健康促进问题。孙海燕等 (2016) 通过建立慢性病健康管理小组，利用社区居家养老服务中心的管理平台，通过实施慢性病健康管理服务的方式增进慢性病患者的健康水平。他们同时探讨了慢性病健康管理模式在社区居家养老服务中的作用，研究结论表明：慢性病健康管理模式可为社区老年人提供更全面、具体、高效的慢性病健康管理服务，是一种老年人慢性病健康管理应用的新模式③。张根长 (2011) 探讨了健康教育在社区慢性病防治中的地位。研究结果表明，慢性病与人们的健康知识水平和行为习惯有密切关系，健康教育是提高国民健康素质及开展社区慢性病干预的有效途径，可有效降低慢性病的患病率④。Go, AS. et al. (2004) 分析了慢性肾病与死亡、心血管事件与住院风险之间的关系。研究结果表明，纵向肾小球滤过率 (GFR) 的降低与死亡、心血管事件和住院风险之间存在独立的分级相关性⑤。

二、关于老年贫困问题的研究进展

(一) 国内老年贫困的研究阶段

长期以来，贫困问题是国内外学术研究的热点问题，甚至可以说是最为

---

① Queen Jessica, Zhang Jiajia, Sears Cynthia L. Oral antibiotic use and chronic disease: long-term health impact beyond antimicrobial resistance and Clostridioides difficile, Gut microbes, 2020, 11(4): 1092-1103.

② Fried, LP, Tangen, CM, McBurnie, MA. Frailty in older adults: Evidence for a phenotype, Journals of Gerontology Series A-biological Sciences and Medical Sciences, 2001, 56 (3): 146-156.

③ 孙海燕、汤晓峰、周丽华、乔学斌、刘洋、俞黎黎：《慢性病健康管理模式在社区居家养老服务中的应用》，《重庆医学》，2016 年第 8 期，第 1062-1064 页。

④ 张根长：《健康教育在社区慢性病防治中的地位》，《中国初级卫生保健》，2011年第 11 期，第 40-41 页。

⑤ Go, AS, Chertow, GM, et al., Chronic kidney disease and the risks of death, cardiovascular events, and hospitalization, New England Journal of Medicine, 2004, 351 (13): 1296-1305.

重要的热点问题。根据"中国知网"提供的文献资料，国内关于贫困问题的学术研究，较早可以追溯到1952年①，从1952年到2021年，国内关于贫困问题的研究文献数以万计，但研究进展具有明显的阶段性(见图1-13)。从1952年到2021年，国内关于贫困问题的研究文献多达71796篇，而关于老年贫困的研究文献只有254篇，老年贫困研究文献数量仅占贫困问题研究文献数量的0.4%。从贫困问题的研究阶段来看，大致可以划分为六个阶段：一是从1952年到1985年，这个阶段贫困问题的研究文献始终很少，每年的贫困问题研究文献不到100篇；二是从1986年到1993年，农村经济体制改革全面推开，经过全国范围内有计划、有组织、大规模的扶贫开发，农村贫困问题大幅减少，贫困问题开始引起学者们的注意；三是1994年到2000年，国家推出"八七扶贫"攻坚计划②，如何减少贫困问题成为社会各界关注的重点问题。但是，这一阶段关于贫困问题的研究文献仍然较少，平均每年的研究文献只有923篇，还不到1000篇；四是从2001年开始到2007年，这是我国全面开启"全面建设小康社会"的时期，也是农村社会医疗保险制度快速发展的时期，各个研究视角的文献呈现出泉涌之势，2007年贫困问题研究文献数量达到顶峰，即4744篇，之后贫困问题研究热度开始下降；五是从2008年到2012年，这一时期社会关注的重点转向为"社会主义和谐社会"相关问题的研究，关于贫困问题研究的文献数量快速下降；六是从2013年到2020年，这一阶段我国提出"全面建成小康社会"的伟大目标，尤其是从2016年到2020年，这一时期是"全面建成小康社会"的脱贫攻坚阶段，贫困问题再一次成为社会各界关注的热点问题，研究文献也呈现出快速增加的特点。

值得注意的是，无论是国内关于贫困问题的研究是日渐增多还是快速下降的阶段，关于老年贫困问题的研究，始终处于边缘地带，研究文献数量极少，图1-13也清晰地呈现出这一基本特点，即贫困问题研究文献数量呈现出明显的变化(快速增长或减少)，而关于老年贫困问题的研究文献数量变动幅度很小，始终是处在最下面与横轴平行的一条直线。中华人民共和国成立70余年来，以"中国知网"为检索平台的老年贫困问题研究文献总体数量只有

---

① 国外关于贫困问题的研究始于1892年。

② 即从1994年开始到2000年，计划用八年时间，解决中国当时的7000万贫困人口问题。

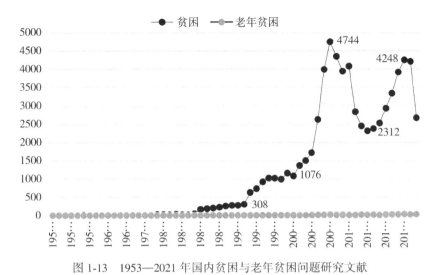

图 1-13　1953—2021 年国内贫困与老年贫困问题研究文献

254 篇，研究文献最多的年份也不过百篇。这一方面与中国的人口老龄化程度较低有关，另一方面也与人们对老年贫困尤其是农村老年贫困问题的重视程度不够有关。老年人口是一个特殊的脆弱人群，在中国人口老龄化快速发展的背景下，老年贫困是一个亟待关注的重要问题，它的重要性甚至比总和生育率减少问题更值得关注。

（二）国内老年贫困的研究视角

全面系统地梳理国内关于老年贫困问题的研究视角，主要包括以下四个方面。

一是，家庭视角下的老年贫困问题研究。解垩（2014）从家庭经济的视角分析了中国老年贫困问题，研究结果表明：老年家庭的经济脆弱性高于贫困；户主特征和家庭变量，不同程度地导致了家庭经济的脆弱和贫困，代际间向上流动的私人转移支付对老年家庭的经济脆弱性和贫困没有起作用[1]。乐章、刘二鹏（2016）从家庭禀赋的角度，实证分析了其对农村老年贫困的影响，研究结果表明：家庭收入、子女的资源供给等家庭禀赋因素以及公共养老金、

---

① 解垩：《中国老年家庭的经济脆弱性与贫困》，《人口与发展》，2014 年第 2 期，第 67-75 页。

公共医疗服务可及性都会显著影响农村老年贫困问题的发生①。尹志超、郭沛瑶（2021）从家庭消费视角评估了精准扶贫的实践效果，研究结果表明：精准扶贫使得贫困户人均消费提高了4.37%，生存型消费提高5.76%，发展型消费提高了13.12%。扶贫政策显著增加了食品、衣着、居住、交通通信及教育文娱等支出，居住类、交通通信支出占总消费的比重显著提高，而医疗保健支出占比显著降低②。于长永等（2019）从代际关系的视角，实证分析了农村老年贫困问题。研究结果表明：农村家庭代际关系质量总体较好，代际关系质量对农村老年贫困有显著影响，且存在显著差异。代际关系质量对农村老年收入贫困的影响来自于与儿子关系、与儿媳关系和与女婿关系。基于血缘关系的代际关系质量对农村老年人贫困的影响效应，明显大于基于姻缘关系的代际关系质量对农村老年人贫困的影响效应，与儿子关系在代际关系中起主导作用。代际关系质量存在示范效应，但其对农村老年人贫困的影响非常有限③。

　　二是，公共政策视角下的老年贫困问题研究。解垩（2017）利用CFPS2012年和2014年的数据，实证分析了养老金对老年人多维贫困和不平等的影响，研究结果表明：新型农村社会养老保险和城镇居民社会养老保险不仅对老年人口多维贫困和不平等没有明显的降低作用，而且对多维贫困和不平等中单一维度的剥夺没有任何影响④。刘二鹏、张奇林（2018）从主观贫困与客观贫困两个方面，实证分析了社会养老保险对农村老年人贫困的影响效应，研究结果表明：社会养老保险降低了农村老年人主观贫困的发生比率，但由于存在对子女经济支持的"挤出效应"，在一定程度上提升了农村老人客观贫困的

---

　　①　乐章、刘二鹏：《家庭禀赋、社会福利与农村老年贫困研究》，《农业经济问题》，2016年第8期，第63-73页。

　　②　尹志超、郭沛瑶：《精准扶贫政策效果评估——家庭消费视角下的实证研究》，《管理世界》，2021年第4期，第64-83页。

　　③　于长永、董敏琳、马瑞丽：《代际关系质量对农村老年贫困的影响——基于全国12个省份1395份基层调查数据的实证分析》，《农业技术经济》，2019年第5期，第27-38页。

　　④　解垩：《养老金与老年人口多维贫困和不平等研究——基于非强制养老保险城乡比较的视角》，《中国人口科学》，2017年第5期，第62-73页。

发生比率①。周坚等(2019)利用 CHARLS2013 年和 2015 年的两期面板数据，实证分析了医疗保险对农村老年人收入贫困和健康贫困等的影响效应，研究结果表明：城乡居民医保显著降低了农村老年人口陷入收入贫困和健康贫困的概率，但在降低他们的主观福利贫困方面并无显著的效果②。边恕等(2020)基于 CFPS204 年和 2016 年的数据，实证分析了城乡居民养老金对老年贫困的影响效应。研究结果表明：领取养老金能够降低约2%的老年绝对贫困发生率，领取养老金不能减少老年相对贫困的发生率，反而小幅度提升了相对贫困发生率③。亚森江·阿布都古丽(2021)基于新疆农村地区的问卷调查数据，运用 Probit 模型研究了社会养老保障对农村老年经济贫困、健康贫困和心理健康水平的影响作用。研究结果表明：社会养老保障对老年经济贫困、健康贫困有显著减缓作用，也对老年人的心理健康水平有显著正向作用，从其影响程度来看，对老年人心理健康水平的作用程度最大，对老年经济贫困的作用程度最小④。

第三，性别视角下的老年贫困问题研究。徐勤、魏彦彦(2005)基于中国城乡老年人口状况一次性抽样调查数据，从性别视角分析了老年贫困人口的性别差异、生活质量差异、经济收入水平差异等问题，研究结果表明：城市不同性别老年人口中贫困者的比例差异较农村突出，女性老年人口的收入水平明显低于男性老年人口，女性贫困老年人的生活状况与男性反差显著，她们在生活中面临着更多的困难⑤。王晶、刘彦喆(2012)从社会保障缺位、传统父权观念、代际关系失衡、逝者医疗债务以及疾病等多个方面，分析了它

---

① 刘二鹏、张奇林：《社会养老保险缓解农村老年贫困的效果评估——基于 CLHLS (2011)数据的实证分析》，《农业技术经济》，2018 年第 1 期，第 98-110 页。

② 周坚、周志凯、何敏：《基本医疗保险减轻了农村老年人口贫困吗——从新农合到城乡居民医保》，《社会保障研究》，2019 年第 3 期，第 33-45 页。

③ 边恕、宋经翔、孙雅娜：《中国城乡居民养老金缓解老年贫困的效应分析——基于绝对贫困与相对贫困双重视角》，《辽宁大学学报(哲学社会科学版)》，2020 年第 1 期，第 88-97 页。

④ 亚森江·阿布都古丽：《社会养老保障对农村老年多维贫困的影响》，《统计与决策》，2021 年第 6 期，第 100-103 页。

⑤ 徐勤、魏彦彦：《从社会性别视角看老年贫困》，《市场与人口分析》，2005 年增刊，第 99-109 页。

们与农村丧偶老年女性贫困之间的关系①。高翔(2019)基于 CLHLS2014 年的调查数据,利用多维贫困度量法,从物质、健康、权利三个维度分析了农村老年女性陷入轻中深度贫困时整体状况、各维度指标指数及致贫机制。研究结果表明:从整体而言,物质生活维度在农村老年女性多维贫困中指数最高;从分解指标指数而言,家庭赋权显著利于摆脱多维贫困。随着贫困程度递增,家庭、社会保障等因素显著影响农村老年女性摆脱多维贫困②。

(三)国内外老年贫困问题的研究内容

首先,不同类型的老年贫困问题研究。关于老年贫困的类型,大部分学者是从多维贫困的角度来探讨老年贫困相关问题,也有个别学者从单一维度的贫困出发,来探讨老年贫困问题。马玉等(2016)采用 AF 方法从健康、经济保障、生活水准和社会参与四个维度构建了老年多维贫困指数(MPI),并基于 CHARLS 对中国老年多维贫困状况进行了测度,研究结果表明:老年多维贫困在健康、生活水准和社会参与方面的城乡差异最大③。刘二鹏、张奇林(2018)利用 CLHLS2011 年的调查数据,实证分析了社会养老保险对农村老年主观贫困和客观贫困的影响效应④。陈友华、苗国(2015)从绝对贫困的角度,探讨了社会救助在解决老年贫困问题方面的作用。但是,他们并没有给绝对贫困进行定义,只是指出了绝对贫困的基本特点:处于待业、无业状态的人口;家庭成员中有严重残疾、患病等特殊困难和特殊负担的弱势群体;由民政部门救济的鳏、寡、孤、独人口等群体⑤。

其次,老年贫困人口规模估计。乔晓春等(2005)利用中国老龄科研中心2000 年 12 月组织的"中国城乡老年人口状况一次性抽样调查"数据,经过加

① 王晶、刘彦喆:《农村丧偶老年女性贫困原因的社会学分析》,《东北师大学报(哲学社会科学版)》,2012 年第 1 期,第 201-206 页。

② 高翔:《农村老年女性多维贫困:现实与因应》,《农业经济与管理》,2019 年第 2 期,第 16-23 页。

③ 马瑜、李政宵、马敏:《中国老年多维贫困的测度和致贫因素——基于社区和家庭的分层研究》,《经济问题》,2016 年第 10 期,第 27-33 页。

④ 刘二鹏、张奇林:《社会养老保险缓解农村老年贫困的效果评估——基于 CLHLS(2011)数据的实证分析》,《农业技术经济》,2018 年第 1 期,第 98-110 页。

⑤ 陈友华、苗国:《老年贫困与社会救助》,《山东社会科学》,2015 年第 7 期,第 104-113 页。

权处理后对中国的城市和农村以及调查到的省、市、自治区和直辖市的贫困老年人口的比例和规模进行了估计。研究结果表明：调查的 20 个地区中，老年人贫困问题最严重的地区是云南、陕西、山东、安徽和湖北，情况比较好的除了上海、北京和天津 3 个直辖市以外，还有浙江、福建、黑龙江等地区。2000 年 11 月 1 日全国贫困老年人占全部老年人口的比例为 17.5%，全国贫困老年人口总量为 2274.8 万人①。杨立雄（2011）采用农村贫困线和"1 天 1 美元"两个标准，测得农村老年贫困人口规模在 1400 万人以上；采用城镇最低生活保障标准和"1 天 2 美元"两个标准，测得城镇老年贫困人口规模在 300 万人左右，中国老年贫困人口总规模近 1800 万，老年贫困发生率超过 10%②。王德文、张凯悌（2005）利用 2000 年人口普查和中国城乡老年人口状况一次性抽样调查资料，对中国老年人口贫困发生率进行分析，研究结果表明：全国老年贫困人口数量为 921 万~1168 万。贫困发生率为 7.1%~9.0%③。预计到 2050 年，中国老年人口规模将超过 4.5 亿人，占总人口的比重将超过 30%（United Nations，2012）④。

再次，老年贫困的影响因素。Parker 等（2007）的研究结果表明：慢性病与年龄增长有着天然的联系，人口老龄化不可避免地带来各种慢性病（如心脑血管疾病、糖尿病等）患病率的大幅度上升）⑤。陈友华、苗国（2015）从理论上阐述了老年贫困的影响因素，包括自然因素、个体因素、家庭因素、经济因素、社会因素、文化因素等⑥。马玉等（2016）从社区和家庭层面分析了影响中国老年多维贫困的因素，研究结果表明：整洁无污染的社区环境、健全的公共活动场所和设施有助于降低老年多维贫困发生率，而教育水平低、无

---

① 乔晓春、张恺悌、孙陆军、张玲：《对中国老年贫困人口的估计》，《人口研究》，2005 年第 2 期，第 8-16 页。

② 杨立雄：《中国老年贫困人口规模研究》，《人口学刊》，2011 年第 4 期，第 37-45 页。

③ 王德文、张凯悌：《中国老年人口的生活状况与贫困发生率估计》，《中国人口科学》，2005 年第 1 期，第 58-67 页。

④ UN. Report by the Secretary-General on the Prevention and Control of Non-Communicable Diseases. New York：The United Nations，2012.

⑤ Parker M G，Thorslund M. Health Trends in the Elderly Population：Getting Better and Getting Worse. Gerontologist，2007，47(2)：150-158.

⑥ 陈友华、苗国：《老年贫困与社会救助》，《山东社会科学》，2015 年第 7 期，第 104-113 页。

子女或子女众多的老年群体，更容易陷入多维贫困①。杨菊华、陈志光
(2010)从绝对经济贫困的角度，实证分析了老年贫困的影响因素，研究结果
表明：家庭形式和居住安排、子女的数量和性别、老人的工作史等因素都作
用于自评的经济贫困，公共福利的有无对老人经济贫困的影响尤大，孤寡老
人、有女无儿的老人、农村男性老人的自评经济状况低于其他老人②。王增
文(2010)利用山东省的调查数据，采用 Cox 比例风险模型实证分析了老年女
性贫困的影响因素，研究结果表明：年龄、受教育程度、代际支持以及医疗
费用个人负担比例等，显著影响老年女性贫困问题③。

最后，老年贫困问题的治理策略。姚玉祥(2019)认为，中国农村老年贫
困突出表现为地域、年龄与家庭差异等基本特征。与此同时，老年贫困的致
贫因素复杂、老年群体增收困难、传统家庭养老功能式微以及农村社会保障
能力不足，这些问题使得中国农村老年贫困治理面临多重困境与挑战，亟需
寻求化解老年贫困的突破路径。据此他认为，创新老年贫困的精准识别机制、
拓宽老年贫困群体的增收渠道、提升农村养老保障的供给水平、夯实农村医
疗卫生服务质量以及完善农村社会救助体系，成为中国下一阶段消除农村老
年贫困的重要举措。白增博等(2020)针对相对贫困问题，他们建议要把解决
农村老年人贫困问题融入"乡村振兴"战略进行统筹规划；要创新农村老年人
的多维精准识别与帮扶机制，加强"扶贫"向"防贫"转变；要健全农村社会保
障制度，提升农村老年人的幸福感；要构建多层次农村养老服务体系，提高
养老保障供给水平，以构建相对贫困下农村老年贫困治理长效机制④。辛远、
韩广富(2021)针对农村老年相对贫困问题，他们认为应从完善覆盖更广的农
村贫困老年人社会保障机制、拓展渠道多元的农村贫困老年人收入保障机制、
构建多维防贫的农村老年人贫困问题的长效保障机制等方面，应对 2020 年后

---

① 马瑜、李政宵、马敏：《中国老年多维贫困的测度和致贫因素——基于社区和家
庭的分层研究》，《经济问题》，2016 年第 10 期，第 27-33 页。

② 杨菊华、陈志光：《老年绝对经济贫困的影响因素：一个定量和定性分析》，《人
口研究》，2010 年第 5 期，第 51-67 页。

③ 王增文：《农村老年女性贫困的决定因素分析——基于 Cox 比例风险模型的研究
视角》，《中国人口科学》，2010 年第 1 期，第 75-84 页。

④ 白增博、汪三贵、周园翔：《相对贫困视域下农村老年贫困治理》，《南京农业大
学学报(社会科学版)》，2020 年第 4 期，第 68-77 页。

农村老年相对贫困治理①。

三、慢性病对老年贫困的影响效应

慢性病对老年贫困的影响效应，包括有没有影响、影响程度以及正向影响或负向影响三个方面。从已有的国内外文献研究结果来看，当老年贫困的测量内容和测量方法一致的时候，慢性病对老年贫困有显著的负向影响，这基本上是一个共识性的研究结论，即慢性病将导致老年贫困。但是值得指出的是，在不同国家、不同老年贫困的类型方面，慢性病对老年贫困的影响程度却表现出较大差异性，老年贫困的测量内容也就有所不同。

国外的研究结果表明，慢性病显著增加了家庭或个人的贫困发生率。DATTA 等(2018)针对孟加拉国的一项研究结果显示，罹患有慢性病的家庭，灾难性卫生支出发生率比没有慢性病家庭这一问题的发生率高 6.7%②。LAN(2018)针对俄罗斯的研究结果表明：家庭中罹患慢性病患者占家庭成员中的比例每增加 1%，贫困发生率将增加 1.01 倍③。相对于其他群体而言，老年人因慢性病导致的贫困发生率更高。BRAUNSTEIN(2018)针对美国的研究结果表明：65 岁及以上人群慢性病的护理费用占美国政府医保基金支出的 90%以上，医疗保险患者中有 17%的人患有 6 种及以上慢性病，他们占所有享有医保待遇慢性病患者医疗支出的 50%④。慢性病会引起慢性病患者的死亡率增加，从一个侧面反映了其对老年贫困的负面影响效应。截至 2019 年，中国心脑血管疾病、癌症、慢性呼吸系统疾病、糖尿病等慢性非传染性疾病导致

---

① 辛远、韩广富:《2020 年后农村老年相对贫困治理：趋势、挑战与对策》,《广西社会科学》,2021 年第 7 期, 第 73-81 页。

② Datta B K, Husain M J, Husain M M, et al. Non communicable disease-attributable medical expenditures, household financial stress and impoverishment in Bangla desh. SSM Population Health, 2018, 6: 252-258.

③ Lan X, Zhou Z, Si Y, et al. Assessing the effects of the percentage of chronic disease in households on health payment-induced poverty in Shanxi province, China. BMC Health Services Research, 2018, 18(1): 871-879.

④ Braunstein M L. Health care in the age of interoperability: the potential and challenges. IEEE Pulse, 2018, 9(5): 34-36.

的死亡人数已占总死亡人数的88%，远高于世界63%的平均水平①。

国内的研究文献，也得出了与国外研究文献较为类似的结论。例如，于长永（2018）基于中国新疆地区的研究结果表明：慢性病增大了农村老年人陷入贫困的概率，老年人所患慢性病种类每增加一种，他们陷入贫困的概率发生比将增加77.6%②。再如，刘俐等（2022）基于2018年CHARLS调查数据，采用单因素方差分析的方法，检验了慢性病与老年贫困的关系。研究结果表明：城镇老年慢性病患者与非慢性病患者因病支出型贫困发生概率分别为17.44%和17.90%，农村老年慢性病患者与非慢性病患者因病支出型贫困发生概率分别为59.63%和51.44%；老年居民因病支出型贫困发生率，呈现出农村高于城镇的特点③。

四、慢性病对老年贫困的影响机制

慢性病对老年贫困的影响机制，包括宏观影响机制和微观影响机制两个方面。宏观影响机制是指慢性病对宏观经济增长的影响，如果慢性病降低了经济的增长率，那么每个人的收入都会减少，贫困的发生率将会增加，作为特殊的脆弱群体，农村老年群体的贫困发生率将会更高。微观影响机制是指慢性病对个体劳动供给、工资、劳动收入和卫生支出的影响，如果慢性病降低了个体的劳动供给时间和强度，减少了他们工作的机会和工资收入、劳动收入，并且因为就医行为增加了他们的卫生支出的话，那么，这种双重影响，必然会增加个体的贫困概率，老年人由于是慢性病的高发群体，他们又是劳动参与较少、工资水平较低、劳动收入较少、卫生支出较多的群体，那么，老年群体将会因为慢性病的影响而陷入更加严重的贫困问题。

慢性病影响老年贫困的宏观机制方面，Cuddington and Hancock（1994）采用一种修正的索洛增长模型，模拟了艾滋病流行对马拉维产出能力和其他关

① 于新亮、申宇鹏、熊先军：《慢病致贫与多层次医疗保障研究》，《保险研究》，2019年第12期，第81-97页。
② 于长永：《慢性病对农村老年贫困的影响研究——以新疆11地州市31县调查数据为例》，《西南民族大学学报（人文社科版）》，2018年第3期，第1-8页。
③ 刘俐、邓晶、于雪、陈艾玲、刘锐、程配华：《慢性病对老年人因病支出型贫困影响的城乡差异分析》，《医学与社会》，2022年第5期，第65-70页。

键宏观经济总量的影响。以没有艾滋病情景为参照,检验了"中度"和"极端"艾滋病情境下的经济增长情况。研究结果表明:中度(极端)情况下1985—2010年期间的平均实际GDP增长率将比没有艾滋病情况低0.2~0.3(1.2~1.5)个百分点[1]。Gallup and Sachs(2001)利用1965—1990年期间的跨国数据,实证分析了疟疾对经济增长的影响,研究结果表明:疟疾与经济增长之间有显著的负相关关系。在控制最初的贫困、经济政策、热带地区和预期寿命以及其他因素的情况下,疟疾严重的国家每年人均GDP增长率降低了1.3%,疟疾减少10%与0.3%的高增长率相关,对许多其他热带疾病的控制,并没有改变疟疾与经济增长的相关性,而这些疾病本身与经济增长并没有显著的负相关关系[2]。Suhrcke和Urban(2006)通过多个国家初始年份的GDP与处在工作年龄内劳动者心血管病死亡率之间的回归分析,考察了慢性病中的心血管病对经济增长的影响,研究结果表明:死亡率每增加1%,这些高收入国家的经济增长将下降0.1%[3]。

慢性病影响老年贫困的微观机制,一方面表现为慢性病导致个体收入减少。Wagstaff(2005)利用越南1993—1998年的面板数据,实证研究了个体在面对慢性病引起的健康冲击时自身经济状况的变化,研究结果表明:面对健康冲击,个体会面临收入减少以及额外医疗支出增加的局面,使得消费曲线可能在一生中有所波动,经济风险上升[4]。Suhrcke等(2006)的研究结果也同样表明:慢性病对患者的劳动能力和生产效率产生显著影响,同时影响其接

---

① John T. Cuddington, John D. Hancock. Assessing the impact of AIDS on the growth path of the Malawian economy. Journal of Development Economics, 1994, 43(2): 363-368.

② John Luke Gallup, Jeffrey D. Sachs. The economic burden of malaria. Working paper, Center for International Development at Harvard University. https: //www. semanticscholar. org/paper/The-economic-burden-of-malaria. -Gallup-Sachs/807131a295fbb9444a039b8b76ce1dbab6efbd31?p2df.

③ Suhrcke M. and D. Urban. Are Cardiovascular Disease Bad for Growth, Working Paper, 2006. www. ifo. de/-DocCIDL/cesifo1_wp1845. pdf.

④ Wagstaff, A. The Economic Consequences of Health Shock. The World Bank, 2005. https: //elibrary. Worldbank. org/doi/abs/10. 1596/1813-9450-3644.

受教育的能力，导致其劳动收入下降以及抗风险能力减弱①。方迎风、邹薇等（2013）的研究结果表明：遭受健康冲击的个体，劳动所得下降，医疗费用上升，特别是低收入者财富约束受到影响②。

慢性病影响老年贫困微观机制的另一个方面是，慢性病导致他们的卫生支出大幅增加。Gertler（2002）利用印度尼西亚的面板数据得出个体面对健康冲击时，非医疗消费会下降 20% 的结论，而非医疗消费下降的原因是医疗费用不断上升挤压效应的结果③。Wang 等（2015）通过对中国老年慢性病家庭的研究，得出的结果是：慢性病患者患病后医疗费用显著增加，并具有持续性④。解垩（2011）利用 Heckman 两阶段模型，实证分析了慢性病对患病个体医疗支出、非医疗消费、家庭间转移支付以及工作时间的影响，研究结果表明：慢性病会增加患者医疗费用，使得患者工作时间下降，并且较高收入阶层应对慢性病冲击的能力显著高于低收入阶层⑤。BHOJANI 等（2012）的研究结果表明：因为慢性病导致的自付费用显著增加了贫困人数，一旦患有慢性病，他们则不得不通过借钱、出售或抵押资产等渠道来支付无力承担的慢性病费用⑥。胡宏伟等（2012）的研究结果显示：慢性病老人医疗支出高于非慢性病老人，农村老年慢性病患者的医疗支出高于城市老年慢性病患者的医疗

---

① Suhrcke, M., R. A. Nugent, D. Stuckler, et al. Chronic Disease: An Economic Perspective. https://www. docin. com/p-600919879. html

② 方迎风、邹薇：《能力投资、健康冲击与贫困脆弱性》，《经济学动态》，2013 年第 7 期，第 36-50 页。

③ Gertler, P. and J. Gruber. Insuring Consumption Against Illness. American Economic Review, 2002, 92(1): 51-70.

④ Wang, Z., X. Li, and M. Chen. Catastrophic Health Expenditures and Its Inequality in Elderly Households with Chronic Disease Patients in China. International Journal for Equity in Health, 2015, 14(1): 8-18.

⑤ 解垩：《中国居民慢性病的经济影响》，《世界经济文汇》，2011 年第 3 期，第 74-86 页。

⑥ Bhojani U, Thriveni B, Devadasan R, et al. Out-of-pocket healthcare payments on chronic conditions impoverish urban poor in Bangalore, India. BMC Public Health, 2012, 12 (1): 990-1003.

支出①。慢性病显著提升了老年人的医疗支出水平，相较于没有患慢性病的老年人，患有慢性病的老年人门诊、住院和总医疗支出分别增加 20.1%、11.5% 和 13.0%，其家庭灾难性医疗支出发生率提高 1.0%~2.3%②。过重的医疗负担带来的直接成本和间接成本，使得慢性病已经成为"因病致贫"的重要因素（孙彦等，2018）③。

五、国内外研究现状简要评价

综上所述，已有的丰富研究为本书提供了重要基础，但也存在以下三点明显的不足，有待进一步深化。

第一，已有研究较多关注慢性病和老年贫困的影响因素，较少研究二者之间的相关关系。关注慢性病和老年贫困的影响因素，对治理慢性病和老年贫困至关重要，但不清楚慢性病与老年贫困之间的关系，将很难治理"因慢性病致贫"问题。因此，慢性病与老年贫困之间的内在关系是什么，亟待深入研究。

第二，已有研究较多关注疾病（慢性病）的经济负担，较少研究慢性病的结构性影响。慢性病会不会导致老年相对贫困；哪些慢性病会导致老年相对贫困；慢性病导致的老年相对贫困，是经济相对贫困、健康相对贫困，还是精神相对贫困，对哪种相对贫困影响更大，较少有人系统研究，有待深入探讨慢性病与老年贫困之间的结构性关系。

第三，已有研究较多分析慢性病的某一方面影响，较少系统分析慢性病的致贫机制。慢性病对农村老年人劳动参与、日常生活活动能力和社交网络以及就医行为的影响，会不会导致老年贫困，传导机制及其中介效应有多大？较少有人深入研究，也有待进一步深入探讨。

---

① 胡宏伟、张小燕、郭牧琦：《老年人医疗保健支出水平及其影响因素分析——慢性病高发背景下的老年人医疗保健制度改革》，《人口与经济》，2012 年第 1 期，第 97-104 页。

② 刘二鹏、张奇林、冯艳：《慢性病的老年贫困风险：理论机制与实证检验》，《保险研究》，2020 年第 11 期，第 63-78 页。

③ 孙彦、闫颖娟、薛秦香、高建民：《陕西省糖尿病患者灾难性卫生支出及其不平等性分解》，《中国公共卫生》，2018 年第 8 期，第 1143-1147 页。

第三节　研究目标、内容与数据来源

一、研究目标

本书的研究目标，包括总目标与具体目标两个方面。其中，本书的总目标是：从慢性病角度提出预防与治理农村老年相对贫困的策略与政策改革建议，同时从农村老年相对贫困视角提出农村老年人慢性病问题的防控对策。本书的具体目标，包括以下四个方面：

第一，在对慢性病与老年贫困的概念进行界定和理论分析的基础上，借鉴已有的慢性病与老年贫困问题分析框架，构建基于慢性病视角的农村老年相对贫困分析框架以及基于老年人相对贫困视角的慢性病治理框架；

第二，基于全国大型公开调查数据，定量分析慢性病与农村老年贫困的现状、趋势与结构特征及其相互关系，全面、系统地呈现农村老年人慢性病和相对贫困问题的总体情况；

第三，基于全国大型公开调查数据，采用计量模型实证分析慢性病对农村老年贫困的影响效应及结构差异，并采用多种方法检验模型估计结果的稳健性；

第四，从中介效应的角度，通过分析慢性病对农村老年人劳动参与、日常生活活动能力和社会交往等多个方面的影响，揭示慢性病对农村老年人经济相对贫困、健康相对贫困和精神相对贫困的影响机制。

最后，基于本书的研究结果和结论，并借鉴国内外农村老年人慢性病和相对贫困问题的实践做法和典型经验，提出预防与治理农村老年相对贫困和慢性病问题的政策建议。

二、研究内容

本书的研究内容，主要包括五个部分：

(一)导论

导论部分，主要包括本书的研究背景与意义、国内外研究现状评述、本书的研究目标、研究思路、研究方法以及本书的创新点与不足之处。

(二)概念界定、理论基础与分析框架

在概念界定部分,本书主要对慢性病、贫困和老年贫困进行了概念界定。其中,慢性病的分析范围,主要以现有数据中包含的 14 种慢性病为基础,根据农村地区的特殊性,对农村多发、影响大而又未包含在内的慢性病,进行补充性考察;本书把老年相对贫困,界定为经济贫困、健康贫困和精神贫困三个方面,并采用综合指标对老年相对贫困加以测量。借鉴世界银行以及国内外学者对经济相对贫困、健康相对贫困和精神相对贫困的测量方法,操作化本书的经济相对贫困、健康相对贫困和精神相对贫困测量标准;按照40%、50%和60%三种标准,测量农村老年人的经济相对贫困;以农村老年人的自评健康状况,测量健康相对贫困;以农村老年人的认知和抑郁量表,测量农村老年人的精神相对贫困。在理论分析与分析框架的构建方面,本书借鉴老年贫困理论、脆弱性理论和慢性病管理理论等,构建基于慢性病的老年贫困分析框架(详见第二章分析框架部分)。

(三)慢性病与农村老年相对贫困现状与趋势

首先,从静态角度,分析农村慢性病和老年相对贫困的现状(发生率)、结构分布(个体差异、资源禀赋差异和城乡差异)、基本特征及其变动规律;其次,从动态角度,分析农村慢性病和老年贫困的变化趋势和特征,包括不同调查时间、不同地区、不同年龄分组等;最后,从交互角度,分析慢性病与农村老年贫困的相关关系,检验慢性病与农村老年贫困的相关程度。

(四)慢性病对农村老年相对贫困的影响效应

首先,从慢性病广度(发生率或者是否发生慢性病)角度,分析慢性病对农村老年人经济相对贫困、健康相对贫困和精神相对贫困的影响效应;其次,从慢性病严重程度(慢性病数量或共病程度)角度,分析慢性病对农村老年人经济相对贫困、健康相对贫困和精神相对贫困的影响效应;再次,从慢性病种类(结构)角度,分析不同慢性病影响农村老年人经济相对贫困、健康相对贫困和精神相对贫困的差异效应;最后,控制时间因素,分析有无慢性病、慢性病数量和慢性病类型的致贫效应差异及慢性病的时间效应,利用共线性诊断、变量变换和倾向值匹配(PSM)等方法,检验模型估计结果的

稳健性。

(五)慢性病对农村老年贫困的影响机制

本部分在控制农村老年人个体特征因素、家庭特征因素、制度特征因素和健康行为因素等对农村老年相对贫困影响的基础上，从劳动参与、日常生活活动能力和社交活动参与率降低三个方面，揭示慢性病对农村老年人相对贫困的致贫机制。

(六)慢性病视角农村老年贫困治理策略与政策支持

本部分主要是结合前期的研究发现，借鉴国内外农村老年人慢性病与相对贫困的治理经验，以致贫效应明显的慢性病类型及其致贫机制为依据，提出预防与治理农村老年相对贫困以及慢性病的政策改革建议。

三、数据来源

本书研究使用的数据，包括两个方面：一是基于 2011 年、2013 年、2015年和 2018 年中国健康与养老追踪调查数据(CHARLS)，二是 1993 年、1998年、2003 年、2008 年、2013 年和 2018 年六次全国卫生服务调查数据。中国健康与养老追踪调查数据(CHARLS)，始于 2008 年，目前已经进行了 7 次调查。目前公布的调查数据，包括 2008 年、2011 年、2012 年、2013 年、2014年、2015 年和 2018 年 7 年的调查数据，但是，2008 年是基于两个省份的试调查，数据不具有全国的代表性。2012 年的数据仍然是基于两个省份的追踪调查。2014 年的调查主要是对生命历程的调查，不是针对健康和养老问题的追踪调查。因此，本书所使用的调查数据是基于 2011 年、2013 年、2015 年和2018 年。所使用的主要分析指标包括：家户问卷 CA010-017(慢性病发生率、数量、结构、发病时间、严重程度)、社区问卷 JF018(慢性病死亡占比)和 JB028-038(社区服务)；家户问卷 CC017(精神贫困)、CD001-006(健康贫困)、EP071-085(经济贫困)、EP059-065(劳动参与)、DC081-2(医保补偿率)、BE001-011(代际关系)、BG002-020(社会支持)、BH001-013(社会参与)等。

在数据具体使用上，并不是所有的数据分析结果都是基于上述两套数据。具体而言，四期中国健康与养老追踪调查数据(CHARLS)用于本书第三章、

第四章、第五章和第六章等所有的数据分析结果，即包括农村老年人的慢性病和相对贫困的现状与趋势、结构差异、慢性病与老年人相对贫困的相关关系以及慢性病对农村老年人相对贫困的影响效应与机制分析；六次全国卫生服务调查数据，主要用于第三章农村老年人的慢性病和相对贫困的现状、趋势与结构差异方面的分析。之所以这样使用数据，是因为六次全国卫生服务调查数据，是宏观方面的数据，数据结构较为简单，缺乏农村老年人个体特征、家庭特征、制度因素等方面的数据指标，无法进行较为系统的影响效应和影响机制分析。但是，两套数据的配合使用，使得本书第三章内容即农村老年人的慢性病和相对贫困现状、趋势与结构差异更加全面、更加立体，帮助我们更加全面地了解农村老年人的慢性病和相对贫困的现状与特点。

第四节　研究思路、方法与技术路线

一、研究思路

本书的研究思路，包括总体研究思路和具体研究思路两个方面。

(一)总体思路

本书的总体研究思路包括四个方面：第一步，测量并分析农村老年人相对贫困发生率和总体情况；第二步，测量并分析农村老年人慢性病及其总体情况；第三步，分析有无慢性病、慢性病严重程度和哪类慢性病，会导致农村老年人的相对贫困；第四步，政府如何避免那些得慢性病的老年人不至于出现贫困以及如何防控慢性病问题。

(二)具体思路

具体研究思路按照：逻辑起点→提出问题→构建分析框架→分析现状与趋势→考察致贫效应→揭示致贫机制→国内外经验借鉴→提出政策建议的逻辑线索逐步展开。

(1)明确逻辑起点。中国慢性病井喷式增长和人口老龄化加速发展，使得农村老年人数量多、慢性病高发、脆弱性明显、贫困问题凸显。推进"健康中国"战略和全面建成小康社会，不仅要遏制慢性病快速增长、治理已经发生的贫困，还要预防潜在增长的老年相对贫困。因此，从慢性病视角研究农村老年贫困意义重大。

（2）提出研究问题。以人口老龄化加速发展、"疾病谱"快速转变、推进"健康中国"战略有序实施和全面建成小康社会目标已经实现为背景，引出亟待解决的时代命题：慢性病对农村老年相对贫困的影响效应及其作用机制。回顾国内外研究现状，总结已有研究存在的不足，提出研究问题，并阐明该研究的现实意义与理论价值。

（3）构建分析框架。在明确界定概念基础上，借鉴老年贫困理论、脆弱性理论和慢性病管理理论等，构建基于慢性病的农村老年贫困分析框架和基于贫困视角下的农村老年人慢性病管理框架。

（4）分析现状特点。以全国大型公开调查数据中国健康和养老追踪调查数据（CHARLS）和六次全国卫生服务调查数据为基础，并结合深度访谈数据，全面分析慢性病与农村老年贫困的现状、趋势和结构特征以及慢性病与农村老年贫困之间的关系。

（5）评估致贫效应。采用计量分析方法，区分慢性病的广度（发生率）、严重程度（慢性病数量或共病程度）和结构（慢性病类型），多维度考察慢性病的致贫效应和边际贡献，并检验模型估计结果的稳健性。

（6）揭示致贫机制。采用计量分析方法，从劳动参与、日常生活活动能力和社会交往三个方面，系统揭示慢性病对农村老年人相对贫困的致贫机制，比较不同方面对农村老年相对贫困影响的差异。

（7）借鉴国内外经验。以北京、上海和厦门为代表，总结国内慢性病治理经验；以日本、芬兰和澳大利亚为代表，总结国外慢性病治理经验。从反贫困标准、反贫困内容、反贫困主体、反贫困手段和反贫困机制的不断优化，总结国内老年贫困问题的治理经验；以美国、日本和印度为代表，总结国外贫困问题治理经验。

（8）提出政策建议。以研究发现为基础，以慢性病致贫效应与致贫机制为依据，提出预防与治理农村老年相对贫困和慢性病问题的政策改革建议。

二、研究方法

1. 文献研究法。主要分析：（1）世界银行、世界卫生组织等的慢性病研究报告，十九大报告、老龄事业发展"十三五"规划和"十四五"规划、中国慢性病防治规划 2017—2025、"健康中国 2030"规划、国办发〔2015〕70 号和国卫医发〔2016〕45 号等分级诊疗政策及国办发〔2017〕55 号医疗保险支付方式改革等政策文件，了解中国慢性病发展趋势及国家宏观政策导向；（2）国内外关于慢性病和农村老年贫困问题的论文、专著和研究报告等，掌握学术界最新研究动态。

2. 调查研究法。本书以全国大型公开调查数据中国健康和养老追踪调查数据（CHARLS）和全国卫生服务调查数据为基础，采用深度访谈、参与式观察等方法，收集一手资料。采用深度访谈方法，收集典型案例，用于解释慢性病与农村老年相对贫困之间呈现出的独特关系；通过参与式观察，深入体会慢性病对农村老年人生产和生活行为的影响。

3. 描述统计法。主要用于分析慢性病与农村老年相对贫困的现状与趋势以及相互关系。用相关分析（T 检验）、方差分析（F 检验）等方法，分析慢性病与农村老年相对贫困的个体差异、年龄分组差异和不同慢性病与农村老年贫困的相互关系及相关程度。

4. 计量分析法。采用二元 Logit 回归模型，分析有无慢性病、慢性病数量和慢性病类型对农村老年人经济相对贫困、健康相对贫困和精神相对贫困发生率的影响，采用 OLS 回归模型分析慢性病对农村老年人日常生活活动能力的影响，采用容忍度和方差膨胀因子等共线性诊断、变量变换和倾向值匹配等方法，检验慢性病对农村老年贫困影响结构的稳健性。通过慢性病对农村老年人劳动参与、日常生活活动能力和社交活动的影响，揭示慢性病对农村老年人经济相对贫困、健康相对贫困和精神相对贫困的影响机制。

5. 归纳总结法。基于前文的理论与实证分析结果，结合国内外农村老年人慢性病与相对贫困的治理经验，提出农村老年人的慢性病与相对贫困问题的政策改革建议。

三、技术路线

本书研究的技术路线，如图 1-14 所示：

本书的技术路线：

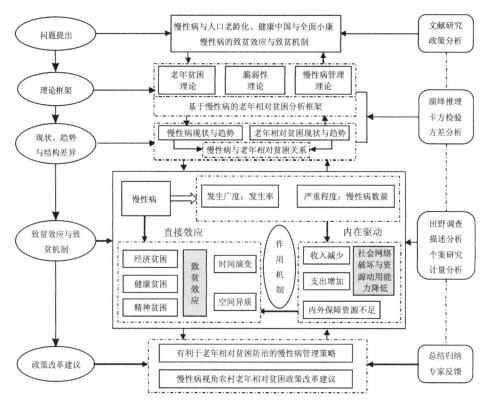

图 1-14 本书研究的技术路线

第五节 创新点与不足之处

一、创新点

本书在以下四个方面,具有一定的新意:

(一)研究选题的新意

老年人是一个特殊的脆弱阶层,农村老年人是更加脆弱的群体,面临更多的贫困风险。在人口老龄化程度加深、传统保障弱化、现代社会保障水平较低以及城乡老龄化程度倒置的背景下,农村老年人的相对贫困问题将是巩固全面建成小康社会成果的重要潜在威胁，是需要持续关注的重大现实问题。

(二)研究视角的新意

与以往研究从公共政策、转移支付和代际关系、人口流动等视角分析老年贫困问题不同，本书从慢性病视角研究农村老年相对贫困问题。而且，慢性病已成为居民健康的头号威胁，将带来诸多影响，农村老年人的相对贫困问题是其中最为的突出问题。

(三)研究内容的新意

与以往研究把慢性病看成一个整体不同，本书区分慢性病的类型和严重程度，从经济相对贫困、健康相对贫困和精神相对贫困三个方面，考察慢性病对农村老年人的致贫效应，并从劳动参与、日常生活活动能力和社交活动三个方面，揭示慢性病对农村老年人相对贫困的致贫机制。

(四)研究方法的新意

本书综合运用多种研究方法，包括 T 检验、F 检验、Logit 回归模型、OLS 回归模型、倾向值匹配(PSM)以及中介效应分析等方法，系统分析慢性病对农村老年人相对贫困的影响效应，揭示慢性病对农村老年人相对贫困的致贫机制。

二、不足之处

本书研究的不足体现在以下三个方面：

(一)数据问题

本书的数据问题包括两个方面：一是本书虽然使用了 2011 年、2013 年、2015 年和 2018 年四年的中国健康和养老追踪调查数据(CHARLS)，但是在数据处理时并没有把它们合并成四期面板数据，而是把它们合并为混合界面数据，原因在于农村老年人的慢性病患病率较低，是以千分位为单位的。中国健康和养老追踪调查数据，是包含城市和农村所有成年人的调查数据，删除城市的样本和农村 60 岁以下的样本之后，农村老年人罹患慢性病的数据较少，例如 2015 年罹患慢性病的农村老年人样本非常少。如果操作化为四期面板数据，那么，将导致数据的协调性很差，因此，本书合并为混合截面数据以保证实证分析时足够的样本量；二是本书的慢性病类型只包含了问卷中调查的 14 种慢性病，只是农村老年人罹患慢性病的一部分，并不是全部的慢性病类型，当前无论是官方公布的数据，还是民间的调查数据，都没有包含全面的农村老年人罹患慢性病的类型，有待后续数据更新之后进一步深入拓展研究范围；三是本书的数据只更新到 2018 年，到现在已经过去了 6 年，研究结论与对策建议具有一定的滞后性，借鉴时建议保持审慎的态度。

(二) 因变量测量

因变量是农村老年人的相对贫困。本书并没有采用 Alkire 和 Foster(2008) 的双界限法，构建老年贫困综合指数①。而是把农村老年人的相对贫困问题，分解为经济相对贫困、健康相对贫困和精神相对贫困三个方面，分别分析慢性病对农村老年人不同相对贫困的影响效应与机制。原因在于慢性病对农村老年人经济相对贫困、健康相对贫困和精神相对贫困有不同的影响效应和影响机制，如果把农村老年人的相对贫困操作化为一种综合性贫困，那么，慢性病对农村老年人相对贫困问题的研究就成了一个"黑箱"，提出的政策建议就会较为模糊和笼统，缺乏针对性。为了尽可能保证农村老年人相对贫困测量数据的准确性，农村老年人经济相对贫困、健康相对贫困和精神相对贫困三个方面，都采用了测量指标体系赋值和赋权的做法，测算出综合的经济相对贫困、健康相对贫困和精神相对贫困发生率，但在做实证分析时，经济相对贫困是从农村老年人农业收入的角度来测量的，而不是农村老年人所有的收入，农村老年人的健康相对贫困是采用健康自评的方法测量的(综合测量指标测量结果不理想)，只有精神相对贫困是综合指标体系测量的结果。

(三) 稳健性检验

实证分析中，变量之间的多重共线性、遗漏重要变量和变量之间的互为因果等问题，可能是造成模型估计结果不稳健的重要原因。进行模型估计结果的稳健性检验，是实证分析的重要组成部分，但是具体的稳健性检验方法

---

① Alkire S, Foster J. Counting and multidimensional poverty measures, OPHI Working Paper 7, Oxford Poverty and Human Development, 2008.

却因学者偏好、数据结构以及研究问题等方面的不同而呈现出较大差异。共线性诊断、变量变换、倾向值匹配(PSM)和工具变量法是较为常用的模型估计结果稳健性检验方法。但是，工具变量对指标的一致性也有重要的要求，而中国健康和养老追踪调查数据，每年的调查指标并不一致，有些指标在上年度调查了，在下一年度并没有调查，本书试图找寻合适的工具变量来检验回归模型可能存在的内生性问题，但是 Robust 检验结果表明，良好的工具变量并不好找。因此，并没有采用工具变量法检验模型稳健性，而是采用了共线性诊断、变量变换和倾向值匹配(PSM)三种方法，检验了模型估计结果的稳健性。其他检验方法，有待后续研究进一步补充完善。

第二章　概念界定、理论基础与分析框架

第一节　概念界定

一、慢性病

慢性病是一种与急性传染性疾病相对应的疾病类型，慢性病的全称是慢性病非传染性疾病，简称为慢性病。国内学者较少探讨慢性病的基本定义，更多是借用官方文件中关于慢性病的定义及其分类。例如，原卫生部 2011 年出台的《全国慢性病预防控制工作规范（试行）》对慢性病的定义：慢性病是一组发病率、致残率和死亡率高，严重耗费社会资源，危害人类健康的疾病，也是可预防、控制的疾病[①]。根据《中国防治慢性病中长期规划（2017—2025年）》中对慢性病病种的分类，心脑血管疾病、癌症、慢性呼吸系统疾病、糖尿病和口腔疾病，以及内分泌、肾脏、骨骼、神经等疾病是慢性病的主要病种[②]。

国外学者对慢性病的定义进行了较多的探讨，包括疾病的本体论，认为疾病是一种与病人分离的实体（Duffifin，2010）[③]；疾病的属性论，认为疾病是个体的一种内部状态（Boorse，1977）[④]；疾病的生理学论，认为疾病与病人

[①] 中国政府官网：卫生部关于印发《全国慢性病预防控制工作规范》（试行）的通知，http：//www. gov. cn/gzdt/2011-04/13/content_1842875. htm

[②] 中国政府官网：国务院办公厅关于印发《中国防治慢性病中长期规划（2017—2025年）》的通知，http：//www. gov. cn/zhengce/content/2017-02/14/content_5167886. htm

[③] Duffifin，J. History of medicine：A scandalously short introduction. Toronto：University of Toronto Press，2010.

[④] Boorse，C. Health as a theoretical concept. Philosophy of Science，1977，44（6）：542-573.

不可分割(Hofmann,2001)①。从已有文献对慢性病的探讨路径来看,主要沿着两条路径:一是从疾病的定义来界定慢性病,二是从病种类型来界定慢性病。疾病分类学家托马斯·西德纳姆将疾病视为临床特征的集合,作为一系列的体征、症状和临床特征(Rather,1959)②。Jerome Wakefield(1992)指出,慢性病是由一种内部机制的功能障碍造成的伤害的情况③。Reznek(2007)把慢性病定义为一种"进展缓慢和长期持续",而不是一种永久或持久的状态④。

　　另外从具体病种来探讨慢性病的文献也较多,Lindsay 和 Cosman(2012)认为骨质疏松症可以从两个方面进行定义:一是骨骼强度的减少,会导致骨折风险的增加,二是按照世卫组织的标准,认为骨质疏松症是指比同性年轻健康成年人的平均值低 2.5 个标准差(SD)⑤。Reilly 等(2012)把慢性阻塞性肺疾病(COPD)定义为一种以气流限制为特征且不完全可逆的疾病状态⑥。Lange(2007)认为 PKU(苯丙酮尿症)是指不能产生足够多的活性 pheOH(苯丙氨酸羟化酶,将苯丙氨酸转化为酪氨酸的酶)⑦。

　　本书关注的重点不是慢性病基本内涵与外延的探讨,而是重点关注慢性病对农村老年人相对贫困的影响效应与影响机制。因此,本书并不对慢性病的内涵做过多地阐述,只是明确慢性病的分析边界,即本书所指的慢性病是借鉴《中国防治慢性病中长期规划(2017—2025 年)》中,关于慢性病范围和种类的界定,并把它具体化为 14 种慢性病类型,即高血压、血脂异常、糖尿病或血糖升高、癌症等恶性肿瘤、慢性肺部疾患、心脏病、中风、肾脏疾病、胃部疾病或消化系统疾病、情感及精神方面的问题、与记忆相关的疾病、关

①　Hofmann,B. Complexity of the concept of disease as shown through rival theoretical frameworks. New England Journal of Medicine,2001,352(16):1685-1695.

②　In B. A. Cranefifield (Ed.),The historical development of physiological thought. New York:Hafner. 1960,pp. 353-373.

③　Wakefifield,J. C. The concept of mental disorder. On the boundary between biological facts and social values. American Psychologist,1992,47(3),373-388.

④　Williams,N. E. The factory model of disease. Monist,2007,90(4):555-584.

⑤　Lindsay,R.,& Cosman,F. Chapter 354. Osteoporosis. In D. L. Longo (Ed.),Harrison's principles of internal medicine (18th ed.). New York:McGraw-Hill. 2012.

⑥　Reilly,J. J,Jr.,Silverman,E. K.,& Shapiro,S. D. Chronic obstructive pulmonary disease. In D. L. Longo (Ed.),Harrison's principles of internal medicine (18th ed.). New York:McGraw-Hill. 2012.

⑦　Lange,G. The end of diseases. Philosophical Topics,2007,35(4):265-292.

节炎或风湿病、哮喘、肝脏疾病等。更为重要的是，这 14 种慢性病都包含在历届中国健康和养老追踪调查数据（CHARLS）的指标之中。这为分析我国农村老年人的慢性病患病情况及其对老年人相对贫困的影响效应与机制提供了重要的数据基础。

二、贫困

贫困是一个内涵非常多元化、非常丰富的概念。贫困类型的多样性，从一个侧面反映了这一点。贫困的分类非常多，包括绝对贫困与相对贫困、单一贫困与多维贫困、收入贫困与支出贫困、主观贫困与客观贫困、生存贫困与发展贫困、物质贫困与精神贫困、知识贫困与文化贫困、权力贫困与能力贫困、暂时性贫困与持久性贫困、长期贫困与慢性贫困、资源贫困与社会关系贫困以及教育贫困、心理贫困、精神贫困、消费贫困、结构性贫困，等等。本书无法穷尽所有的贫困类型，只选择其中较为典型并且与本书的核心问题关系较为密切的贫困类型加以比较分析。

第一，绝对贫困。关于绝对贫困的定义，较早可以追溯到二十世纪初期，朗特里（Rowntree，1901）从绝对贫困的角度界定了什么是贫困，他认为"一定数量的货物和服务对于个人或者家庭的福利是必需的，缺乏获得这些物品和服务的人被认为是穷人"①。朗特里的绝对贫困，又称之为"市场菜篮子法"的贫困界定，他认为贫困的关键是家庭收入能否满足最基本的生活需要，包括基本的燃料和照明需要、房租费、衣食需求、家庭常用必备物品和个人生活基本需求②。世界银行（1996）用维持最低生活标准的收入或支出水平测定贫困，认为绝对贫困是指某人或某家庭的状况低于这样一个贫困线，其实际价值是固定的，不随时间变化而变化，绝对贫困线是基于最低消费标准，基于必须的人体热量吸收的食品而制定的③。

第二，相对贫困。Townsend（1979）给出了相对贫困的经典定义，即家庭

---

① Rowntree S. Poverty：A study of town life. London：Macmillan，1901.
② 林闽钢：《相对贫困的理论与政策聚焦——兼论建立我国相对贫困的治理体系》，《社会保障评论》，2020 年第 1 期，第 85-92 页。
③ 世界银行：《贫困与对策：1992 年减缓贫困手册》，北京：经济管理出版社，1996 年版，第 4 页。

资源和生活水平低于一般大众，以至于无法参与其所处环境的正常社会生活①。Foster(1998)认为，若是微观个体或家庭的资源达不到基于参照群体的贫困线，就应该被认为处于相对贫困状态②。向德平和向凯(2020)指出，绝对贫困属于生活资料匮乏的生存性贫困，侧重解决基本生存和温饱问题；相对贫困属于发展性贫困，侧重于提高贫困人口的可持续发展能力③。林闽钢(2016)认为，发展型贫困的实质是能力贫困和权利的贫困④。阿玛蒂亚·森(Sen，1983)认为，贫困是指对人类基本能力和权利的剥夺，而不仅仅是收入低下，贫困是绝对意义上可行能力的缺失，只是在不同的时空环境下所对应的商品或资源是相对的。

第三，持久性贫困与暂时性贫困。李实、Joho Knight(2002)基于收入标准和消费标准两个方面，把城镇贫困划分为三种类型，即持久性贫困、暂时性贫困和选择性贫困。持久性贫困是指在某一时期人们的收入和消费水平都低于贫困线标准的贫困，收入低于贫困线而消费高于贫困线的贫困为暂时性贫困，对于收入虽然高于贫困线，但由于过去或未来有着特殊的支出需要不得不将其现在的消费压低到贫困线以下，这样的贫困是选择性贫困⑤。Ravallion(1988)认为，持久贫困(persistent poverty)是指"在一定时间段内一直经历着的贫困"，而暂时性贫困(transient poverty)是指"在一定时间段内只有部分时间经历了的贫困"⑥。

第四，慢性贫困。成立于 2000 年，以研究联合国 2018 年发展目标明显遗漏的 10 亿人口为主旨的慢性贫困研究中心(Chronic Poverty Research Center，

①　Townsend，P. The Development of Research on Poverty. in Department of Health and Social Security. Social Security Research：The Definition and Measurement of Poverty，HMSO，1979.

②　Foster J E. What is poverty and who are the poor? Redefinition for the United States in the 1990s，The American Economic Review，1998，88(2)：335-341.

③　向德平、向凯：《多元与发展：相对贫困的内涵及治理》，《华中科技大学学报(社会科学版)》，2020 年第 2 期，第 31-38 页。

④　林闽钢：《中国反贫困新命题》，《中国经济报告》，2016 年第 10 期，第 32-33 页。

⑤　李实、John Knight：《中国城市中的三种贫困类型》，《经济研究》，2002 年第 10 期，第 47-49 页。

⑥　Ravallion，M.，Expected Poverty under Risk-induced Welfare Variability，Economic Journal，1988，393，1171-1182.

CPRC)对慢性贫困(Chronic Poverty)的界定是，生活在贫困线以下"持续 5 年或者 5 年以上的贫困"①。Gustafsson & Ding(2009)把慢性贫困界定为 3 年以内皆为贫困的家庭②。Garcia-Diaz & Prudencio(2017)认为，慢性贫困不仅包括那些总是生活在贫困线以下的人群，还包括虽然可能在短期内暂时摆脱贫困，但在整个生命周期中，平均来说仍处于贫困状态的人群，以及那些生活在贫困线附近特别容易陷入贫困而被描述为"波动的贫困"(Fluctuating Poor)的人群③。Jalan & Ravallion(1998，2000)沿用 Rodgers & Rodgers(1993)的方法，对慢性贫困与暂时性贫困进行了重新界定，他们认为"由于消费的跨期变动而导致的贫困为暂时性贫困，而由于平均消费持续低迷导致的贫困为慢性贫困"。

第五，知识贫困。胡鞍钢、李春波(2001)在阿玛蒂亚·森(Sen，1999)对贫困的定义的基础上指出，贫困是指对人类基本能力和权利的剥夺，而不仅仅是收入低下，并提出了三类贫困的概念，即收入贫困(Income Poverty)、人类贫困(Human Poverty)和知识贫困(Knowledge Poverty)。在他们看来，所谓知识贫困不仅仅是教育水平低下的问题，而是指获取、吸收和交流知识能力的匮乏或途径的缺乏，或者说是对人们获取、吸收和交流知识能力和途径的剥夺。他们把知识贫困划分为获取知识能力的贫困、吸收知识能力的贫困和交流知识能力的贫困三个方面④。

第六，收入贫困与多维贫困。贫困是经济学研究的核心议题，贫困也常常指经济上的贫困，即个体或家庭的收入无法满足其基本生活需要的状态⑤，贫困线的划定正是基于收入贫困的视角对贫困的评价与测量。关于多维贫困

---

① 罗良文、杨起城：《慢性贫困问题研究新进展》，《经济学动态》，2021 年第 10 期，第 131-144 页。

② Gustafsson, Bjorn, and Ding Sai. Temporary and Persistent Poverty among Ethnic Minorities and the Majority in Rural China, Review of Income and Wealth, 2009, 55(1)：588-606.

③ Garcia-Diaz, R. & D. Prudencio, A Shapley decomposition of Multidimensional Chronic Poverty in Agentina, Bulletin of Economic Research, 2017, 69(1)：23-41.

④ 胡鞍钢、李春波：《新世纪的新贫困：知识贫困》，《中国社会科学》，2001 年第 3 期，第 70-82 页。

⑤ WORLD BANK. World development report 2000 /2001：attacking poverty. Washington, DC：World Bank, 2000.

的界定和测量,目前被广泛接受的界定与测量方法是 Alkire et. al. (2008)提出的多维贫困指数(MPI),也称之为 A-F 指数。该指数包括多个维度和测量指标,其中,维度方面的指标包括健康、教育和生活水平等,每个维度中又包含多个测量指标①。国内学者在研究多维贫困问题时,往往是在 MPI 指数的基础上扩展了多维贫困的衡量维度和测量指标,例如郭熙保、周强(2016)从教育、健康、医疗服务、就业、生活质量和收入等六个维度的 13 个指标测量多维贫困指数②。

第七,健康贫困。什么是健康贫困,目前并没有形成共识性结论。有的学者认为,健康贫困是指个人和家庭因病致贫返贫的脆弱性状态,直接的衡量指标是疾病经济负担导致的家庭灾难性医疗卫生支出,是健康风险冲击、大额医疗费用支出、医疗保障与医疗服务缺失等因素综合作用的结果③。也有的学者从健康和收入两个方面来界定健康贫困,并把自评健康评价为很不健康和家庭收入低于贫困线标准的家庭,称之为健康贫困者④。尹星星、周榕(2021)从生理健康、自理能力、精神健康三个维度来定义健康以及健康贫困,其中,生理健康包括自评健康、健康预期,自理能力包括日常活动能力(ADL)、工具性日常活动能力(IADL),精神健康包括孤独感和生活目的⑤。孟庆国、胡鞍钢(2000)借鉴阿玛蒂亚·森的能力贫困理论,认为健康贫困是由于经济发展水平低、支付能力弱所导致的医疗保障参与机会和享受卫生保健等基本公共卫生服务机会的丧失,以及由此导致的健康水平下降和经济活动参与能力的被剥夺状态⑥。

第八,教育贫困。目前,关于教育贫困的内涵,鲜有针对性研究。牛利

① Alkire S, Foster J. Counting and multidimensional poverty measures, OPHI Working Paper 7, Oxford Poverty and Human Development, 2008.

② 郭熙保、周强:《长期多维贫困、不平等与致贫因素》,《经济研究》,2016 年第 6 期,第 143-156 页。

③ 翟绍果:《健康贫困的协同治理:逻辑、经验与路径》,《治理研究》,2018 年第 5 期,第 53-60 页。

④ 贾海彦:《"健康贫困"陷阱的自我强化与减贫的内生动力——基于中国家庭追踪调查(CFPS)的实证分析》,《经济社会体制比较》,2020 年第 4 期,第 52-61 页。

⑤ 尹星星、周榕:《社会经济地位、代际支持行为与老年健康贫困——基于五地 2113 名城市独居老人的实证分析》,《人口与发展》,2021 年第 5 期,第 46-57 页。

⑥ 孟庆国、胡鞍钢:《消除健康贫困应成为农村卫生改革与发展的优先战略》,《中国卫生资源》,2000 年第 6 期,第 245-248 页。

华(2006)在总结已有关于教育贫困相关问题研究进展的基础上指出,教育贫困是指由于家庭经济条件和观念等的限制,适龄儿童无法完成九年义务教育的现象①。向延平(2018)在分析教育贫困代际传递问题时,提出了教育贫困代际传递的概念,他认为所谓教育贫困代际传递是指教育贫困的父辈把贫困传递给教育缺失的子辈,子辈重复和继承了父辈的教育贫困,但是该文并没有明确指出什么是教育贫困②。大量的相关研究是在分析多维贫困问题时,把教育因素作为多维贫困的重要组成部分。例如王春超、叶琴(2014)从收入与教育的维度考察了中国农民工的多维贫困问题③,再如周强(2021)从收入贫困和多维贫困的角度分析中国农村贫困问题时,把教育因素作为多维贫困的重要组成部分④。

三、老年贫困

通过上述分析不难发现,贫困确实是一个非常多元化、多维性的概念,贫困的类型也多种多样,贫困内涵的多维性和贫困种类的多样性,为界定老年贫困带来了困难,但是有一点是肯定的,即单纯地从某一个方面来界定老年贫困是远远不够的。根据阿玛蒂亚·森对贫困的分类,即贫困可以总结为经济贫困和社会贫困(Sen,1999)⑤。经济贫困一般是指收入低于某一个社会公认的标准,经济贫困又包括绝对贫困和相对贫困两个方面;社会贫困则是由于人们缺乏物质和服务而导致的社会、文化、身体和健康等多方面的落后或困难⑥。探讨贫困问题必须跳出收入贫困的范畴,应把更多的注意力放在

---

① 牛利华:《教育贫困与反教育贫困》,《学术研究》,2006 年第 5 期,第 121-124页。

② 向延平:《教育贫困代际传递与阻断:教育精准扶贫路径选择》,《当代教育论坛》,2018 年第 3 期,第 32-37 页。

③ 王春超、叶琴:《中国农民工多维贫困的演进——基于收入与教育维度的考察》,《经济研究》,2014 年第 12 期,第 159-174 页。

④ 周强:《我国农村贫困的动态转化、持续时间与状态依赖研究——基于收入贫困与多维贫困的双重视角》,《统计研究》,2021 年第 10 期,第 90-104 页。

⑤ Sen, A., Development as Freedom. Oxford:Oxford University Press, 1999.

⑥ 杨菊华:《人口转变与老年贫困问题的理论思考》,《中国人口科学》,2007 年第 5期,第 88-95 页。

多维贫困问题方面，特别是农村老年人的多维贫困问题①。

从经济贫困的角度看，农村老年人的收入状况与生活水平相较于以前都有了大幅度地提高，但是相对于其他群体，农村老年人的生活水平和收入状况并没有得到与经济发展水平相同步的增加，甚至存在某种程度上的下降，这正如李实 2019 年所指出的，"中国农村减贫已经取得巨大成功，但老年人贫困问题日益突出"②。随着中国全面建成小康社会目标的实现、老年人生活水平和收入水平的提高，过去那种缺衣少吃的赤贫问题已经历史性地消除，农村老年人的贫困已经转向相对贫困而不是绝对贫困，老年人的相对贫困发生率比其他群体的相对贫困发生率高出很多。需要进一步指出的是，经济贫困是贫困的重要方面，这正如阿玛蒂亚·森所指出的，在贫困概念中存在一个不可缩减的绝对贫困的"内核"，即无论社会中收入分配的相对模式是什么，饥荒总是"赤贫"的表现③。但是，老年人的贫困问题是"与一系列劣势和不利地位的生活状况相联系的，对农村老年人贫困的界定必须考虑到个体因素、家庭状况和养老保障的向度"④，而这些恰恰是社会贫困的重要构成要件。

从社会贫困的角度看，农村老年人不同于城市老年人（尤其是城镇职工）的是，农村老年人往往没有退休一说，只要身体状况允许他们一直工作到不能劳动为止，即他们常常处于"无休止劳动"状态⑤。因此，老年人的健康状况不仅决定他们能否参与社会生产劳动并获得相应的收入避免经济贫困，也决定他们的医疗支出水平和"因病致贫"的概率。老年人的健康状况也是他们参与社会交往，获得社会尊重与内心富足的重要条件。老年人由于身体生理机能衰退，罹患疾病特别是慢性病的概率也大大增加。同时，老年人的生活质量，还受到他们的精神生活的重要影响。作为一个日常生活消费水平很低，

① 李实：《中国农村老年贫困：挑战与机遇》，《社会治理》，2019 年第 6 期，第 17-20 页。

② 李实：《中国农村老年贫困：挑战与机遇》，《社会治理》，2019 年第 6 期，第 17-20 页。

③ 阿玛蒂亚·森著，王宇、王文玉译：《贫困与饥荒——论权利与剥夺》，北京：商务印书馆，2001 年版。

④ 刘二鹏、张奇林：《农村老年贫困：一个分析框架及解释》，《当代经济管理》，2018 年第 6 期，第 41-45 页。

⑤ Pang L H, Alan D B, Scott R. Working Until You Drop: The Elderly of Rural China. The China Journal，2004，52(1)：73-94.

甚至存在"零消费"①的农村老年群体，富足的精神生活远远比富足的经济生活更加重要。

但是，快速的社会变迁和人口流动，常常导致农村老年人生活在孤苦无依的状态，来自子女、社区、社会等方面的精神慰藉和心理关怀，往往可以减少农村老年人的失落感、空虚感，降低他们心理或生理患病的概率进而避免"因病致贫，因病返贫"问题。因此，经济贫困、健康贫困和精神贫困，是农村老年人贫困的重要方面。本书所指的农村老年人贫困，正是包括经济贫困、健康贫困和精神贫困三个方面的多维贫困概念。值得进一步说明的是，由于2020年中国已经全面建成小康社会，绝对贫困问题在中国得到历史性地解决，更多强调绝对贫困问题既不合理，也缺乏很强的现实基础。因此，本书所指的上述三个方面的多维贫困，是相对贫困而不是绝对贫困。

第二节　理论基础

探讨慢性病对农村老年人相对贫困影响的效应与影响机制，涉及两个方面的理论基础：一是老年贫困理论，二是慢性病管理理论。老年贫困理论不仅为分析慢性病对农村老年人相对贫困影响的效应与机制提供了重要的理论基础，也为我们了解老年贫困问题的产生逻辑提供了基本思路，还为本书分析框架的构建提供了重要依据，而慢性病管理理论则为我们从慢性病视角治理老年贫困问题提供了重要的实践抓手。

一、老年贫困理论

贫困既是一个经济问题，也是一个社会问题，甚至是一个政治问题，但是，贫困问题的核心问题是经济问题。因此，从经济学视角、社会学视角和政治学视角等不同方面，都可以找到关于贫困及反贫困问题的理论解释。老年贫困虽然属于贫困问题的范畴，但它只是贫困问题的一个方面，老年贫困问题并不完全等同于贫困问题，老年贫困由于老年人群体的特殊性，更加凸显了相当一部分贫困以及反贫困理论对老年贫困问题是较为缺乏解释力的，

---

① 张岭泉、邬沧萍、段世江：《解读农村老年人的"零消费"现象》，《甘肃社会科学》，2008年第1期，第211-214页。

例如，经济学领域中纳克斯(Nurkse，1953)的"贫困恶性循环"理论、纳尔逊(Nelson，1956)的"低水平均衡陷阱"理论以及缪尔达尔(Myrdal，1957)的"循环累积因果关系"理论①；再如，社会学领域中奥斯卡·刘易斯(Oscar Lewis，1995)提出的贫困文化理论等②。这些理论，虽然对贫困问题特别是对贫困代际传递问题具有很强的解释力，但是对老年贫困问题的解释力则明显不足。相反，有一些理论对老年贫困问题具有很强的针对性和解释力，例如，Rowntree(1901)提出的贫困生命周期理论可以说是较早探讨老年贫困问题的针对性理论。贫困生命周期理论指出，个体生命周期内的贫困风险呈 W 型波动，儿童期、初为父母期和老年期是贫困风险最高的三个阶段③。除了贫困生命周期理论之外，经济学领域中的人力资本理论、社会学中的社会排斥理论以及生态学中的脆弱性理论，对老年贫困问题也具有很好的解释力。

首先，人力资本理论视角下的老年贫困问题。人力资本理论从概念的提出到形成较为成熟和完备的理论体系，经历了相当长的时期。人力资本理论的历史源头，较早可以追溯到古典经济学的鼻祖亚当·斯密，他在其专著《国富论》中把人力资本理解为"所有居民或社会成员获得的有用的能力"。1906年西方经济学家费雪(Irving Fisher)在其专著《资本的性质和收入》中第一次提出了"人力资本"的概念。人力资本理论的成熟得益于舒尔茨、贝克尔和阿罗等经济学家对人力资本理论体系发展的贡献。舒尔茨被称之为"人力资本之父"，贝克尔的《人力资本》被称之为"经济思想中人力资本投资的革命"的起点。阿罗在 1962 年出版的《边干边学的经济含义》一书，对人力资本理论做了重要补充④。

从历史的维度看，人力资本理论的发展大致经历了三个阶段：一是古代人力资本理论发展阶段，二是近代人力资本发展阶段，三是现代人力资本发展阶段。第一阶段是"人力资本"思想的提出阶段，尚未形成完整的理论体系。

---

① 贾海彦：《"健康贫困"陷阱的自我强化与减贫的内生动力——基于中国家庭追踪调查(CFPS)的实证分析》，《经济社会体制比较》，2020 年第 4 期，第 52-61 页。

② Lewis Oscar, Five Families: Mexican Case Studies in the Culture of Poverty, Basic Books, 1995, p.168.

③ Rowntree, B. S. Poverty: A Study of Town Life. Bristol: Policy Press, 1901.

④ 杨明洪：《论西方人力资本理论的研究主线与思路》，《经济评论》，2001 年第 1期，第 90-92 页。

在这一阶段，古典经济学家亚当·斯密提出的"有用的能力"观点、法国古典经济学家萨伊对"人才尤其是特殊才能的企业家"的重视、德国经济学家李斯特提出的"精神资本"概念等，都包含了人力资本的思想。第二阶段是人力资本理论的形成阶段，包括：美国经济学家费雪首次提出人力资本的概念，苏联经济学家米林阐述了教育的经济意义，舒尔茨系统阐述了人力资本的概念与性质、投资内容与途径等，丹尼森实证测算了人力资本的经济增长贡献，美国经济学家明赛尔提出了人力资本的"收益函数"，诺贝尔经济学奖获得者贝克尔系统地提出了人力资本理论的框架体系等。第三阶段是人力资本理论的完善阶段，这一阶段的主要特点是对人力资本经济贡献的定量分析，包括乌扎华提出的"扩展的新古典经济增长模型"、罗默提出的"内生经济增长模型"、卢卡斯提出的"人力资本积累增长模型"以及斯科特的"资本投资决定技术进步模型"等，都从不同角度实证检验了人力资本的经济贡献，使人力资本理论体系化、成熟化[①]。

人力资本的内容，不仅有广义与狭义之分，也有传统与现代之分。传统的人力资本理论是狭义的概念，一般认为人力资本的内容主要包括人的知识、技能、经验和熟练程度等，既表现为人的能力，又表现为人的素质[②]。而现代意义上的人力资本理论是一个广义的概念，不仅包括了传统的人力资本内容，还包括情绪资本[③]、思想观念素质[④]、道德教育产品[⑤]等。随着现代心理学技术的发展，人力资本理论被赋予了新的含义，认知能力和非认知能力是人力资本的重要方面，它们会显著影响个体的经济社会表现[⑥]。

[①] 王明杰、郑一山：《西方人力资本理论研究综述》，《中国行政管理》，2006 年第 8 期，第 92-95 页。

[②] 张军：《人力资本与要素分配：内容、理论与实现机制》，《经济学动态》，2000 年第 2 期，第 47-50 页。

[③] 王效俐、罗月领：《情绪资本：人力资本的重要内容》，《科学管理研究》，2007 年第 1 期，第 106-109 页。

[④] 秦其文：《人的思想观念素质是人力资本的最重要内容》，《重庆社会科学》，2007 年第 1 期，第 22-26 页。

[⑤] 曹辉：《道德教育产品是人力资本的重要构成内容》，《教育与经济》，2005 年第 2 期，第 63 页。

[⑥] 李晓曼、曾湘泉：《新人力资本理论——基于能力的人力资本理论研究动态》，《经济学动态》，2012 年第 11 期，第 120-126 页。

从人力资本理论的角度审视老年贫困问题，可以发现其内在机制是：第一，良好的人力资本投资，提高了劳动者(农村老年人)的生产能力和收入水平，促进了经济增长和社会总收益的增加；第二，良好的受教育程度，又决定了劳动者(农村老年人)的社会经济地位和社会阶层，进而影响其社会资源占有和获取资源的能力和机会①；第三，良好的人力资本投资，使劳动者(农村老年人)脱离文化贫困和贫困文化的影响，促使农村老年人形成积极、乐观、务实的生活态度和工作行为。然而现实情况是，农村老年人群往往受教育程度较低，健康状况较差，长期的工作也没有形成特殊的技术积累，这些都导致他们人力资本水平极低，缺乏胜任新工作的能力、获取新工作的机会，收入水平非常有限，再加上多种慢性病缠身、医疗费用支出较多，他们长期生活在社会的底层，甚至陷入长期的贫困之中。

其次，社会排斥理论视角下的老年贫困问题。社会排斥问题是20世纪90年代以来国际社会关于社会政策和不平等问题研究的一个新的取向，社会排斥理论成为欧洲社会政策研究的核心理论。该理论起始于20世纪60年代法国关于贫困问题的研究，兴起于20世纪70年代大规模的经济变迁引起的"新贫困"问题的研究。1974年，法国经济学家勒努瓦在其专著《被排斥群体：法国的十分之一人口》中使用了这一概念，并把没有被传统的社会保障体系所覆盖的人，包括单亲父母、残疾人、失业者等群体称之为被排斥群体，但是勒努瓦并没有界定什么是社会排斥的概念②。

如何界定社会排斥的内涵，是社会排斥理论研究的基础和前提。综合已有的研究文献，不同学者和研究机构对社会排斥概念的界定存在一定的差异。从总体的分类来看，关于社会排斥的界定，主要有两种界定的思路：一种是状态论(静态视角)，另一种是过程论(动态视角)，其中，大多数学者或研究机构，是从状态论的角度来界定社会排斥。

关于静态视角下的社会排斥概念，英国社会排斥局认为，所谓社会排斥是指某些人或地区受到诸如失业高发、技能缺乏、收入低下、住房困难、罪

---

① 余少祥：《人力资本在反贫困中的效用：理论模型与实证分析》，《中央财经大学学报》，2020年第2期，第5-17页。

② Kevin Ryan, Social Exclusion and the Politics of Order: The New Poverty, the Underclass and Social Exclusion, Manchester University Press, 2007, pp. 21-25.

案高发的环境、丧失健康和家庭破裂等交织在一起的综合性问题所发生的社会现象①。联合国开发计划署认为，社会排斥是基本公民和社会权利得不到认同，后者虽然基本公民和权利得到认同，但是缺乏获得这些权利的基本渠道，这些权利包括获得充足的医疗和教育以及其他非物质形式的福利的权利②。

关于动态视角的社会排斥概念，欧盟认为所谓社会排斥是指某些个体因为贫困或缺乏基本能力和终身学习机会，或者因为歧视而无法完全参与社会处于社会边缘的过程③。石彤（2002）认为，社会排斥是指某些个人、某些家庭或社群缺乏参与一些社会普遍认同的社会活动的机会，被排斥在一个国家的政治、经济、社会、文化、心理等诸多方面以及被边缘化或隔离的系统性过程④。李斌（2002）对社会排斥概念的界定，也体现了过程论的观点，他认为社会排斥理论的实质是研究社会弱势群体如何在劳动力市场以及社会保障系统受到主流社会的排挤，而日益成为孤独、无援的群体⑤。

社会排斥是一个多维度的概念，不同的学者和研究机构对社会排斥的范围和内容的认识并不一致。Whelan（2004）认为，社会排斥的内容包括四个方面：一是收入或资源的排斥；二是劳动力市场的排斥；三是服务的排斥；四是社会关系的排斥⑥。Burchard（2002）认为，社会排斥的内容也包括四个方面，但是与 Whelan 的观点并不相同，他认为社会排斥的四个方面包括：一是

---

① Peter Sauders, Can Social Exclusion Provide a New Framework for Measuring Poverty? SPRC Discussion Paper 2003, No. 127, p. 5.

② L. Todman, Reflections on Social Exclusion: What is it, How is it Different U. S. Conceptualisations of Disadvantage? And Why Might Americans Consider Integrating it into U. S. Social Policy Discourse? (Italy), 2004, p. 6.

③ 丁开杰：《西方社会排斥理论：四个基本问题》，《国外理论动态》，2009 年第 10 期，第 36-41 页。

④ 周林刚：《社会排斥理论与残疾人问题研究》，《青年研究》，2003 年第 5 期，第 32-38 页。

⑤ 李斌：《社会排斥理论与中国城市住房改革制度》，《社会科学研究》，2002 年第 3 期，第 106-110 页。

⑥ Whelan, T. Christopher and Bertrand Maitre, Vulnerability and Multiple Deprivation Perspectives on Social Exclusion in Europe: A Latent Class Analysis, EPAG Working Paper, 2004-52, Colchester: University of Essex, June 2004.

消费排斥；二是生产排斥；三是政治参与排斥；四是社会互动排斥①。Janie Percy Smith（2000）认为，社会排斥的内容包括七个方面，即经济排斥、社会排斥、政治排斥、邻里排斥、个体排斥、空间排斥、群体排斥等②。

　　社会排斥是造成农村老年人群贫困的重要原因。社会排斥与老年群体贫困的传递机制在于：第一，社会排斥剥夺了农村老年群体参与社会的机会，比如就业市场中的社会排斥、生产中的社会排斥等；第二，社会排斥剥夺了农村老年群体享受社会福利的机会和权利，造成社会财富的分配不平等以及弱化了社会福利政策的再分配功能；第三，社会排斥限制了农村老年群体的社会网络拓展，进而影响他们生活与生产资源的获取能力和机会；第四，由于社会排斥的存在，受到社会排斥的农村老年群体往往生活在一个"封闭性社会"中，甚至使他们生活在一个"被遗忘"的角落，最终使得农村老年群体陷入贫困问题之中难以自拔。这正如德汉所指出的，脆弱群体的劣势地位往往导致社会排斥，而社会排斥又导致他们更多的劣势和更大的社会排斥，形成持久的多重剥夺③。

　　最后，脆弱性理论视角下的老年贫困问题。脆弱性概念起源于对自然灾害问题的研究，1974 年学者怀特（White）在其专著 *Natural Hazards*：*Local*，*National*，*Global* 中首次提出"脆弱性"概念④。在地学领域，Timmerman 于 1981 年第一次使用脆弱性概念⑤。在经济学领域，Hyman P Minsky 在 1982 年

---

①　Burchard T. Julian Le Grand and David Piachaud. Degree of Exclusion：Developing a Dynamic Multidimensional Measure in John Hills Julian Le Grand David Piachaud：Understanding Social Exclusion，Oxford University Press，2002，pp. 30-33.

②　Janie Percy-Smith. Introduction：The Contours of Social Exclusion in Janie Percy-Smith Edited，Policy Responses to Social Exclusion：Towards Inclusion? Open University Press，2000，p. 9.

③　De Haan，A social Exclusion：Enriching the Understanding of Deprivation，2000，2（3）：22-40.

④　G. F. White. Natural Hazards：Local，National，Global，Oxford：Oxford University Press，1974.

⑤　Timmerman p. Vulnerability，Resilience and the Collapse of Society：A Review of Models and Possible Climatic Applications. Toronto，Canada：Institute for Environmental studies，University of Toronto，1981.

系统提出了"金融脆弱性假说"①。目前，脆弱性概念已被广泛应用于自然科学、地理科学、社会科学甚至生命科学等多种科学领域。在社会科学领域，反贫困以及可持续生计问题研究是脆弱性理论应用较多的领域之一。脆弱性作为一门新兴的科学正逐渐得到学界的认同，但到目前为止，关于脆弱性的本质、构成要素及各要素之间的联动对系统脆弱性的影响并没有一个科学的界定。由于脆弱性概念应用范围的广泛性以及脆弱性内涵的多维性和动态性，学界对脆弱性概念并未达成共识。

　　系统梳理国内外研究文献，关于脆弱性概念的界定，主要有以下五个方面②：一是脆弱性是暴露于不利影响或遭受损害的可能性；二是脆弱性是遭受不利影响损害或威胁的程度；三是脆弱性是承受不利影响的能力；四是脆弱性是一种概念的集合，它是风险、敏感性、适应性和恢复力等的函数；五是脆弱性是系统对扰动的敏感性和缺乏抵抗力而造成的系统结构和功能容易发生改变的一种属性。从上述五种界定来看，只有第五种界定较为准确地反映了脆弱性的本质内涵，其他四种界定都存在一定的偏差。因此，有必要对脆弱性的概念进行更加明确的阐述。脆弱性由"脆"和"弱"两个关键字构成，"脆"是指易碎，"弱"是指抵抗力差。脆弱性可以界定为由系统内部结构和特征决定的敏感性高、抵抗能力差和弹性小的一种不稳定状态。

　　脆弱性是系统的内在属性，它与系统内外部面临的风险扰动或冲击并没有直接关系，只是内外部风险扰动或冲击，能够反映而不是决定系统脆弱性的大小，它们是脆弱性的"隐含"特点"显现"出来的外在条件。脆弱性有五个特点：一是敏感性高；二是抵抗力差；三是恢复力慢；四是相对性；五是动态性。前三个特点是内在属性决定的本质特点，是系统的固有属性，一个系统一旦生成，就有了初始的脆弱性状况，且这个脆弱性状况与外在因素无关；后两个特点是外在环境决定的重要方面，而且脆弱性的相对性，还包含了脆弱性的动态性。脆弱性的相对性，本质是脆弱性的差异性。表现在两个方面：一是横向的差异，即本系统脆弱性与其他系统脆弱性的差异；二是纵向的差异，即当前系统的脆弱性与时间变动后系统脆弱性的差异，这一点正是系统

　　①　Hyman P Minsky. The Financial Fragility Hypothesis：Capitalist Process and the Behavior of the Economy in Financial Crises, Edited by Cambridge University Press, 1982.

　　②　李鹤、张平宇、程叶青：《脆弱性的概念及其评价方法》，《地理科学进展》，2008年第2期，第18-25页。

脆弱性动态性的基本内容。

脆弱性的动态性是指系统脆弱性程度会随着系统内部结构的改变而改变。一个原本脆弱性程度较高的系统，可以通过改变系统的内部结构或外部保护，降低原本的脆弱性程度或使得脆弱性的"隐性"特点难以轻易地"显性"出来。正如世界银行所说"脆弱性人人都有，甚至薪俸优厚的公务员也很脆弱，他们也会失去工作并陷入贫困之中。"①但是，完善的社会保护措施，则可以有效避免脆弱人群陷入贫困之中。如果说，脆弱性的本质内涵为我们研究脆弱性和降低系统脆弱性提供了重要指引，那么，脆弱性的敏感性高、抵抗力差和恢复力慢的特点，为我们研究脆弱性和降低脆弱性提供了实践抓手，那么，脆弱性的相对性和动态性，这为我们研究脆弱性和降低系统脆弱性提供了基本策略。

脆弱性是造成农村老年人相对贫困的重要原因，甚至可以说是根本性原因。相对于青壮年人而言，老年人是一个典型的脆弱群体，农村老年人更是脆弱群体中的脆弱群体。从贫困的人群分布看，农村老年人正是相对贫困的高发群体。农村老年人作为相对贫困的高发群体，即与他们本身的脆弱性有关，如受教育程度较低、健康状况较差、缺乏专业工作技能等人力资本因素导致他们收入水平较低，再如制度排斥引起的社会保护不足以及医疗费支出较高等，最终导致他们容易陷入贫困。但是从动态的角度看，农村老年人的脆弱性导致的贫困风险是不断变化的，是可以通过改变农村老年人的脆弱性环境从而降低他们面临的贫困风险。因此，脆弱性理论为分析农村老年相对贫困以及反贫困问题，提供了强有力的理论基础。

二、慢性病管理理论

慢性病管理理论，包括慢性病管理的理论基础和理论模型两个方面。从慢性病管理的理论基础来看，助推理论（Nudge Theory）和社会支持理论广泛应用于慢性病管理；从慢性病管理的理论模型来看，慢性病管理模型（Chronic Care Model，CCM）、慢性病自我管理计划模型（Chronic Disease Self-Management Program，CDSMP）和创新型慢性病管理框架（Innovative Care for Chronic Condi-

————————

① 世界银行：《2000—2001 年世界发展报告：与贫困作斗争》，北京：中国财政经济出版社，2001 年版，第 140 页。

tions framework，ICCC)是慢性病管理的三个重要理论模型。

　　首先，助推理论视角下的慢性病管理问题。助推理论(Nudge Theory)是行为经济学家、诺贝尔经济学奖获得者理查德·泰勒(Richard Thaler)和其合作者、法学家卡斯·桑斯坦(Cass Sunstein)于2008年在他们的专著《助推：如何做出有关健康、财富与幸福的最佳决策》(Nudge：Improving Decisions About Health，Wealth，and Happiness)中正式提出的一种行为经济学理论。该理论一经问世，便得到世界各国政府部门和私营部门的广泛关注和认可。政府部门利用助推理论优化公共政策和公共服务，私营部门利用助推理论优化营销方案和内部管理流程。句华(2017)认为"利用人类的思维特点以非强制手段影响行为的理念"是该理论的独特创新①。

　　关于助推(Nudge)的内涵，助推的原意是"用肘轻推以引起某人的注意"。Thaler 和 Sunstein(2008)指出，助推是指不采用禁止或明显的经济刺激方式，却能影响人们行为向可预见方向发展的选择架构导向(Choice Architecture)②。助推(Nudge)的关键在于它影响人们的选择行为，而不是强制人们必须进行选择。周延风(2019)把助推(Nudge)解释为"助推者对环境施以微小的、公开透明的干预策略，以改变被助推者的行为决策"③。Hollands 等(2013)认为，"助推是改变微观环境中对象或刺激的属性或摆放以达到改变健康行为的干预策略，这些干预只需要决策者付出很少的意识活动，能同时影响很多人而不仅仅是某个人的行为"④。

　　关于助推的分类，助推理论应用的广泛性推动了助推类型的多样性发展。Blumenthal-Barby 和 Burroughs(2012)把助推划分为六种类型，即激励型助推(Incentive Nudges)、默认型助推(Default Nudges)、突出和情感型助推(Salience and Affect Nudges)、规范型助推(Norms Nudges)、启动型助推(Priming

---

　　① 句华：《助推理论与政府购买公共服务政策创新》，《西南大学学报(社会科学版)》，2017年第2期，第74-80页。

　　② 句华：《助推理论与政府购买公共服务政策创新》，《西南大学学报(社会科学版)》，2017年第2期，第74-80页。

　　③ 周延风、张婷：《助推理论及其应用研究述评与未来展望——行为决策改变的新思路》，《财经论丛》，2019年第10期，第94-103页。

　　④ Hollands G. J., Shemilt I., Marteau T. M., et al. Altering Micro-Environments to Change Population Health Behavior：Towards an Evidence Base for Choice Architecture Interventions. BMC Public Health, 2013, 13(1)：1-6.

Nudges)和承诺型助推(Commitments Nudges)①。Hagman 等(2015)把助推划分为亲自我(Pro-self)型助推和亲社会(Pro-social)型助推两大类,其中亲自我型助推以聚焦个人福祉、平衡非理性行为和追求个人利益为主要目标,亲自我型助推则以聚焦社会福祉、平衡理性利益最大化行为和避免社会资源过度使用为主要目标②。Hansen and Jespersen(2013)按照是否透明、是否涉及反省式思维把助推划分为四种类型③。Wilson 等(2016)把助推的类型归结为两大类即启动型助推(Priming Nudges)和显著型助推(Salience Nudges)④。

关于助推理论在公共部门的实践应用,助推理论的实践应用最早始于英国,2010 年英国成立了世界上第一个助推小组(Nudge Unit),即行为洞见研究小组(Behavioral Insights Team)。2013 年美国政府也成立了自己的"助推小组",即白宫社会和行为科学小组(White House Social and Behavioral Science Team),该小组的核心任务是研究助推理论应用于公共政策创新的实践路径⑤。从助推类型的具体应用来看,启动型助推(Priming Nudges)、显著型助推(Salience Nudges)、社会规范型助推(Social Norm Nudges)和默认型助推(Default Nudges)在健康食品选择等都在健康行为管理中应用广泛。

关于助推理论在慢性病管理中的应用,慢性病的影响因素众多,其中生活方式是主要方面。助推理论在健康行为领域中的广泛应用,是助推理论应用于慢性病管理方面的典型实践,而且经验研究也表明,食品消费、健康行为养成等健康需求行为受到助推工具的显著影响。例如,Thorndike 等(2012)的研究结果表明,用不同颜色标签标示健康和不健康食品,则会明显影响两

① Blumenthal-Barby J. S. , Burroughs H. Seeking Better Health Care Outcomes:The Ethics of Using the"Nudge". American Journal of Bioethics, 2012, 12(2):1-10.

② Hagman W. , Andersson D. , et al. Public Views on Policies Involving Nudges. Review of Philosophy and Psychology, 2015, 6(3):439-453.

③ Hansen P. G. , Jespersen A. M. Nudge and the Manipulation of Choice. European Journal of Risk Regulation, 2013, 1(2):3-28.

④ Wilson A. L. , Buckley E. , Buckley J. D. , et al. Nudging Healthier Food and Beverage Choices through Salience and Priming. Evidence from a Systematic Review. Food Quality and Preference, 2016, 51:47-64.

⑤ Evan Nesterak. Head of White House "Nudge Unit" Maya Shankar Speaks abuout Newly formed Social and Behavior Science Team. The Psychreport, July 3, 2014. http://thepsychreport. com/current-events/head-of-white-house-unit-maya-shankar-speaks-about-newly-formed-us-social-and-behavior-science-team/.

类食品的消费者选择行为①。再如，Romero and Biswas（2016）的研究结果表明，健康食品摆放位置的不同，同样会影响健康食品的消费者选择行为，健康食品与消费者距离越近，被选择的可能性越大②。

关于助推理论应用于公共政策创新的实践工具与产生重大危害人类行为的影响因素密切相关。桑斯坦（2015）把这些影响因素划分为四类：一是偏见、短视和难以自控；二是忽略隐蔽的重要信息；三是盲目乐观；四是忽略或误用概念③。如果能够通过一定的干预措施，让人类在决策时降低上述四类影响因素的干扰，则可以引导人们做出正确的选择，助推工具的设计也正是基于这一理念。句华（2017）把助推理论应用的主要工具总结为以下六个方面：设计默认选项、推送关键信息、发送失误预警和简化服务流程、限制服务内容、制造压力氛围和公开绩效结果等④。

其次，社会支持理论视角下的慢性病管理问题。人们之间的相互支持和人类社会的发展历史一样久远，但社会支持作为一个学术概念被正式提出的历史并不长，20 世纪 70 年代初国外在精神病学相关问题研究中率先引入社会支持的概念，深入探讨了社会支持与身心健康之间的关系，取得了较为丰硕的研究成果。国内社会支持研究的兴起始于 20 世纪 90 年代，关注的重点在于弱势群体的社会支持问题，其中对病患群体的研究是重要内容。1986 年肖水源教授在借鉴国外研究经验的基础上而编制的《社会支持量量表》，成为国内社会支持问题研究的经典量表⑤。

社会支持的内涵是一个有争议的概念。Caplan（1974）认为社会支持的本质是一种持续的社会集合，这种社会集合为个体认识自我提供了机会，并且

---

① Thorndike A. N., Sonnenberg L., Riis J., et al. A 2-phase Labeling and Choice Architecture Intervention to Improve Healthy Food and Beverage Choices. American Journal of Public Health, 2012, 102(3): 527-533.

② Romero M., Biswas D. Healthy-left, Unhealthy-right: Can Displaying Healthy Items to the Left of Unhealthy Items Nudge Healthier Choices? Journal of Consumer Research, 2016, 43 (1): 103-112.

③ 卡斯·桑斯坦著，马冬梅，译：《为什么助推》，北京：中信出版社，2015 年版。

④ 句华：《助推理论与政府购买公共服务政策创新》，《西南大学学报（社会科学版）》，2017 年第 2 期，第 74-80 页。

⑤ 周林刚、冯建华：《社会支持理论——一个文献的回顾》，《广西师范学院学报（哲学社会科学版）》，2005 年第 3 期，第 11-15 页。

构成这个集合的具有支持性的他人可以在个体需要的时候，为个体提供有用的信息或认知指导以及实际的帮助和情感支持，来帮助个体走出困境①。李强(1998)认为社会支持是一个人从社会联系中得到的能减轻人民心理应激反应、缓解精神紧张状态、提高社会适应能力的影响②。Barrera 等(1983)认为，社会支持包括帮助别人应付情感压力、分担责任、提供建议、传授技能、给予物质援助等活动③。Lin N(1986)对社会支持的定义是，社会支持是由社区、社会网络和亲密伙伴所提供的感知的和实际的工具性或表达性支持，并把社会支持分为工具性支持和表达性支持两种类型④。

社会支持的类型多种多样，既有广义和狭义之分，也有主观与客观之分。Barreram(1983)指出，广义的社会支持包括：物质帮助、行为支持、亲密的互动、指导、反馈和正面的社会互动等 6 种形式⑤。狭义的社会支持，既可以指家庭内部夫妻关系、代际关系之间的非正式社会支持，也可以指家庭外部的家族支持。李强(1998)指出，客观的社会支持是指物质上的援助和直接服务支持，主观的社会支持是指个体感觉到在社会中被尊重、被支持、被理解的情绪体验⑥。Wellman 等(1989)把社会支持划分为感情支持、小宗服务、大宗服务、经济支持、陪伴支持等五个方面，而库恩等人将社会支持区分为归属性支持、满足自尊的支持、物质性支持和赞成性支持四种类型⑦。

社会支持的应用实践兴起于 20 世纪 80 年代，社会支持理论在实践领域得到广泛应用，其典型标志是美国社区支持方案(Community Support Program,

---

① CAPLAN G, KILLILEA M. Support system and mutual help: Multidisciplinary explorations. New York: Grune & Stratton, 1974: 19.

② 李强:《社会支持与个体心理健康》,《天津社会科学》,1998 年第 1 期, 第 67-70 页。

③ Barreram, Ainlay S L. The structure of social support: a conceptual and empirical analysis. Journal of Community Psychology, 1983, 11(2): 133-143.

④ LIN NAN. Social Support: Life Events and Depression. FL: Academic Press, 1986: 28.

⑤ Barreram, Ainlay S L. The structure of social support: a conceptual and empirical analysis. Journal of Community Psychology, 1983, 11(2): 133-143.

⑥ 李强:《社会支持与个体心理健康》,《天津社会科学》,1998 年第 1 期, 第 67-70 页。

⑦ 周林刚、冯建华:《社会支持理论———一个文献的回顾》,《广西师范学院学报(哲学社会科学版)》,2005 年第 3 期, 第 11-15 页。

CSP)的迅速发展,该方案重点针对精神病患者离开治疗机构回归社区问题的社会支持问题。1987 年美国国家心理卫生组织(National Institute of Mental Health, NIMH)在设计精神病人的康复计划中把非正式支持纳入分析框架①。社会支持理论在国内的实践应用,源于 1986 年肖水源教授编制的《社会支持量表》,该量表不仅在国内精神健康问题等数十项实践项目中得到应用,而且被翻译成日文用于一项国际协作研究②。

社会支持在慢性病管理方面的应用,大量的研究表明社会支持显著影响人们的身心健康。Henderson 等(1981)基于社会相互关系调查表(Interview Schedule for Social Interaction)的大型社会研究结果表明,依赖关系和社会结合的适合程度对抑郁症和神经症等疾病,有显著的影响③。Susser(1981)的研究结果表明,成年人如果缺乏稳定的婚姻关系,就会比较容易地罹患肺结核、肺炎、心脏病、癌症等多种疾病④。Read 等(1983)基于 4653 名成年人的数据,实证分析了社会支持与缺血性心脏病之间的关系,研究结果表明:社会支持对缺血性心脏病和急性心肌梗死有显著的影响⑤。

最后,慢性病管理的理论模型。发达国家早在 20 世纪 60 年代开始探讨慢性病管理问题,慢性病管理是将健康管理理念应用到慢性病预防和控制中的一种综合的、一体化的保健体系和科学管理模式。慢性病管理的基本特点是以人群为基础,以生物-心理-社会医学模式为出发点,以对慢性病患者全面、主动、连续的管理为手段,以达到促进健康、延缓慢性病病程、预防慢性病并发症、降低病残率、降低病死率、提高生活质量并降低医疗费用为目的,同时重视患者疾病临床治疗、康复训练、并发症预防及治疗,全方位、多视角为慢性病患者提供卫生服务。实践中形成了慢性病管理模型(Chronic

---

① 倪赤丹:《社会支持理论:社会工作研究的新"范式"》,《广东工业大学学报(社会科学版)》,2013 年第 3 期,第 58-66 页。

② 肖水源:《社会支持评定量表的理论基础与研究应用》,《临床精神医学杂志》,1994 年第 2 期,第 98-100 页。

③ Henderson S. et al. Neurosis and the Social Environment. Ist ed, New York, Academic Press, 1981, 29-52.

④ Susser M. Widowhood: A Situational Life Stress or A Stressful Life Event? American Journal Public Health. 1981, 71(8): 793-795.

⑤ Read D. et al. Social Networks and Coronary Heart Disease Among Japanese Men in Hawaii, American Journal Epidemiology, 1983, 117(4): 384-396.

Care Model，CCM)、慢性病自我管理计划模型(Chronic Disease Self-Management Program，CDSMP)和慢性病创新照护框架(Innovative Care for Chronic Conditions framework，ICCC)三种具有代表性的慢性病管理模型①。

慢性病管理模型(CCM)又称瓦格纳卫生保健模型(见图 2-1)，该模型是美国于 20 世纪 90 年代提出，它由卫生系统、社区、自我管理支持、提供服务系统设计、决策支持、临床信息系统等六个元素构成，它是在社区、卫生系统和医疗机构以及患者多方主体共同参与下，以科学证据为依据、以人群为基础、以患者为中心、以帮助患者提高健康管理结果为目标而对卫生保健系统重新设计的理论框架和实践准则②。慢性病管理模型在基层服务中得到广泛应用，例如社区卫生服务中心对患有糖尿病、高血压、哮喘、精神病(癫痫、抑郁等)、癌症等常见慢性病患者和一些不健康生活方式如吸烟、酒精滥用等行为的管理③。

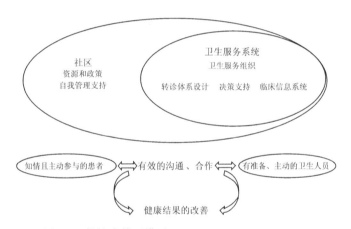

图 2-1　慢性病管理模型(Chronic Care Model，CCM)

---

① 王荣英：《聚焦国外三大慢性病管理模式》，2017/04/12，https：//www. sohu. com/a/133504763_699228

② Pritchett E. Matching Funds from the Federal Government for Medicaid Disease Management：Dietitians as Recognized Providers. Journal of American Dietetic Association，2004，104(9)：1345-1348.

③ 任慧、傅华：《在系统论指导下的慢性病综合管理模式》，《上海医药》，2012 年第 16 期，第 3-7 页。

慢性病自我管理计划模型（CDSMP），该模型产生于 20 世纪 70 年代的芬兰，该管理模式的特点是充分发挥基层社区卫生服务中心对慢性病的预防功能，通过改善人们的行为方式，从根本上消除慢性病的危险因素，进而达到健康管理的效果。该管理模式以政府政策支持为基础，以干预患者饮食、行为习惯、服药依从性、锻炼强度、疲劳程度、疾病病程等为管理重点，通过持续的健康教育和健康促进，增进患者健康知识、规范行为和形成健康生活方式，控制慢性病的发生、发展，减少慢性病并发症，逐步实现自我管理。

创新型慢性病管理框架（ICCC）（见图 2-2）①，该管理框架是由世界卫生

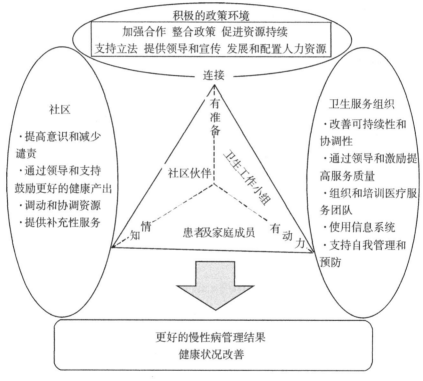

图 2-2　WHO 创新型慢性病管理框架（ICCC）

　　①　值得说明的是，国内学者在翻译和绘制世界银行设计的创新性慢性病管理框架时，不同学者有不同的画图方法，本书的图 2-2，借鉴了该文献的画图方法，即吕兰婷、邓思兰：《我国慢性病管理现状、问题及发展建议》，《中国卫生政策研究》，2016 年第 7 期，第 1-7 页。

组织(WHO)于 2002 年在借鉴瓦格纳慢性病管理模型(CCM)的基础上创新设计出来的,该框架是宏观政策—中观机构—微观主体三个层面共同参与的包括疾病诊断、治疗、康复、临终关怀、慢性病预防以及健康促进等全过程在内的慢性病管理框架①。其中,宏观政策层面,主要通过健康保障立法、组织领导、政策制定、财政支持等手段支持社区和医疗服务机构优化慢性病管理流程;中观层面重点加强不同部门和组织之间的协调;微观层面把慢性病管理主体,从患者自身扩展到社区参与者、患者家庭成员等,构建以预防为重点的一体化、综合化的慢性病管理体系,增强患者自主管理意识和技能,从根本上推动健康促进目标的实现。

第三节　分析框架

基于慢性病视角下的农村老年贫困治理虽然是一个问题,但是,这个问题本身却包含了两个方面,即慢性病问题和老年贫困问题,而且这两个方面问题的形成机制和治理机制还呈现出较大差异。因此,本书的分析框架,由两部分构成:一是慢性病影响农村老年贫困的内在机制分析框架,该框架用于发现慢性病影响农村老年贫困的效应与内在机制;二是基于慢性病影响农村老年贫困规律与特点,构建的基于慢性病视角的农村老年贫困治理框架,该框架重点在于探讨在慢性病视角下如何治理农村老年贫困问题。二者的出发点和落脚点均不一样。

一、慢性病视角下的老年贫困分析框架

慢性病视角下的老年贫困分析框架与老年贫困视角下的慢性病治理框架,这两个分析框架读起来似乎有点拗口,但这恰恰是较为精确的表达。之所以强调这一点,是因为老年贫困分析框架有很多,这与老年贫困的形成机制有关,但是本书并不关注其他原因造成的老年贫困问题,而是把关注的重点聚焦于慢性病问题。同样,慢性病的治理框架也有很多,例如基于医学或药学、基于饮食管理和医疗保健等方面的慢性病治理框架,但这不是本书关注的重

---

①　吕兰婷、邓思兰:《我国慢性病管理现状、问题及发展建议》,《中国卫生政策研究》,2016 年第 7 期,第 1-7 页。

点，本书关注的慢性病治理，重点在于如何从预防老年贫困的角度来治理慢性病，这也就意味着那些容易导致农村老年贫困的慢性病，才是本书关注的重点，相反，那些不会导致农村老年贫困的慢性病，虽然也需要加强预防和管理，但却不是本书关注的重点。

慢性病影响农村老年相对贫困的分析框架，包括七个部分（见图 2-3）：一是慢性病的形成环境；二是慢性病的基本类型；三是慢性病对农村老年人收入的影响以及收入保障补位问题；四是慢性病对农村老年人支出的影响以及医疗保障补偿问题；五是慢性病对农村老年人社会网络的破坏作用以及代际关系补位问题；六是慢性病对农村老年人资源动用能力的影响以及社区服务水平补充的问题；七是农村老年人的个体特征与资源禀赋差异。上述七个方面，共同构成慢性病视角下农村老年贫困形成机制的分析框架，其中，农村老年贫困包括经济贫困、健康贫困和精神贫困三个方面。

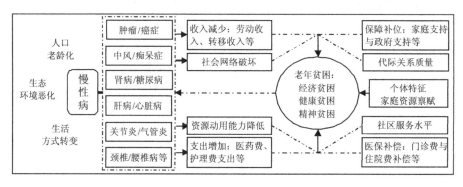

图 2-3　慢性病影响农村老年相对贫困的分析框架

图 2-3 的基本逻辑是：

首先，老年人的慢性病问题是社会经济以及个体生活大环境下的产物，这些环境包括人口老龄化、高龄化的快速发展，工业化导致的生态环境恶化以及人们生活方式的快速转变等，共同导致人们疾病谱的快速转变，即从中华人民共和国成立初期的"急性传染性疾病"向 20 世纪 90 年代以来的"慢性非传染性疾病"转变。慢性病有多种类型，既包括已经发现的常规慢性病，又包括尚未发现的新的慢性病。其中，肿瘤/癌症、中风/阿尔茨海默病、肾病/糖尿病、肝病/心脏病、关节炎/气管炎、颈椎/腰椎病等，是较为常见的慢性病病种，这些慢性病可能会导致农村老年相对贫困问题。

其次，慢性病通过四种路径对农村老年相对贫困产生影响。

一是慢性病会导致农村老年人参与农业生产劳动、农村灵活就业和子女看护的机会和强度都会降低，这会大大影响他们的劳动收入水平和转移支付收入水平。此时，如果农村老年人的家庭保障和政府支持（如社会养老保险等）不能够及时补位或者不足以弥补因为慢性病导致的收入减少，那么，农村老年人就有可能陷入经济贫困，这种贫困是农村老年人的收入型贫困。

二是慢性病会增加老年人看病就医、药品耗材使用的机会和次数，严重的慢性病还会增加农村老年人的护理服务支出，最终导致农村老年人医疗保健支出的大幅增加。由于大多数慢性病是不需要住院医疗服务的，主要在门诊就诊，而按照现行的医疗保险补偿政策，农村老年人因为慢性病而产生的医疗费用支出，将在报销环节受到较多限制。如果农村老年人拥有的医疗保险制度不能充分补偿他们的医疗保健费用支出，那么他们也将陷入经济贫困，这种贫困是支出型贫困。

三是慢性病会大大缩小农村老年人的社会网络空间，这主要是因为农村老年人一旦患上慢性病，特别是病情较为严重的慢性病，他们的社会交往范围和方式、社会交往的频率和内容，都将受到很大限制。法国社会学家孟德拉斯指出，农村社会是一个"熟人社会"，邻里之间保持频繁的生活与生产互助①。但是，慢性病的发生限制甚至打破了"熟人社会"中邻里之间的互助互惠机制，身患慢性病的农村老年人很可能改变其过去的休闲方式，社会互动的减少，常常使他们处于封闭与半封闭状态。这个时候，如果家庭代际关系质量不能够很好地弥补慢性病对农村老年人社会网络破坏导致的缺失，那么，他们就很可能会陷入心理上的苦闷和精神上的无聊，进而导致他们陷入健康贫困与精神贫困之中。

四是慢性病会大大降低农村老年人的资源动用能力，这主要是因为慢性病的发生，特别是严重慢性病的侵袭，会大大增加农村老年人的无用感，他们参与生产劳动的机会不断减少，获得的劳动收入和转移收入减少，他们的社会经济地位降低，这必将影响他们的经济资源支配权。同时，严重慢性病

---

① 孟德拉斯：《农民的终结》，北京：中国社会科学出版社，2005 年版。

患者"无尽的照料"（Corbin & Strauss，1988）①，还会导致家庭成员对病人的生气和怨恨（Robert Anderson，1992）②，这进一步限制了他们的资源动用能力（Bury，1982）③。这种情况下，如果社区服务水平不能够很好地弥补农村老年人资源动用能力降低带来的缺失，那么，农村老年人将陷入精神贫困和健康贫困。三种贫困相互作用，将使老年人陷入"因病致贫"和"因贫致病"的恶性循环。

二、老年贫困视角下的慢性病治理框架

老年相对贫困视角下的慢性病治理框架如图 2-4 所示：

图 2-4 的内在逻辑是：

第一，农村老年人可能会受到自身因素、生产生活方式的影响、环境的影响以及医疗保障提交、医疗服务条件等综合因素的影响，而罹患各种慢性病。

第二，农村老年人罹患的慢性病，并不一定会导致他们贫困，也不是所有的慢性病都会造成多维的贫困问题，基于此，我们可以从总体角度把农村老年人罹患的慢性病归结为三大类：第一类是明确不会导致农村老年贫困的慢性病，尽管这样的慢性病不多，但依然存在；第二类是会导致农村老年人轻度贫困的慢性病；第三类是会严重导致农村老年贫困的慢性病。

第三，农村老年人的三类慢性病并不是都进入老年贫困视角下的慢性病治理框架，而且即便是进入农村老年人慢性病治理框架，治理策略也会有所不同。具体而言：第一类慢性病，由于它们不会导致农村老年贫困，虽然从公共卫生、巩固全面建成小康社会成果和推动"健康中国"战略的角度，也应该加强防控和治理，但是由于这些慢性病并不会导致农村老年贫困问题，所以，不纳入老年贫困视角下的慢性病治理框架。第二类慢性病，由于这类慢性病会导致轻度的老年贫困问题，需要纳入老年贫困视角下的慢性病治理框

---

① Corbin, J. & Strauss, A. Unending Work and Care：Managing Chronic Illness at Home. San Francisco & London：Jossey-Bass Publishers，1988.

② Robert Anderson. The Aftermath of Stroke：The Experience of Patients and Their Families. Cambridge：Cambridge University Press，1992.

③ Bury, M. Chronic Illness as Biographical Disruption, Sociology of Health and Illness. 1982，4(2)：167-182.

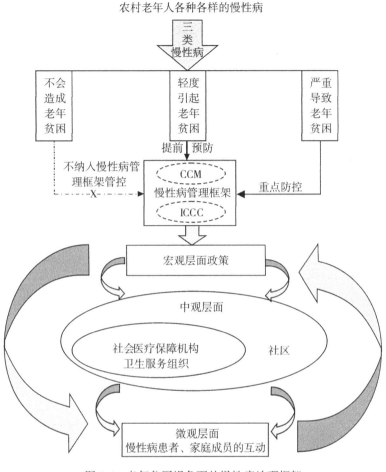

图 2-4　老年贫困视角下的慢性病治理框架

架，但是在治理策略上以提前预防为主，重点防止这些慢性病进一步恶化进而导致更加严重的慢性病。第三类慢性病，由于它们会导致严重的老年贫困问题，所以也需要纳入老年贫困视角下的慢性病治理框架。

第四，基于慢性病治理框架（CCM）和创新型慢性病治理框架（ICCC），构建本书的慢性病治理框架。本书的慢性病治理框架与 CCM 和 ICCC 的联系与区别是，本书的慢性病治理框架首先借鉴了 CCM 和 ICCC 慢性病治理框架的优点，比如从宏观、中观和微观多个层面的协同参与等，社区伙伴、社区志愿者、基层医疗卫生机构以及家庭成员的参与和互动等，同时，本书的慢性病治理框架还加入了社会医疗保障机构的参与，因为医疗保险补偿不仅可能会影响农村老年人的就医行为，还会影响农村老年人的医疗费用补偿问题，进而会影响农村老年人的贫困问题。因此，本书创新性地把社会医疗保障机构也纳入农村慢性病治理框架。

第三章　慢性病与农村老年相对贫困的
现状与趋势

在我国，有多少农村老年人罹患了慢性病，他们罹患了哪些类型的慢性病，这些慢性病呈现出什么样的个体差异、地区特征和时间趋势，是值得分析的重要问题，这些问题为我们清晰地展现我国农村老年人罹患慢性病的基本情况。同样，在目前，有多少农村老年人处于相对贫困之中，农村老年人面临的主要相对贫困是什么，经济贫困、健康贫困和精神贫困中哪种相对贫困问题更为突出，农村老年人的相对贫困呈现出什么样的个体差异、地区差异和时间趋势，也是值得分析的重要问题，这些问题为我们全面了解农村老年人的相对贫困问题提供了充分的依据。农村老年人的慢性病与他们的相对贫困之间是什么关系，也是本章需要考察的重要问题之一。

第一节　农村老年慢性病的现状与发展趋势

深入分析农村老年人慢性病的患病现状及其发展趋势，前提是要合理测量慢性病，并对慢性病进行分类。因为，有些慢性病已经被发现，有些慢性病并没有被发现(本书对这些潜在的慢性病不做分析)。目前，关于已知慢性病的测量和分类，存在"官方"与"民间"两套分类标准。其中，"官方"对慢性病的测量和分类，主要就是原国家卫生部(现在称为国家卫生健康委)从1998年组织的历届"全国卫生服务调查"。"民间"对慢性病的测量和分类，主要是北京大学从2008年开始组织的"中国健康与养老追踪调查(China Health And Retirement Longitudinal Study，CHARLS)"①。"官方"与"民间"对慢性病的测

---

① 研究设计、抽样方案、调查问卷与数据库地址：https：//charls. charlsdata. com/pages/Data/2015-charls-wave4/zh-cn. html

量与分类，代表了国内慢性病最为权威的测量与分类。

一、农村老年人慢性病测量与分类

关于慢性病的测量与分类，"官方"口径的慢性病包含了 21 个大类中的 30 种慢性病，国家层面高度重视的高血压、糖尿病在慢性病大类分类的情况下，又进一步单列出来加以统计分析，以显示对这两类慢性病的重视。"民间"口径的慢性病包含了 14 种慢性病，但是，除了高血压、糖尿病和消化系统疾病等这三种慢性病之外，其他慢性病的分类皆与"官方"口径的慢性病分类存在一定的差异，详见表 3-1。例如，"官方"口径中的泌尿生殖系统疾病，对应"民间"口径中的肾脏疾病，但是二者有差异，因为泌尿生殖系统疾病并不等同于肾脏疾病；再如，"官方"口径中的"先天异常""围产期疾病"和"损伤和中毒"等慢性病，并没有包含在"民间"口径的慢性病分类中。同时，由于"官方"口径的慢性病统计，主要是统计慢性病以及医疗服务和医疗保障等信息，并没有统计农村老年贫困的相关情况，这与本书想要探讨的主题，即慢性病与老年贫困的关系并不相符。因此，本书以"民间"口径的慢性病统计数据为主，分析慢性病与老年贫困的关系。同时，为了更为全面地分析中国慢性病的发展现状、特点和趋势，本书还使用"官方"口径的慢性病分类和统计数据，以达到"官方"与"民间"数据的对话，并全面地呈现农村老年人慢性病的总体情况。

表 3-1　　　　　　　　　　　　**慢性病的测量与分类**

序号	"官方"口径的中国慢性病分类	"民间"口径的中国慢性病分类
1	传染病	高血压病
2	寄生虫病	血脂异常
3	恶性肿瘤	糖尿病或血糖升高
4	良性肿瘤	癌症等恶性肿瘤
5	内分泌、营养和代谢及免疫(糖尿病)	慢性肺部疾患
6	血液、造血器官疾病	心脏病
7	精神病小计	中风

序号	"官方"口径的中国慢性病分类	"民间"口径的中国慢性病分类
8	神经系病计	肾脏疾病
9	眼及附器疾病	胃部疾病或消化系统疾病
10	耳和乳突疾病	情感及精神方面问题
11	循环系统疾病(心脏病、高血压、脑血管病)	与记忆相关的疾病
12	呼吸系统疾病	关节炎或风湿病
13	消化系统疾病(急性胃炎、肝硬化、胆囊疾病)	哮喘
14	泌尿生殖系病	肝脏疾病
15	妊娠、分娩病及产褥期并发症	
16	皮肤皮下组织	
17	肌肉、骨骼结缔组织	
18	先天异常	
19	围产期疾病	
20	损伤和中毒	
21	其他	

二、农村老年人慢性病的患病现状

农村老年人慢性病的患病现状是一个静态指标，它反映的是根据给定的测量指标所能测得的农村老年人慢性病的最新患病情况。从已经公开的调查数据来看，无论是"官方"口径的慢性病数据，还是"民间"口径的慢性病数据，最新的公开数据都截至 2018 年。因此，本书利用 2018 年"官方"与"民间"两套数据，来反映农村老年人慢性病的患病现状。农村老年人慢性病的患病现状，可以从总体规模和所占比例两个方面加以反映。总体规模指的是截至 2018 年，我国到底有多少农村老年人罹患了慢性病；所占比例指的是截至 2018 年，罹患慢性病的农村老年人占我国农村总人口的比例到底有多大，不同类型慢性病的患病率到底有多大。总体规模反映了农村老年人慢性病问题的严重程度和解决农村老年人慢性病问题的困难程度以及迫切性，所占比例反映了农村老年人慢性病问题的普遍性和解决农村老年人慢性病问题的重要性。

（一）中国农村老年人罹患慢性病的数量现状

从中国农村老年人罹患慢性病的数量来看，无论是"官方"的统计数据，还是"民间"的调查数据，都鲜有全面的关于中国慢性病人数的具体信息，更缺乏针对农村老年人罹患慢性病的数据。有研究报告指出截至 2020 年，根据中国疾病控制中心公布的部分数据显示，超重、肥胖症患者约 5.1 亿人，中国当前总体上有高血压慢性病患者 4.2 亿人，血脂异常慢性病患者有 2 亿多人，高血脂慢性病患者 1 亿多人，糖尿病慢性病患者 1.21 亿人，脂肪肝慢性病患者 1.2 亿人（见图 3-1）。

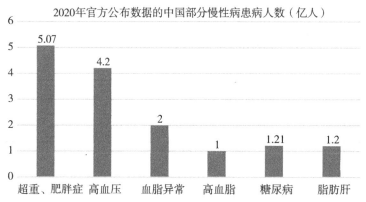

注：《中国慢性病现状及慢性病患者数据统计一览：慢性病管理机构市场规模前景分析》https://m.chinairn.com/news/20200219/170527209.shtml? ivk_sa = 1024320u

图 3-1　2020 年中国部分慢性病患病人数

2018 年中国健康与养老追踪调查数据的统计结果显示（见图 3-2），2416位被调查的农村 60 岁及以上的老年人中，有 1102 位老年人患有一种及以上慢性病，农村老年人慢性病的患病率为 456.1‰。相反，3744 位城市 60 岁及以上的老年人中，只有 1705 位老年人患有一种及以上慢性病，城市老年人慢性病的患病率为 455.4‰。城市老年人的慢性病患病率与农村老年人的慢性病患病率几乎相等。

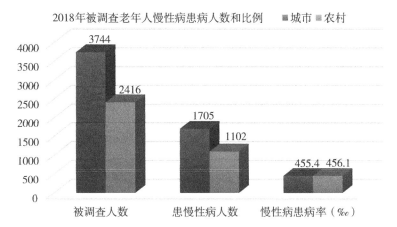

注：数据来自 2018 年中国健康与养老追踪调查。

图 3-2　中国被调查老年人慢性病患病人数和比例

(二) 中国农村老年人罹患慢性病的比例现状

从中国农村老年人慢性病的患病比例看，全国层面的统计数据显示，2018 年中国慢性病患病率为 343‰，其中，65 岁以上老年人的慢性病患病率为 523‰①。第六次全国卫生服务调查数据的统计结果表明 (见图 3-3)，2018 年中国农村 65 岁及以上老年人慢性病的患病比例为 600.0‰，低于城市老年人慢性病的患病比例 649‰。同时，2018 年农村 55—64 岁中老年人的慢性病患病率为 486.5‰，明显低于农村 65 岁及以上老年人的患病率，前者比后者低 113.5‰，而且城乡差异也比较明显。

从农村不同类型慢性病的患病率来看，根据 2018 年第五次全国卫生服务调查数据的统计结果显示 (见图 3-4)，患病率最高的五大类慢性病分别是循环系统疾病、高血压、骨骼和结缔组织疾病、消化系统疾病和内分泌、营养、代谢及免疫疾病，农村糖尿病患病率也比较高，在整个慢性病患病率中排名第六。而且，2018 年中国健康和养老追踪调查数据也得出了与上述分析结果

---

①　智研咨询：《慢性病患病率上升是推动中国医疗大健康》，https：//t. 10jqka. com. cn/pid_192479798. shtml

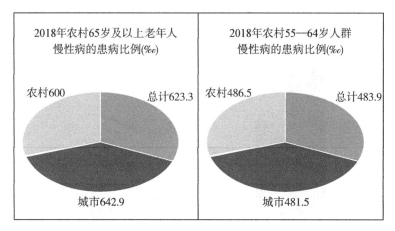

注：数据来自 2018 年第六次全国卫生服务调查。

图 3-3　2018 年中国农村老年人慢性病患病比例

较为类似的情况，即高血压在 14 种慢性病类型中，农村被调查人群的患病率最高，患病率达到 150.7‰，排在第一位。糖尿病的患病率也比较高，患病率为 57.7‰，排名第六位。这在一定程度上说明，李克强总理在 2019 年政府工作报告中把高血压和糖尿病纳入基本医保报销的合理性①。排名靠前的其他几类慢性病，例如骨骼类（风湿、关节炎等）、消化系统疾病（胃部疾病等）和循环系统疾病（血脂异常等），"官方"与"民间"调查数据统计得出的患病率排名情况也比较类似。

三、农村老年人慢性病的发展趋势

农村老年人慢性病的发展趋势，根据数据的掌握情况可以划分为两个阶段：一是利用现有数据刻画的农村老年人慢性病发展趋势，它是"过去"慢性病发展的客观趋势，是客观事实和基本规律；二是利用预测数据刻画的农村老年人慢性病发展趋势，它是"未来"农村老年人慢性病的可能发展趋势。无论是慢性病"过去"的发展趋势，还是"未来"的发展趋势，都可以用农村慢性病老年人数量的增减变动情况和慢性病患病率的增减变动情况加以反映。同

---

①　李克强：《政府工作报告——2019 年 3 月 5 日在第十三届全国人民代表大会第二次会议上》，中国人民政府官网：http://www.gov.cn/gongbao/content/2019/content_5377101.htm.

注：数据来自2018年第五次全国卫生服务调查(左)和2018年中国健康与养老追踪调查(右)。

图 3-4　农村被调查人群(包括 60 岁及以下人口)慢性病患病率

时，为了更加清晰地反映农村老年人慢病性问题的严重程度和变动趋势，本书还把全国总体慢性病情况、城市老年人的慢性病情况以及中国 60 岁及以前人群慢性病患病情况的变动趋势作为参照，进行慢性病发展趋势的比较分析。

(一)农村老年人慢性病发展的现实趋势

首先，基于六次全国卫生服务调查数据的农村老年人慢性病患病率发展趋势。图 3-5 的统计结果表明，从 1993 年到 2018 年，农村老年人慢性病患病率的发展趋势，呈现出先上升后下降两个发展阶段。从 1993 年到 2008 年，农村老年人慢性病患病率呈现出缓慢上升趋势，农村老年人的慢性病患病率从398.2‰缓慢上升到523.9‰，慢性病患病率增长了约31.6%；从2008年到2018年，农村老年人慢性病患病率呈现出先下降后上升的发展趋势，慢性病患病率从2008年的523.9‰快速下降到2013年的481.7‰后又快速上升到2018年的600.0‰。图3-5的统计结果还表明，城市老年人慢性病患病率的发展趋势，与农村老年人慢性病患病率的发展趋势呈现出类似的特点。

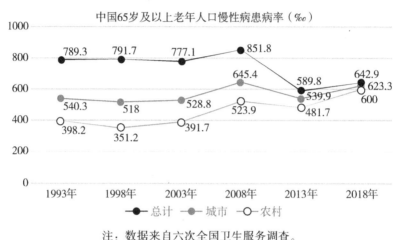

注：数据来自六次全国卫生服务调查。

图3-5　农村老年人慢性病患病率的发展趋势

相对于老年人(包括城市和农村)慢性病患病率的阶段性发展趋势而言，中国15岁及以上居民的慢性病患病率呈现出更加明显的快速增长趋势。图3-6的统计结果表明，从1993年到2018年，特别是从2003年起，中国15岁以上居民慢性病患病率呈现出明显的快速增长趋势。其中，农村15岁及以上居民的慢性病患病率从2003年的104.7‰快速增长到2018年的352.1‰，慢性病患病率增长了近2.4倍，慢性病患病率年均增长率高达8.4%。同时，从2018年以后，农村15岁及以上居民的慢性病患病率开始超过城市居民，这与城市化背景下农村青壮年劳动力外流带来的农村人口老龄化更加严重有关。与图3-5的统计结果对比可以发现，中国慢性病的患病率呈现出年轻化发展趋势，这是值得高度重视的问题。

其次，基于CHARLS数据的中国农村老年人慢性病患病率发展趋势。图3-7的统计结果表明，中国农村老年人(60岁及以上)慢性病的患病率也呈现

注：数据来自六次全国卫生服务调查。

图 3-6　中国 15 岁以上居民慢性病患病率的发展趋势

出明显的增长趋势。从 2011 年到 2018 年，农村老年人慢性病的患病率从 297.9‰上升到 581.9‰，慢性病患病率增长了约 95.3%。但是，农村老年人慢性病的患病率始终低于城市老年人慢性病的患病率。这一统计结果与全国卫生服务调查数据分析的结果具有一致性。图 3-6 的统计结果还显示，城市老年人慢性病的患病率也呈现出快速增长趋势，而且从 2015 年起，农村老年人慢性病患病率的增长速度快于城市老年人慢性病患病率的增长速度，这也与全国卫生服务调查数据的统计结果相一致。

再次，不同类别慢性病患病率的发展趋势(被调查人群含老年人群，原始数据未专门列出农村老年人数据)。表 3-2 的统计结果表明，从 1993 年到 2018 年，在十大类慢性病中，有七大类慢性病患病率随着时间的向后推移，均呈现出逐渐增长趋势，而消化系统、呼吸系统和血液类慢性病患病率呈现出一定的下降趋势。在七大类慢性病患病率中，内分泌系统慢性病患病率增长速度最快，内分泌系统慢性病患病率从 1993 年的 4.3‰增长到 2018 年的 64.5‰，患病率增长了 14 倍；循环系统慢性病患病率从 1993 年的 42.9‰增长到 2018 年的 257.8‰，患病率增长了约 5 倍；肌肉骨骼类慢性病患病率从 1993 年的 34.9‰增长到 2018 年的 58.6‰，患病率增长了约 68%；泌尿生殖

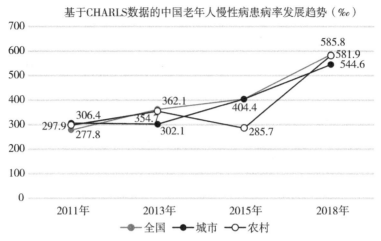

注：数据来自四期中国健康和养老追踪调查数据（CHARLS）。

图 3-7 中国农村老年人慢性病患病率的变动趋势

慢性病患病率从 1993 年的 11.4‰增长到 16.3‰，患病率增长了约 42.98%；神经系统慢性病患病率从 1993 年的 7.5‰增长到 2018 年的 8.4‰，患病率增长了 12%；精神病慢性病患病率从 1993 年的 2.5‰增长到 2018 年的 6.2‰，患病率增长了 1.48 倍；恶性肿瘤慢性病患病率从 1993 年的 1.4‰增长到 2018 年的 5.1‰，患病率增长了约 2.64 倍。

表 3-2 被调查人群（含老年人群）不同类型慢性病患病率变动趋势

（慢性病患病率‰）

慢性病类别	1993 年	1998 年	2003 年	2008 年	2013 年	2018 年
循环系统	42.9	50.8	62.9	103.7	186.6	257.8
内分泌	4.3	6.1	9.4	15.6	40.9	64.5
肌肉骨骼	34.9	30.6	29.0	37.6	37.3	58.6
消化系统	49.9	42.5	33.8	29.7	24.8	43.8
呼吸系统	31.0	25.9	19.4	17.8	15.6	26.1
泌尿生殖	11.4	10.9	8.9	11.3	10.3	16.3

续表

慢性病类别	1993 年	1998 年	2003 年	2008 年	2013 年	2018 年
神经系统	7.5	6.6	5.0	5.1	4.3	8.4
精神病	2.5	2.5	2.4	2.5	3.0	6.2
恶性肿瘤	1.4	1.5	1.6	2.4	2.9	5.1
血液病	4.2	3.7	2.3	2.5	2.1	3.9

注：数据是作者根据历次全国卫生服务调查数据整理而得。

最后，被调查人群(含老年人群)不同慢性病患病率的变动趋势(原始数据未专门列出农村老年人的数据)。表 3-3 的统计结果表明，从 1993 年到 2018 年，高血压、糖尿病、椎间盘疾病、脑血管疾病、肠胃炎等十种慢性病，只有肠胃炎、类风湿关节炎两种慢性病患病率是降低的，其他八种慢性病患病率都呈现出明显的增长趋势。其中，高血压和糖尿病两种慢性病患病率增长较为明显，而且患病率也排在前两位。高血压患病率从 1993 年的 16.2‰增长到 2018 年的 188.2‰，患病率增长了约 10.6 倍；糖尿病患病率从 1993 年的 2.6‰增长到 2018 年的 5.52‰，患病率增长了约 1.12 倍。其他慢性病患病率，包括椎间盘疾病、脑血管疾病、运动系统疾病、心脏病以及慢性阻塞性肺疾病等慢性病患病率，也都呈现出不同程度的增长趋势。

表 3-3　　中国被调查人群(含老年人群)各种慢性病患病率的变动趋势

(慢性病患病率‰)

慢性病名称	1993 年	1998 年	2003 年	2008 年	2013 年	2018 年
高血压	16.2	20.7	33.0	66.5	148.8	188.2
糖尿病	2.6	0.41	0.71	1.30	3.68	5.52
椎间盘疾病	0.34	0.62	0.63	1.16	1.47	2.97
脑血管疾病	0.54	0.77	0.83	1.17	1.22	2.29
胃肠炎	2.21	1.87	1.30	1.30	1.20	2.00
其他类型心脏病	0.54	0.49	0.72	0.90	1.01	1.74

续表

慢性病名称	1993 年	1998 年	2003 年	2008 年	2013 年	2018 年
其他运动系统疾病	1.26	0.90	1.16	1.35	1.27	1.71
其他缺血性心脏病	0.69	0.78	0.58	0.73	0.76	1.38
类风湿关节炎	1.85	1.50	1.09	1.24	0.97	1.16
慢性阻塞性肺疾病	0	0	0.94	0.84	0.71	0.96

注：数据是作者根据历次全国卫生服务调查数据整理而得。

值得说明的是，虽然表 3-2 和表 3-3 的统计分析结果并不是专门针对农村老年人的慢性病患病率发展趋势，但是从慢性病患病率随着时间变化的变动趋势以及慢性病与人口老龄化的正相关关系，我们也可以从一个侧面判断未来中国农村老年人的慢性病患病率仍然将呈现出较快的增长趋势。

(二) 农村老年人慢性病的未来趋势

目前，无论是"官方"的统计数据，还是"民间"的调研数据，都没有系统的、全面的反映农村老年人慢性病患病率发展变动趋势的相关预测数据。但是，我们可以根据人口老龄化和农村老年人慢性病之间的关系，以及人口老龄化问题的严重程度和慢性病患病率的现实情况，来预测农村老年人慢性病的未来发展趋势。统计分析结果表明，农村老年人慢性病的患病率与人口老龄化程度呈显著正相关。如表 3-4 所示，人口老龄化程度与农村老年人慢性病之间的相关关系在 5% 的显著性水平下通过了显著性检验，而且二者的相关系数是正的，即人口老龄化程度越严重，农村老年人的慢性病患病率越高。尽管目前没有全国系统的慢性病患病率未来发展趋势的预测数据，但是局部的预测数据还是有的。例如，有研究报告预测，到 2026 年中国 15 岁及以上人口的癌症、糖尿病、高血压三种慢性病的发病率将分别提高至 0.7%、14.4%、27.8%[1]。

---

[1] 《中国慢性病现状及慢性病患者数据统计一览：慢性病管理机构市场规模前景分析》https：//m.chinairn.com/news/20200219/170527209.shtml? ivk_sa=1024320u

表 3-4　　　　　　人口老龄化程度与老年人慢性病之间的相关关系

相关性检验		年份	人口老龄化	农村老年人慢性病患病率
年份	Pearson Correlation	1	0.973 **	0.869 *
	Sig.（2-tailed）		0.001	0.025
	N	6	6	6
人口老龄化	Pearson Correlation	0.973 ***	1	0.881 **
	Sig.（2-tailed）	0.001		0.020
	N	6	6	6
农村老年人慢性病患病率	Pearson Correlation	0.869 **	0.881 **	1
	Sig.（2-tailed）	0.025	0.020	
	N	6	6	6

注：数据来自国家统计局：《中华人民共和国国民经济和社会发展统计公报》，http：//www.stats.gov.cn/tjsj/tjgb/ndtjgb/index.html；*** 表示 $P<0.01$，** 表示 $P<0.05$。

　　人口老龄化程度和老年人慢性病患病率随着时间变化而变化的关系，如图 3-8 所示，人口老龄化程度和老年人慢性病患病率都随着时间的发展，而呈现出一定的增长趋势。其中，老年人慢性病患病率表现出波动性的增长趋势，而人口老龄化则是呈现出稳步的增长趋势。这在一定程度上说明，随着中国人口老龄化程度的逐步加深，农村老年人的慢性病患病率也将呈现出一定的增长趋势。2011 年世界银行的预测结果表明，到 2030 年中国 40 岁及以上人群中的心血管疾病、脑卒中、糖尿病、癌症和慢性呼吸系统疾病等五大类慢性病患病人数将增长 2~3 倍[①]。而且，根据中国人民大学杜鹏教授的预测，中国人口老龄化程度的城乡转变，要到 2040 年前后才可以实现，即到 2040 年左右城市人口老龄化程度才会超过农村人口老龄化程度，这也就是说，农

[①]　刘文萃：《"健康中国"战略视域下中国农村慢性病风险防范与治理推进策略研究》，《领导科学论坛》，2016 年第 17 期，第 50-59 页。

村老年人慢性病患病率问题，在 2040 年之前都将是一个值得我们特别高度重视和给予更多关注的民生问题和健康问题。

注：人口老龄化数据来自《中华人民共和国国民经济和社会发展统计公报》，http：//www. stats. gov. cn/tjsj/tjgb/ndtjgb/index. html；老年人慢性病患病率数据来自《全国卫生服务调查》。

图 3-8　人口老龄化与老年人慢性病患病率随着时间变动趋势

四、农村老年人慢性病的结构差异

为了全面了解农村老年人慢性病的结构差异，本部分也采用"官方"数据和"民间"数据相结合的方式，系统分析农村老年人慢性病的结构差异。农村老年人慢性病的结构差异，可以从很多方面展开分析，如城乡差异、东中西部地区差异、性别差异、年龄分组差异、受教育程度差异、民族差异、婚姻状况差异和收入水平差异等，考虑到数据的可得性以及后续实证分析的需要，本部分从性别差异、年龄分组差异、城乡差异和受教育程度差异四个方面，分析农村老年人慢性病情况的结构性特点。同时，考虑到农村老年人慢性病患病人数缺乏相应的统计数据和预测数据，本部分在分析农村老年人慢性病的结构差异时，主要从慢性病患病率的角度来展开分析。

(一) 农村老年人慢性病患病率的性别差异

首先，农村 15 岁及以上居民慢性病患病率的性别差异：基于全国卫生服

务调查数据①。图 3-9 的统计结果表明，农村 15 岁及以上居民慢性病患病率
呈现出显著的性别差异和增长趋势。从 1993 年到 2018 年的 15 年时间里，一
方面，农村被调查的 15 岁及以上居民慢性病患病率的性别差异始终存在，而
且农村女性居民慢性病的患病率始终高于男性居民，患病率的性别差异呈现
出一定的缩小趋势，但是患病率性别差异缩小的趋势并不是非常明显；另一
方面，农村被调查人群慢性病患病率呈现出快速的增长趋势。其中，农村男
性居民慢性病患病率从 1993 年的 119‰增长到 2018 年的 336.3‰，患病率增
长了约 1.83 倍；农村女性居民慢性病患病率从 1993 年的 143‰增长到 2018 年
的 367.5‰，患病率增长了约 1.57 倍。

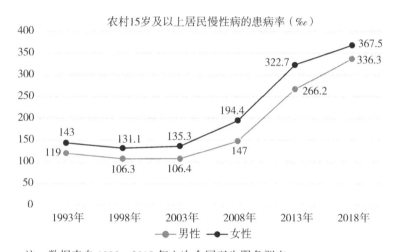

注：数据来自 1993—2018 年六次全国卫生服务调查。

图 3-9　农村 15 岁及以上居民慢性病患病率的性别差异

其次，农村 60 岁及以上老年人慢性病患病率的性别差异：基于 2018 年
的全国卫生服务调查数据②。图 3-10 的数据显示，2018 年农村老年人慢性病
患病率的性别差异也非常明显，并且农村女性慢性病患病率明显高于农村男
性的慢性病患病率。具体而言，农村男性老年人的慢性病患病率为 547‰，农

①　历次全国卫生服务调查的被调查对象为 15 岁以上城乡居民，这里分析的是农村
15 岁及以上居民。

②　全国卫生服务调查，前面的五次调查有的年份分城乡居民，但是没有专门针对老
年人，有的年份区分了老年人但是没有区分性别，只有 2018 年的调查有专门针对农村老
年人慢性病患病率性别差异的数据。

村女性老年人的慢性病患病率为604‰，后者比前者约高10.4%。

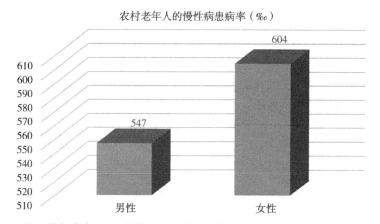

注：数据来自2018年第六次全国卫生服务调查。

图 3-10　农村 60 岁及以上老年人慢性病患病率的性别差异

最后，农村 60 岁及以上老年人慢性病患病率的性别差异：基于 2011—2018 年 CHARLS 的调查数据。图 3-11 和图 3-10 的数据来源不同，但是两个图展示的统计结果具有明显的类似性，即农村 60 岁及以上老年人慢性病患病率的性别差异较为明显，农村女性老年人的患病率明显高于农村男性老年人的慢性病患病率。

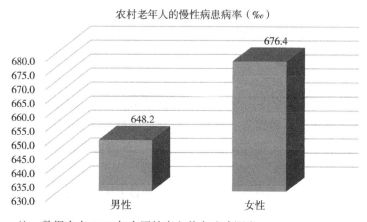

注：数据来自2018年中国健康和养老追踪调查。

图 3-11　农村 60 岁及以上老年人慢性病患病率的性别差异

(二)农村老年人慢性病患病率的年龄分组差异

首先,农村老年人慢性病患病率的年龄分组差异:基于 2018 年第六次全国卫生服务调查数据。图 3-12 按照 10 岁为一个年龄分组的统计结果表明,农村 60 岁及以上老年人慢性病患病率存在明显的年龄分组差异,其中,70~79 岁老年人群的慢性病患病率最高,患病率为 626.0‰,高于 60~69 岁年龄组和 80 岁及以上高龄老年人群的慢性病患病率,农村 60~69 岁年龄组老年人群的慢性病患病率最低,患病率为 550.0‰。图 3-11 的统计结果还表明,在东部、中部和西部,农村老年人慢性病患病率的年龄分组差异也很明显,而且皆呈现出 70~79 岁年龄人群慢性病患病率最高,60~69 岁年龄组人群慢性病患病率最低,80 岁及以上高龄老年人群慢性病患病率次之的特点。

农村老年人的慢性病患病率（‰）

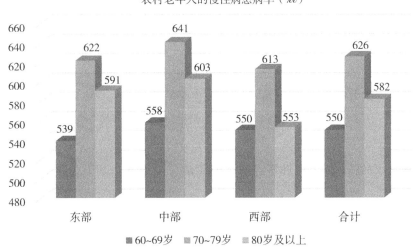

注：数据来自 2018 年第六次全国卫生服务调查。

图 3-12　农村 60 岁及以上老年人慢性病患病率的年龄分组差异

其次,农村老年人慢性病患病率的年龄分组差异:基于 2013 年第五次全国卫生服务调查数据。图 3-13 按照 5 岁分成一组的标准进行统计分析可以发现,农村老年人慢性病患病率的年龄分组差异也很明显。60~64 岁年龄组和 85 岁及以上年龄组的老年人群,慢性病患病率明显低于其他年龄组老年人群

慢性病的患病率。其中，60~64 岁年龄组老年人的慢性病患病率为 547‰，
65~69 岁年龄组老年人的慢性病患病率为 617‰，70~74 岁年龄组老年人的慢
性病患病率为 690‰，75~79 岁年龄组老年人的慢性病患病率为 700‰，80~
84 岁年龄组老年人的慢性病患病率为 685‰。在 79 岁之前，农村老年人慢性
病患病率呈现出较为明显的随年龄增长而增长的趋势，而到了 80 岁以后，老
年人的慢性病患病率却呈现出一定的下降趋势。

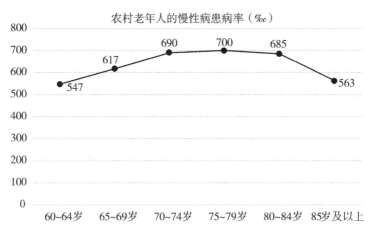

注：数据来自 2013 年第五次全国卫生服务调查。

图 3-13　农村 60 岁及以上老年人慢性病患病率的年龄分组差异

最后，农村老年人慢性病患病率的年龄分组差异：基于四次中国健康和
养老追踪调查数据。图 3-14 仍然以 5 岁为一组的标准进行统计，结果表明，
农村老年人的慢性病患病率也存在较为明显的年龄分组差异，60~64 岁年龄
组和 90~94 岁和 100 岁及以上年龄组的老年人慢性病患病率相对较低，而
65~69 岁、70~74 岁、75~79 岁和 95~99 岁四个年龄分组期间的农村老年人
群慢性病患病率相对较高。其中，60~64 岁年龄组老年人的慢性病患病率为
733.2‰，90~94 岁年龄组老年人的慢性病患病率为 660.0‰，100 岁及以上
年龄组的慢性病患病率为 333.3‰。而 65~69 岁年龄组老年人的慢性
病患病率为 760.7‰，70~74 岁年龄组老年人的慢性病患病率为 753.1‰，
75~79 岁年龄组老年人的慢性病患病率为 738.1‰，95~99 岁年龄组老年人的

慢性病患病率为833.3‰①。这一统计结果与2018年第六次全国卫生服务调查得出的结果较为一致。

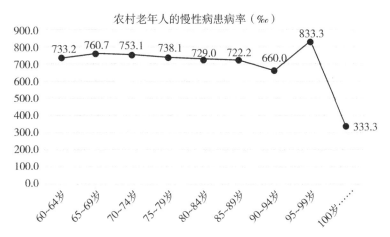

注：数据来自2018年中国健康和养老追踪调查。

图3-14　农村60岁及以上老年人慢性病患病率的年龄分组差异

(三)农村老年人慢性病患病率的城乡差异

首先，老年人慢性病患病率城乡差异的变动趋势：基于全国卫生服务调查数据。图3-15的统计结果表明，2013年全国老年人的慢性病患病率平均为502‰，其中，城市老年人的慢性病患病率为546‰，农村老年人的慢性病患病率为454‰。2018年全国老年人的慢性病患病率平均为592‰。其中，城市老年人的慢性病患病率为606‰，农村老年人的慢性病患病率为575‰。这也就是说，相对于2013年而言，全国老年人的慢性病患病率提高了9个百分点，而城市和农村分别提高了6个百分点和12.1个百分点。

其次，老年人慢性病患病率城乡差异随年龄变动趋势：基于2013年第五

① 值得说明的是：由于四次中国健康和老龄问题追踪调查数据涉及的时间是2011年、2013年、2015年和2018年，根据人口老龄化程度与慢性病患病率之间的关系可以推断，基于四次中国健康和养老问题追踪调查数据得出的慢性病患病率应该低于2018年全国卫生服务调查数据得出的慢性病患病率，但是本书的分析结果却表明，这个分析结果正好是相反的，可能的原因在于全国卫生服务调查涵盖的慢性病类型较多，而中国健康和老龄问题追踪调查涵盖的慢性病类型较少，最终导致了上述分析结果。

老年人的慢性病患病率（‰）

注：数据来自 2013 年和 2018 年的第五次、第六次全国卫生服务调查。

图 3-15 全国 60 岁及以上老年人慢性病患病率的城乡差异

次全国卫生服务调查。图 3-16 的统计结果表明，老年人慢性病患病率的城乡差异非常明显，城市老年人的慢性病患病率明显高于农村老年人的慢性病患病率。而且老年人患病率的城乡差异趋势，随着年龄的增长呈现出相似的变化趋势，城市老年人和农村老年人慢性病患病率的差异趋势呈现出一种"喇叭形"的发展趋势，二者之间的差异呈现出逐步增大的趋势。

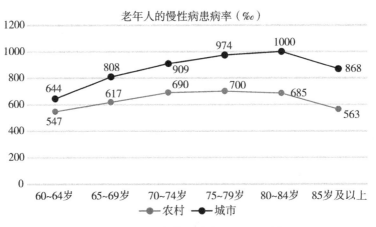

老年人的慢性病患病率（‰）

注：数据来自 2013 年第五次全国卫生服务调查。

图 3-16 老年人慢性病患病率城乡差异随年龄变化趋势

最后，老年人慢性病患病率的城乡差异：基于四次中国健康和养老追踪调查数据。图 3-17 基于 2011 年、2013 年、2015 年和 2018 年四次中国健康和养老追踪调查数据的分析结果表明，老年人慢性病患病率的城乡差异也很明显，城市老年人的慢性病患病率明显高于农村老年人的慢性病患病率。这一统计结果，与全国卫生服务调查数据的分析结果具有一致性。

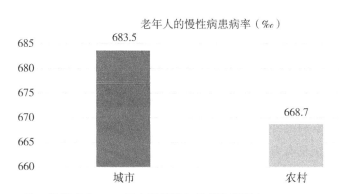

老年人的慢性病患病率（‰）

注：数据来自 2018 年中国健康和养老追踪调查。

图 3-17　老年人慢性病患病率的城乡差异

（四）农村老年人慢性病患病率的受教育程度差异

图 3-18 的统计结果表明，农村老年人的慢性病患病率存在明显的受教育

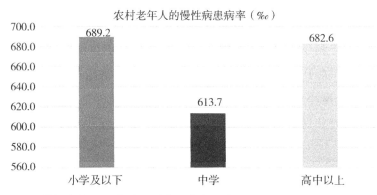

农村老年人的慢性病患病率（‰）

注：数据来自 2018 年中国健康和养老追踪调查。

图 3-18　老年人慢性病患病率的受教育程度差异

程度差异性。受小学及以下受教育程度的农村老年人,慢性病患病率最高,慢性病患病率为 689.2‰,中学受教育程度的农村老年人慢性病患病率最低,慢性病患病率为 613.7‰,而高中及以上受教育程度的农村老年人慢性病患病率也比较高,慢性病患病率为 682.6‰。

第二节 农村老年相对贫困现状与发展趋势

2020 年中国全面建成小康社会目标顺利实现,标志着中国历史性地消除了绝对贫困问题,但是相对贫困问题依然存在,而且相对贫困问题将是一个永久存在的问题。在这种背景下,全面了解农村老年人的相对贫困问题,不仅有助于全面把握农村老年相对贫困的现状和发展趋势,也对有效防控相对贫困转化为绝对贫困具有重要的实践指导意义。

一、农村老年人相对贫困的测量方法

贫困的测量方法对研究贫困问题至关重要,它不仅决定了贫困问题的广度和深度,不同的贫困标准所得出的贫困发生率差异很大,例如,Alkire 和 Seth(2010)采用 10 个维度指标并集识别法对印度贫困发生率识别结果表明,印度贫困发生率高达 97%,而采用 10 个维度指标交集识别法对印度贫困发生率的识别结果表明,印度贫困发生率仅为 0.1%[1]。贫困发生率识别结果的不同,严重影响着政府以及社会各界对贫困问题的重视程度和治理策略。如果说绝对贫困是一种对人们获取生存机会的绝对剥夺,那么,相对贫困的核心则是一种"相对"剥夺问题,问题的关键就在于相对于什么标准而言,即"参照项"是什么。关于相对贫困的内涵,马克思、恩格斯曾经给出生动的比喻,他们说"一座小房子不管怎么小,在周围的房屋都是这么小的时候,它是能满足社会对住房的一切要求的。但是,一旦这座小房子附近建起来一

---

① 转引自谢家智、车四方:《农村家庭多维贫困测度与分析》,《统计研究》,2017年第 9 期,第 44-55 页。原文出处请见:Alkire S, Santos M E. Acute multidimensional poverty: a new index for developing countries. OPHI Working paper No. 2010, p. 38.

座高大的宫殿，这座小房子就缩成可怜的茅舍模样了"①。由于贫困是一个多维度的概念，相对贫困也同样是多维度的概念，不同维度的贫困问题测量标准不同，相对贫困的测量标准也存在很大差异。从已有的研究来看，相对贫困的测量往往根据研究的侧重点、数据来源的不同而表现出较大差异，借鉴已有的相对贫困测量方法，对构建本书的相对贫困测量方法具有重要的借鉴价值。

（一）已有的相对贫困测量方法

本书关注的重点是经济贫困、健康贫困和精神贫困三个方面的贫困问题。不同方面的贫困，测量方法和测量指标差异较大，即便是同一种贫困类型，不同学者的贫困测量方法也存在明显的差异。例如对多维贫困的测量，不仅表现出多维贫困测量指标的差异，还存在不同指标权重设置的差异，有些学者对多维测量指标设置相同的权重②③，而有些学者对多维测量指标设置不同的权重④。因此，明确贫困的测量方法至关重要。

首先，经济相对贫困的测量方法。综合已有的国内外研究文献和社会实践经验，经济相对贫困的测量方法，涉及收入测量法、支出测量法、消费测量法、资产测量法等多种测量方法，经济相对贫困的上述测量方法中，基于收入的测量方法应用最广（见表3-5）。但是，不同的学者采用的收入基数却不相同。有学者把收入基数界定为人均等值收入⑤，也有学者把收入基数界定为

---

① 马克思、恩格斯：《马克思恩格斯选集（第1卷）》，北京：人民出版社，1972年版，第367-368页。

② 郭熙保、周强：《长期多维贫困，不平等与致贫因素》，《经济研究》，2016年第6期，第143-156页。

③ Alkire S, Foster J. Understandings and misunderstandings of multidimensional poverty measurement. Journal of Economic Inequality, 2011, 9(2): 289-314.

④ 谢家智、车四方：《农村家庭多维贫困测度与分析》，《统计研究》，2017年第9期，第44-55页。

⑤ 李实、古斯塔夫森：《八十年代末中国贫困规模和程度的估计》，《中国社会科学》，1996年第6期，第29-44页。

表3-5 经济相对贫困的测量方法

作者	作者单位	研究内容	数据来源	测量方法	发表刊物
李实、古斯塔夫森	中国社会科学院	八十年代末中国贫困规模和程度的估计	中国社科院经济研究所1988年的调查数据	人均等值收入的50%	中国社会科学 1996.6
陈宗胜、沈扬扬、周云波	南开大学	中国农村贫困状况的绝对与相对变动	中国农村住户调查年鉴	农村居民人均纯收入均值的40%~50%	管理世界 2013.1
李永友、沈坤荣	南京大学	财政支出结构、相对贫困与经济增长	省级统计年鉴	40%最高收入组的加权收入与60%以下收入组加权平均收入的比值	管理世界 2007.11
蔡昉、都阳	中国社会科学院	迁移的双重动因及其政策含义——检验相对贫困假说	甘肃通渭、四川渠县、贵州威宁和陕西南郑四个县	个体村里的相对经济地位	中国人口科学 2002.4
沈扬扬、李实	北京师范大学	如何确定相对贫困标准——兼论"城乡统筹"相对贫困的可行方案	北京师范大学中国收入分配研究院2019年调查数据	人均收入中位数的40%、50%和60%	华南师范大学学报 2020.3
张青	中南财经政法大学	相对贫困标准及相对贫困人口比率	中国城镇家庭收入分组数据	人均收入的30%~40%	统计与决策 2012.6

作者	作者单位	研究内容	数据来源	测量方法	发表刊物
张立东、李岳云、潘辉	南京农业大学	收入流动性与贫困的动态发展：中国农村的经验分析	1988—2003 年 CHNS 五轮农村家庭收入调查数据	人均收入中位数的 50%	农业经济问题 2009. 6
程永宏、高庆坤、张翼	中国人民大学	改革以来中国贫困指数的测度与分析	国家统计局城乡家庭人均收入分组数据	人均收入的 50%	当代经济研究 2013. 6
王朝明、姚毅	西南财经大学	中国城乡贫困动态演化的实证研究：1990—2005	1990—2005 年中国营养与健康家庭调查数据	当期可比收入中位数的 50%	数量经济技术经济研究 2010. 3
刘宗飞、姚顺波、渠美	西北农林科技大学	吴起农户相对贫困的动态演化：1998—2011	吴起县 12 个乡镇 164 个村的调查数据	家庭人均总资产的 50%	中国人口·资源与环境 2013. 3
迟振合、杨宜勇	中国劳动关系学院	城镇低收入群体规模及其变动趋势研究	北京市城镇住户调查数据	人均消费水平的 50%~60%	人口与经济 2013. 2

人均纯收入①，还有学者把收入基数界定为收入中位数②等。也有学者采用恩格尔系数法测量收入贫困问题③。支出测量法衡量的经济贫困，主要是支出型贫困，有学者把支出型贫困界定为因重大疾病、子女上学和突发情况造成的刚性支出过大而导致实际生活水平处于绝对贫困状态的贫困④。消费测量法，是指把相对贫困操作化为人均消费水平的一定比例⑤。资产测量法，是指把相对贫困操作化为家庭人均总资产的一定比例⑥。

其次，健康相对贫困的测量方法。目前，国内外研究文献较少有针对健康贫困问题的专题研究，较多的文献是在分析多维贫困时考虑了健康贫困。然而，已有文献对健康贫困的测量方法也多种多样（见表3-6），具体而言主要有以下几种：一是身高体重 BMI 指数；二是自评健康状况；三是家庭成员中老年人或婴幼儿营养不良率；四是是否有慢性病；五是儿童死亡情况。但是在采用身高体重指数测量健康贫困时又有较大差异，有学者采用身高体重BMI 的取值大小来测量健康贫困，一般把 BMI 值小于 18.5 界定为健康贫困⑦，也有文献考虑 BMI 的最高值即大于 30 为健康贫困⑧。采用健康自评状况测量健康贫困时也有较大差异，如有学者把健康贫困操作化为自评健康较差⑨或很差，而有的学者则把健康贫困操作化为健康自评得分小于 4（原始指

① 陈宗胜、沈扬扬、周云波：《中国农村贫困状况的绝对与相对变动——兼论相对贫困线的设定》，《管理世界》，2013 年第 1 期，第 67-75 页。
② 沈扬扬、李实：《如何确定相对贫困标准——兼论"城乡统筹"相对贫困的可行方案》，《华南师范大学学报》，2020 年第 3 期，第 91-101 页。
③ 傅鹏、张鹏、周颖：《多维贫困的空间集聚与金融减贫的空间溢出——来自中国的经验证据》，《财经研究》，2018 年第 2 期，第 115-126 页。
④ 路锦非、曹艳春：《支出型贫困家庭致贫因素的微观视角分析和救助机制研究》，《财贸研究》，2011 年第 2 期，第 86-91 页。
⑤ 迟振合、杨宜勇：《城镇低收入群体规模及其变动趋势研究》，《人口与经济》，2013 年第 2 期，第 100-107 页。
⑥ 刘宗飞、姚顺波、渠美：《吴起农户相对贫困的动态演化：1998—2011》，《中国人口·资源与环境》，2013 年第 3 期，第 56-62 页。
⑦ 郭熙保、周强：《长期多维贫困、不平等与致贫因素》，《经济研究》，2016 年第 6 期，第 143-156 页。
⑧ 杨艳琳、付晨玉：《中国农村普惠金融发展对农村劳动年龄人口多维贫困的改善效应分析》，《中国农村经济》，2019 年第 3 期，第 19-35 页。
⑨ 何宗樾、张勋、万广华：《数字金融、数字鸿沟与多维贫困》，《统计研究》，2020 年第 10 期，第 78-89 页。

表 3-6　已有健康相对贫困的测量方法

作者	作者单位	研究内容	数据来源	测量方法	发表刊物
郭熙保、周强	武汉大学	长期多维贫困、不平等与致贫因素	中国居民健康和营养调查数据	身高体重 BMI（小于 18.5kg/m²）和子女过瘦比例	经济研究 2016.6
王春超、叶琴	暨南大学	中国农民工多维贫困的严谨——基于收入与教育维度的考察	中国居民健康和健康调查数据	身高体重 BMI（小于 18.5kg/m²）和自评健康差	经济研究 2014.12
王小林、冯贺霞	复旦大学	2020 年后中国多维相对贫困标准：国际经验与政策取向	基于文献回顾的相对贫困概念框架构建	家中有 70 岁以下人口营养不良、近五年家中儿童死亡	中国农村经济 2020.3
郭建宇、吴国宝	中国社会科学院	基于不同指标及权重选择的多维贫困测量	山西省农村贫困监测住户调查数据	家中至少一名成员残疾、慢性病或体弱多病	中国农村经济 2012.2
高艳云	山西财经大学	中国城乡多维贫困的测度及比较	中国居民健康和营养调查数据	任何一个家庭成员没有任何医疗保险	统计研究 2012.11

续表

作者	作者单位	研究内容	数据来源	测量方法	发表刊物
张全红、周强	湖北经济学院	中国多维贫困的测度及分解：1989—2009	中国居民健康和营养调查数据	健康自评差或有严重疾病，没有医疗保险	数量经济技术经济研究 2014.6
解垩	山东大学	公共转移支付与老年人的多维贫困	中国家庭动态跟踪调查数据	身高体重 BMI 小于 18.5	中国工业经济 2015.11
方迎风	武汉大学	中国贫困的多维测度	中国居民健康和营养调查数据	自评健康状况差	当代经济科学 2012.4
何宗樾、张勋、万广华	北京工业大学	数字金融、数字鸿沟与多维贫困	中国家庭追踪调查数据	家庭成员自评健康中不健康的比例	统计研究 2020.10
杨艳琳、付晨玉	武汉大学	中国农村普惠金融发展对农村劳动年龄人口多维贫困的改善效应分析	中国家庭追踪调查数据	身高体重 BMI 小于 18.5 或大于 30，自评健康差	中国农村经济 2019.3
侯亚景	南开大学	中国农村长期多维贫困的测量、分解与影响因素分析	中国家庭追踪调查数据	家中有儿童死亡、家庭中有成年人没有任何医疗保险	统计研究 2017.11

续表

作者	作者单位	研究内容	数据来源	测量方法	发表刊物
高　帅	山西大学	社会地位、收入与多维贫困的动态演变	中国家庭追踪调查数据	有无慢性病、健康自评小于4	上海财经大学学报 2015.3
谢家智、车四方	西南大学	农村家庭多维贫困测度与分析	中国家庭追踪调查数据	健康自评小于4（1~7分表示很差到到很好）	统计研究 2017.9
陈国强、罗楚亮、吴世艳	北京师范大学	公共转移支付的减贫效应估计——收入贫困还是多维贫困？	中国家庭追踪调查数据	家庭中70岁以上BMI小于18.6或6岁以下儿童轻度营养不良或发育迟缓、家庭中任何一个成年人有慢性病	数量经济技术经济研究 2018.5
沈扬扬、Sabina Alkire、詹鹏	北京师范大学	中国多维贫困的测度与分解	中国家庭追踪调查数据	家庭有儿童死亡、家庭中任一70岁以下成员营养不良	南开经济研究 2018.5

标赋值为 1~7 分)①。采用家庭成员中营养不良率测量健康贫困时，测量方法也存在较大差异，有学者把家庭成员中 70 岁以下成员营养不良率操作化为健康贫困的测量指标，而有学者则把健康贫困操作化为 6 岁及以下儿童轻度营养不良以上②。甚至有学者把健康贫困操作化为家庭成员中任何一个成员没有医疗保险③。

最后，精神相对贫困的测量方法。按照马斯洛的需求层次理论，生理与安全的需求是每个人最基本的需求，这些需求的满足程度决定了更高层级的需求。相对于生理方面的物质需求而言，精神需求是更高层级的需求。由于长期困扰中国的贫困问题是物质方面的绝对贫困问题，精神方面的相对贫困问题因为尚未成为严重的社会问题而没有引起足够的重视。近年来，特别是 2020 年中国全面建成小康社会，在人口老龄化和快速城镇化导致人口流动加剧的大背景下，精神贫困问题日益突出也正逐渐受到学术界较多的重视。但是，从已有的国内外文献来看，精神贫困问题的研究总体而言相对滞后，而且不同学者对精神贫困问题的测量方法也存在明显的差异。具体而言，精神相对贫困的测量方法包括如下三个方面(见表 3-7)：一是国际健康测量量表(General Health Questionnaire，CHQ-12)④；二是孤独感、生活满意度、对未来生活的信心等⑤，其中，用孤独感测量精神贫困是最为普遍的测量方法之一，有很多的研究采用了这种测量方法⑥；三是用八个有关精神状态的测量

①　谢家智 车四方：《农村家庭多维贫困测度与分析》，《统计研究》，2017 年第 9 期，第 44-55 页。

②　陈国强、罗楚亮、吴世艳：《公共转移支付的减贫效应估计——收入贫困还是多维贫困?》，《数量经济技术经济研究》，2018 年第 5 期，第 59-76 页。

③　高艳云：《中国城乡多维贫困的测度及比较》，《统计研究》，2012 年第 11 期，第 61-66 页。

④　刘林平、郑广怀、孙中伟：《劳动权益与精神健康——基于对长三角和珠三角外来工的问卷调查》，《社会学研究》，2011 年第 4 期，第 164-186 页。

⑤　张文娟、付敏：《中国老年人的多维贫困及其变化趋势》，《人口研究》，2022 年第 7 期，第 55-68 页。

⑥　乐章、刘二鹏：《家庭禀赋、社会福利与农村老年贫困研究》，《农业经济问题》，2016 年第 8 期，第 63-74 页。

表 3-7　已有精神相对贫困的测量方法

作者	作者单位	研究内容	数据来源	测量方法	发表刊物
刘林平、郑广怀、孙中伟	中山大学	劳动权益与精神健康——基于对长三角和珠三角外来工的问卷调查	江苏省和浙江省两地 19 个城市的调查数据	国际健康量表（General Health Questionnaire, CHQ-12）	社会学研究 2011.4
何雪松、黄富强、曾守锤	华东理工大学	城乡迁移与精神健康：基于上海的实证研究	上海市浦东新区等四个区的调查数据	简要症状量表（BSI）	社会学研究 2010.1
胡荣、陈斯诗	厦门大学	影响农民工精神健康的社会因素分析	厦门大学外来务工人员调查	精神健康症状自评量表（SCL-90）	社会 2012.6
聂伟、风笑天	南京大学	农民工的城市融入与精神健康	中山大学蔡禾教授组织的农民工问题调查	精神健康量表 Hopkins Symptoms Check List(HSCL)	南京农业大学学报（社会科学版）2013.3
胡安宁	复旦大学	社会参与、信任类型与精神健康	中国社会综合调查数据	精力状态、情绪、社会和日常心理状态等综合测量指标	社会科学 2014.4

续表

作者	作者单位	研究内容	数据来源	测量方法	发表刊物
穆滢潭、原新	南开大学	居住安排对居家老年人精神健康的影响——基于文化情境与年龄调解效应	中国老年人健康长寿影响因素调查数据	Watson 等 1998 年开发的积极与消极量表（PA-NAS）	南方人口 2016.1
孙咏梅	中国人民大学	中国农民工精神贫困识别及精准扶贫策略——基于建筑业的调查	基于建筑业农民工群体的问卷调查	主观的情绪、个人生活中的因素、与社会的联系三个维度指标共同构建	社会科学辑刊 2016.2
张文娟、付敏	中国人民大学	中国老年人的多维贫困及其变化趋势	中国老年人健康长寿影响因素调查数据	孤独感 生活满意度	人口研究 2022.7
乐章、刘二鹏	中南财经政法大学	家庭禀赋、社会福利与农村老年贫困研究	中国老龄健康影响因素跟踪调查(CLHLS)	孤独感	农业经济问题 2016.8
韩振燕、夏林	河海大学	老年多维贫困测量：概念与视角的转换	中国城乡老年人生活状况抽样调查(CLASS)	八个有关精神状态的问题，总分在 8~24 当总分大于 13 时为健康贫困	河海大学学报 2019.2
宋嘉豪、郑家喜	中南财经政法大学	养儿能否防老：代际互动对农村老年人的减贫研究	中国老龄人口健康状况调查数据(CLHLS)	精神孤独状况	人口与发展 2019.6

作者	作者单位	研究内容	数据来源	测量方法	发表刊物
周坚、周志凯、何敏	暨南大学	基本医疗保险减轻了农村老年人口贫困吗——从新农合到城乡居民医保	中国健康与养老追踪调查（CHARIS）	生活满意度	社会保障研究 2019.3
祝志川、薛冬娴、孙丛婷	辽宁大学	基于 AHP 改进 AF 法的多维相对贫困测度与分解	五期中国家庭追踪调查（CFPS）	就业状况、对自己生活的满意程度、对未来的信心、健康状况主观评价	统计与决策 2021.16
马莉、王广斌	山西农业大学	代际关系质量对农村老年人口相对贫困的影响	中国家庭追踪调查（CFPS）	生活满意度、社会信任度、对未来信心程度	中南林业科技大学学报（社会科学版）2021.4
刘佩、孙立娟	浙江师范大学	中国老年人多维相对贫困测度与识别研究	中国老年人健康长寿影响因素追踪调查数据 CLHLS	自评生活满意度、生活信心	经济与管理评论 2022.1
黄艳敏、李春晓	天津理工大学	不平等厌恶偏好与村民相对贫困	中国综合社会调查数据（CGSS2017）	主观福利水平序列中位数的 40% 和 50%	华南农业大学学报（社会科学版）2022.1

量表来测量精神贫困①。除了上述几种常见的测量方法之外，还有学者用主观福利水平中位数的 40% 或 50% 来测量精神贫困②。

（二）本书的相对贫困测量方法

综合上述分析可以发现，经济相对贫困、健康相对贫困和精神相对贫困的测量方法国内外差异较大，而且不同的学者测量方法也存在较大差异。本书基于两个方面的原则，构建上述三种贫困的测量方法。这两个原则分别是：一是已有的文献中使用较多、较普遍的测量方法；二是从多维的角度测量上述三种贫困，尽量保证测量方法的客观性和科学性。

首先，经济相对贫困的测量。已有的经济相对贫困测量方法中，绝大多数研究的测量方法是用收入或资产中位数的一定比例来界定绝对贫困或相对贫困问题，具体的比例存在较大差异，有学者把比例界定为 40%，也有学者把比例界定为 50%，还有学者把比例界定为 60%。其实，具体设定为多少比例并不是最为关键的问题，关键的问题是收入或总资产的基数如何统计。农村老年人的收入，并不像城市老年人的收入那么容易测算，而是有很多隐形却又很重要的收入无法统计在内，而这些收入对农村老年人的贫困问题具有非常重要的影响。比如农村老年人通过非常少的耕地，种植瓜果蔬菜用于日常消费，瓜果蔬菜在城市市场价格是较为昂贵的，但是农村老年人完全是自给自足的几乎零成本供给。农村老年人种植的芝麻、花生、菜籽等，也可以榨油用于日常生活，在城市生活这些都需要花费不少的支出，而在农村也基本上是自给自足的零成本供给。还有，农村老年人也会通过养殖鸡鸭鹅等家禽，用于日常生活的改善，这些收入也很难统计，但这些隐形的收入对农村老年贫困的影响也很大。

从全面的角度来看，农村老年人的总收入应该包括农业种植收入、农业养殖收入、外出或本地打工收入、政府和子女等家庭成员之间的转移收入、

---

① 韩振燕、夏林：《老年多维贫困测量：概念与视角的转换——基于 A-F 法及 CLASS 数据的实证分析》，《河海大学学报（哲学社会科学版）》，2019 年第 2 期，第 79-86 页。

② 黄艳敏、李春晓：《不平等厌恶偏好与村民相对贫困》，《华南农业大学学报（社会科学版）》，2022 年第 1 期，第 54-66 页。

养老金收入、银行存款利息收入、农村土地转包收入、家庭财产变现收入以及上述所涉及的各种隐性收入的总和。其中，对于农村老年人而言，最为基础最为重要的收入是农业收入，包括种植业收入和养殖业收入。一方面，农村老年人进入老年阶段时并没有很多的积累，家庭存款几乎为零甚至还有负债，农村老年人的打工收入虽然占据一定比重，但这种收入由于年龄限制并不稳定，只能算是零星收入。子女的转移收入对农村老年人而言是相对较为重要的方面，特别是在农村老年人面临重大意外伤害或疾病风险时，更是如此，但是由于农村老年人几乎都能获得必要的医保补偿，而且子女往往面临着较为沉重的小家庭负担问题，子女对农村老年人的转移收入往往是一种孝心的表达，数量并不会太多。农村老年人的养老金收入也相对较低，只具有象征性的意义。大量的经验研究表明，农村老年人往往是终生劳动，只要身体状况允许，农村老年人常常会干到无法劳动为止①。同时，考虑到数据的可得性问题，本书用农村老年人家庭的种植业收入和养殖业收入等农业收入来反映经济相对贫困问题，具有较好的代表性。

鉴于上述分析，本书把农村老年人农业收入分为两个方面：一是"过去一年，您家生产的农产品和林产品（包括所有卖出去的和自己消费的）加起来值多少钱?"二是"现在，您家所有的家禽、家畜（包括鸡、鸭、牛、羊、猪）以及水产品等加起来一共值多少钱?"由于"中国健康和养老追踪调查"在设计问卷时，设计了非常全面的家庭成员信息，包括子女、养子女、女婿、岳父母等信息，但是在计算家庭规模时却比较困难。鉴于数据的可计算性，本书基于农村老年人的婚姻状况和居住方式，测算出农村老年人的家庭规模，并以此为基础算出农村老年人家庭人均农业收入水平，分别测算农村老年人家庭人均收入中位数的40%、50%和60%三种标准，并以家庭人均农业收入低于上述三种标准为贫困，测算出农村老年人的经济相对贫困发生率。其中，之所以设定40%、50%和60%三种标准，本书借鉴了国内权威学者的综合比较研究经验，该综合比较研究认为收入中位数比收入均值更稳健，并且建议应当借鉴

---

① 刘二鹏、张奇林、冯艳：《慢性病的老年贫困风险：理论机制与实证检验》，《保险研究》，2020 年第 11 期，第 63-78 页。

发达国家的做法设定收入中位数的上述三种经济相对贫困测量标准①。

其次，健康相对贫困的测量。健康相对贫困测量方法主要包括两种：一种是基于农村老年人的健康自评，测量他们的健康相对贫困，另一种是通过综合测量指标得分，把得分低于某一个数值时界定为健康相对贫困。为了较为全面地反映农村老年人的健康状况，本书采用两种测量方法，分别测量农村老年人的健康相对贫困，以比较两种测量结果的准确性，并把测量结果与已有的学者对农村老年健康相对贫困的测量结果进行比较，选择其中一种测量结果较为符合现实情况的测量方法。基于农村老年人健康自评的健康相对贫困测量方法见表3-8。

表3-8　　　　基于健康自评的健康相对贫困测量指标及指标赋值

	测量指标及其赋值情况				
	测量指标	非常健康	比较健康	健康一般	健康较差	健康很差
健康自评	健康自评	1	2	3	4	5
	健康贫困1	0	0	0	1	1
	健康贫困2	0	0	1	1	1

多维度指标测量农村老年人的健康相对贫困，是通过对测量指标赋值和赋权的方法（见表3-9），构建健康相对贫困指数，并借鉴国外关于经济相对贫困的经验做法，把每位农村老年人健康相对贫困得分总数的40%、50%和60%设定为三种不同贫困程度的健康相对贫困。北京大学中国健康和老龄问题跟踪调查数据库中显示，其每年都关注了"身体功能障碍"问题，并构建了六个指标综合反映被调查对象的健康状况，而且这六个指标构成的健康相对贫困测量量表的信度分析（Cronbach's Alpha）和效度分析结果表明，该量表能够较好地反映健康相对贫困问题。这为本书采用多维度测量指标测量健康相对贫困提供了重要基础和条件。

① 汪晨、万广华、吴万宗：《中国减贫战略转型及其面临的挑战》，《中国工业经济》，2020年第1期，第5-23页。

表 3-9 基于综合指标得分的健康相对贫困测量指标及指标赋值

	测量指标及其赋值情况			
	测量指标	没有困难	有困难但仍可以完成	有困难,需要帮助	无法完成
身体活动能力	自己穿衣服有无困难	15	10	5	0
	自己洗澡有无困难	15	10	5	0
	自己用餐有无困难	15	10	5	0
	自己上下床有无困难	15	10	5	0
	自己上厕所有无困难	15	10	5	0
	自己控制大小便情况	15	10	5	0

最后,精神相对贫困的测量。精神相对贫困的测量方法,也包括单一指标的测量和综合指标的测量两种方法。单一指标的测量,主要基于孤单感、满意度或未来信心程度来测量,一般把低于中间值及以下部分设定为精神贫困。综合指标的测量,往往是对多个测量指标进行赋权和赋值,然后进行加权求和之后得出一个总分,在此基础上按照总分的一定比例(如40%或50%等)设定为相对贫困和非相对贫困。但是,在测量指标的赋权和赋值方面仍然存在较大的差异。有学者将测量健康贫困的多个指标等值赋权,如陈国强等(2018)把健康贫困分为老人与儿童营养和成年人慢性病两个指标,并把两个指标赋值相同的权重①。也有学者将测量健康贫困的多个指标通过因子分析,利用因子得分来反映精神贫困状况②。本书采用精神健康量表,测量精神相对贫困。该量表由10个测量指标构成,包括我因为一些小事而烦恼、我做事很难集中精力、我感到情绪低落、我觉得做任何事都很费劲、我对未来充满希望、我感到害怕、我的睡眠不好、我很愉快、我感到孤独和我无法继续我

① 陈国强、罗楚亮、吴世艳:《公共转移支付的减贫效应估计——收入贫困还是多维贫困?》,《数量经济技术经济研究》,2018年第5期,第59-77页。
② 穆滢潭、原新:《居住安排对居家老年人精神健康的影响——基于文化情境与年龄的调解效应》,《南方人口》,2016年第1期,第71-81页。

的生活，并借鉴已有学者的赋值和赋权方法①②，把每个指标的权重都赋值为10%，每个选项赋值情况如表 3-10 所示。通过赋权和赋值，计算出每一位被调查对象的得分总和，然后把精神健康量表得分中位数的 40%、50% 和 60% 界定为三种不同程度的精神相对贫困。

表 3-10 　　　　　　　　精神相对贫困的测量指标及指标赋值

	测量指标及其赋值情况			
	测量指标	很少或根本没有	不太多	有时或有一半时间	大多数时间
精神健康测量量表	我因一些小事而烦恼	15	10	5	0
	我做事很难集中精力	15	10	5	0
	我感到情绪低落	15	10	5	0
	我觉得做任何事都很费劲	15	10	5	0
	我对未来充满希望	0	5	10	15
	我感到害怕	15	10	5	0
	我的睡眠不好	15	10	5	0
	我很愉快	0	5	10	15
	我感到孤独	15	10	5	0
	我无法继续我的生活	15	10	5	0

二、农村老年人的相对贫困发展现状

根据掌握的数据情况，能够反映农村老年人的相对贫困发展现状的数据是 2018 年的数据，这是最新的全国大型公开调查数据。因此，本部分采用 2018 年的数据（尽管这也具有明显的滞后性），来反映农村老年人的相对贫困发展现状。

---

① 刘欢、胡天天：《多维度失能测度指标体系构建及失能分级研究》，《人口与经济》，2021 年第 1 期，第 82-98 页。

② 张园、王伟：《失能老年人口规模及其照护时间需求预测》，《人口研究》，2021 年第 6 期，第 110-125 页。

(一)经济相对贫困的现状

图 3-19 的统计结果是分别按照收入中位数的 40%、50% 和 60% 的测量标准得出的农村老年人相对贫困发生率。其中,按照收入中位数的 40% 的标准,统计得出农村老年人的收入相对贫困发生率为 14.79%,而按照收入中位数的 50% 的标准,统计得出的农村老年人收入相对贫困发生率为 19.22%,按照收入中位数的 60% 的标准,统计得出的农村老年人收入相对贫困发生率为 27.12%。这一测算结果,印证了 Walker 等学者对中国经济相对贫困发生率的判断,即中国的经济相对贫困发生率处于中等偏上水平(经济相对贫困发生率 14%)[1]。这也与国内其他学者利用相似标准、相同比例和不同数据测算出的农村相对贫困发生率较为接近,例如沈扬扬等利用 CHIP2018 年的数据和收入中位数的 40% 的标准测算出农村经济相对贫困发生率为 11%[2]。

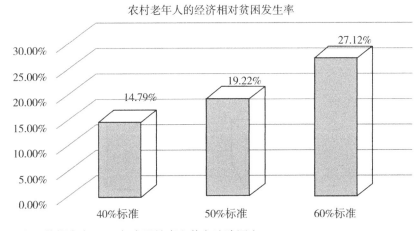

注:数据来自 2018 年中国健康和养老追踪调查。

图 3-19 农村老年人经济相对贫困发生率

① Walker R, Yang L C. China's move to measuring relative poverty: implications for Social Protection. Geneva: International Labor Organization Working Paper, 2021, p. 23.
② 沈扬扬、李实:《如何确定相对贫困标准:兼论"城乡统筹"相对贫困的可行方案》,《华南师范大学学报(社会科学版)》,2020 年第 2 期,第 91-101 页。

（二）健康相对贫困的现状①

本书把健康相对贫困操作化为农村老年人的自评健康状况这一测量指标，并分别把回答健康状况较差和健康状况很差设定为一种健康相对贫困（健康贫困1），把回答健康状况一般、健康状况较差和健康状况很差设定为另一种健康相对贫困（健康贫困2）。图3-20的统计结果表明，按照健康贫困1的标准，农村老年人的健康相对贫困发生率为27.45%，而按照健康贫困标准2的标准，农村老年人的健康相对贫困发生率为75.81%。两种健康贫困标准下，农村老年人健康贫困发生率的重大差异，表明回答自评健康状况为一般化的农村老年人占据相当大的比例。也有学者采用健康自评方法，测算出农村家庭单维度贫困发生率的全国平均水平为3.83%，其中，东部地区贫困发生率为2.6%，中部地区贫困发生率为5.33%，西部地区贫困发生率为3.8%②。这也

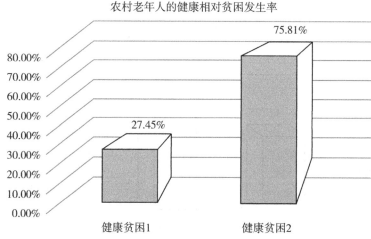

农村老年人的健康相对贫困发生率

注：数据来自2018年中国健康和养老追踪调查。

图3-20　农村老年人健康相对贫困发生率（健康自评标准）

---

① 需要说明的是：两种健康相对贫困测量方法测量的结果表明，采用健康自评测得的农村老年人健康相对贫困较为符合现实，因此，本书在呈现农村老年人健康相对贫困的现状时，采用健康自评的测量结果。

② 谢家智、车四方：《农村家庭多维贫困测度与分析》，《统计研究》，2017年第9期，第44-55页。

进一步表明，贫困识别方法和识别内容的不同，将必然带来贫困识别结果的巨大差异，但是，这些差异并不是互相矛盾的，而是为我们从不用角度认识贫困问题的普遍性和严重性提供了一种可能。

(三)精神相对贫困的现状

按照精神健康量表综合得分中位数的 40%、50% 和 60% 三种标准，分别构建农村老年人精神相对贫困的测量标准，测出农村老年人健康相对贫困的发生率。图 3-21 的统计结果表明，按照精神健康量表综合得分中位数的 40% 的标准，测算出农村老年人精神相对贫困的发生率为 12.96%；按照精神健康量表综合得分中位数的 50% 的标准，测算出农村老年人精神相对贫困的发生率为 20.41%；按照精神健康量表综合得分中位数的 60% 的标准，测算出农村老年人精神相对贫困的发生概率为 30.50%。已有的研究主要是从精神健康状况展开分析的，而没有把精神健康状况转化为精神相对贫困。如果把精神不健康归为精神贫困，那么，本书的分析结果与已有的经验研究结果具有较好的一致性。例如，有的研究结果表明，男性被调查对象精神健康状况不好的比例为 25%①。

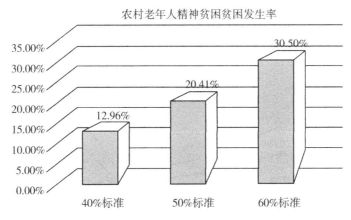

注：数据来自 2018 年中国健康和养老追踪调查。

图 3-21　农村老年人精神相对贫困发生率

---

① 何雪松、黄富强、曾守锤：《城乡迁移与精神健康：基于上海的实证研究》，《社会学研究》，2010 年第 1 期，第 111-141 页。

三、农村老年人相对贫困的发展趋势

农村老年相对贫困的发展趋势，可以用两个指标加以反映。一是农村老年相对贫困的时间趋势，二是农村老年相对贫困随着年龄变动的发展趋势。时间趋势反映的是农村老年贫困的宏观发展趋势，而年龄变动的发展趋势反映了老年贫困的微观内部结构。

(一)农村老年人经济相对贫困的发展趋势

首先，农村老年人经济相对贫困的时间变动趋势。按照农村老年人家庭人均收入中位数的40%、50%和60%为标准，分别测算农村老年人不同年份的经济相对贫困发生率。图3-21的统计结果表明，无论按照哪一种测量标准，农村老年人经济相对贫困发生率的发展趋势都呈现出先下降后上升的趋势。从2013年到2015年，农村老年人的经济相对贫困发生率呈现出下降趋势，而从2015年到2018年农村老年人的相对贫困发生率却呈现出上升趋势。按照人均收入中位数40%的测量标准来看(见图3-22)，从2011年到2013年农村老年人的经济相对贫困发生率从7.97%下降到2015年的4.74%；而从2015年到2018年，农村老年人的经济相对贫困发生率却又从4.74%上升到14.79%。

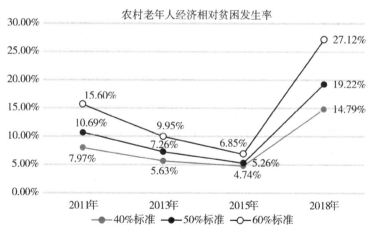

注：数据来自2011年、2013年、2015年和2018年中国健康和养老追踪调查。

图3-22 农村老年人经济相对贫困发生率的时间变动趋势

这是一个很奇特的研究发现，为什么从 2015 年到 2018 年相对贫困发生率又明显上升了呢? 可能的解释是，2015 年 11 月中共中央国务院做出"打赢脱贫攻坚战"的决定，要求确保到 2020 年农村贫困人口实现脱贫①。随着社会经济发展以及大规模的反贫困资源投入，农村老年人的收入水平，尤其是农业收入水平并没有出现同步或更高增长率的增长，反而因为工农产品价格巨大的"剪刀差"和资源分配的不平衡，加剧了农村老年人的收入弱势地位，造成了农村老年人经济相对贫困发生率不降反升的问题。

其次，农村老年人经济相对贫困的年龄变动趋势。图 3-23 是分别按照收入中位数的 40%、50% 和 60% 的标准，测算出的农村老年人经济相对贫困发生率随着分组年龄的变化而变化的趋势。从统计结果来看，60～64 岁年龄组和 65～69 岁年龄组的农村老年人三种测量标准下的经济相对贫困发生率分别为 9.58%、12.34% 和 17.7% 以及 12.53%、15.40% 和 21.37%。相反，到了 80～84 岁年龄分组时，农村老年人三种测量标准下的经济相对贫困发生率却分别下降到 6.72%、8.01% 和 10.37%。农村老年人经济相对贫困发生率与分组年龄呈现出明显的负相关，即分组年龄越大，农村老年人的经济相对贫困发生率反而越低。

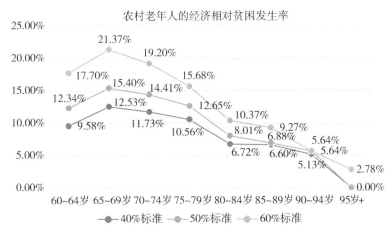

注：数据来自 2011 年、2013 年、2015 年和 2018 年中国健康和养老追踪调查。

图 3-23　农村老年人经济相对贫困发生率变动趋势

① 《中共中央　国务院关于打赢脱贫攻坚战的决定》，http：//www. gov. cn/zhengce/2015-12/07/content_5020963. htm

上述分析结果是一个很有意思的发现，之所以呈现出负相关的趋势，可能的原因是本书的人均收入并没有减去农业投入，而是一种人均农业总收入。一种可能的解释是，本书所指的经济相对贫困发生率是基于农业收入与家庭规模的比值，随着年龄的增长，农村老年人的丧偶率会增加，而且由于农村青壮年劳动力外出务工，甚至举家城市迁移，这又进一步加剧了家庭规模缩小的趋势，而农业收入(种植收入和养殖收入)并不会因为家庭规模的缩小而呈现出相同比例的减少趋势。特别是随着农业技术的快速进步，农业生产机械化、自动化程度不断提高，在一定程度上弥补了农村老年人随着年龄增大而农业生产劳动能力下降的问题，而当年龄达到一定阶段，农村老年人可能不再参与农业劳动，此时的农村老年人农业收入统计为"缺省"而不是统计为"零"。因此，农村老年人的经济相对贫困发生率与分组年龄之间表现出相反的变动趋势。这一研究发现，与陈宗胜、黄云(2021)年对未来十五年中国农村经济相对贫困发生率与时间变动呈现出的负相关关系的结果具有一致性，这种一致性指的是随着时间的推移，农村人口老龄化程度逐渐增加，但是农村经济相对贫困发生率是逐渐下降的①。

(二)农村老年人健康相对贫困的发展趋势

首先，农村老年人健康相对贫困的时间变动趋势。图 3-24 是基于农村老年人的自评健康状况测算出的健康相对贫困发生率。从统计结果来看，无论是按照健康贫困标准 1(健康较差和健康很差设为贫困)的测量标准，还是按照健康贫困标准 2(健康状况一般、较差和很差设为贫困)的测量标准，农村老年人的健康相对贫困发生率均呈现出与时间推移的负相关关系，即随着时间的推移，农村老年人的健康相对贫困发生率呈现出逐渐下降的趋势。从2011 年到 2018 年，健康标准 1 测量标准下的农村老年人健康相对贫困发生率从 29.61% 逐步下降到 2018 年的 26.06%，健康标准 2 测量标准下的农村老年人健康相对贫困发生率从 76.09% 逐步下降到 74.96%，两种标准下的健康相对贫困发生率变化幅度都比较小。

其次，农村老年人健康相对贫困的年龄变动趋势。图 3-25 是按照农村老

---

① 陈宗胜、黄云：《中国相对贫困治理及其对策研究》，《当代经济科学》，2021 年第 5 期，第 1-19 页。

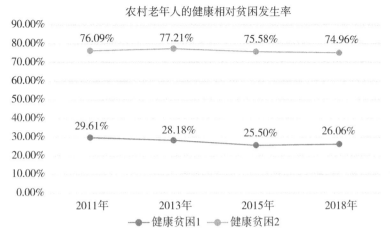

注：数据来自 2011 年、2013 年、2015 年和 2018 年中国健康和养老追踪调查。

图 3-24　农村老年人健康相对贫困发生率的时间变动趋势

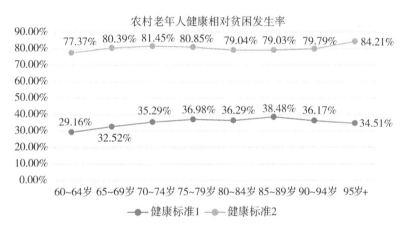

注：数据来自 2011 年、2013 年、2015 年和 2018 年中国健康和养老追踪调查。

图 3-25　农村老年人健康相对贫困发生率的年龄变动趋势

年人的健康自评标准，统计得出的健康相对贫困发生率。其中，健康贫困标准 1 是把农村老年人自评健康状况较差和健康状况很差设定为健康贫困，健康贫困标准 2 是把农村老年人自评健康状况一般、健康较差和健康很差设定为健康相对贫困。从统计结果来看，农村老年人的健康相对贫困与年龄呈现出正相关的关系，即健康相对贫困发生率随着年龄的增大而逐渐增加，但是从增加的幅度来看健康贫困发生率增加幅度并不大。60~64 岁年龄组的农村老年人，两种测量标准下的健康相对贫困发生率分别为 29.16% 和 77.37%，而 85-89 岁年龄组的高龄老年人两种测量标准下的健康贫困发生率分别增加到了 36.29% 和 79.04%，前后相比健康相对贫困发生率分别只增加了约 7.1% 和 1.67%。

（三）农村老年人精神相对贫困的发展趋势

首先，农村老年人精神相对贫困的时间变动趋势。图 3-26 是分别按照精神健康测量量表得分中位数的 40%、50% 和 60% 的标准，统计得出的农村老年人精神相对贫困发生率的变动趋势。从 2011 年到 2018 年，农村老年人的精神相对贫困发生率，也呈现出两阶段特点，即从 2011 年到 2013 年农村老年人的精神相对贫困发生率呈现出下降趋势，农村老年人的精神相对贫困发生率按照三种测量标准分别下降了 3.11%、4.99% 和 7.93%；从 2013 年到 2018 年，农村老年人的精神相对贫困发生率则分别从 5.22%、10.17% 和 17.87%，上升到 12.96%、20.41% 和 30.50%。农村老年人精神相对贫困发生率之所以呈现出上述阶段性特点，可能的解释是：一是从 2011 年到 2013 年，农村青壮年劳动力的外出务工，常常以非家庭前移为主，青年劳动力外出之后，他们的子女仍然留守在农村，正所谓农村的 "386199" 部队，即老年人、儿童和妇女留守在农村。同时，青壮年劳动力的外出务工，使得代际距离进一步拉大，代际冲突和矛盾减少，因此，农村老年人的精神贫困发生率出现降低。研究结果显示，子女外出务工显著提高了农村老年人的生活满意度，从一个侧面证明了这一解释的合理性[1]。二是随着城市户籍制度、教育政策的改变以及城市化进程的推进[2]，农村青壮年以小家庭举家城市迁居的比例

---

[1]　孙鹃娟：《成年子女外出状况及对农村家庭代际关系的影响》，《人口学刊》，2010 年第 1 期，第 28-33 页。

[2]　2014 年中共中央国务院印发《国家新型城镇化规划（2014—2020 年）》，该规划明确提出到 2020 年要推动以人为核心的城镇化进程，并且要把户籍人口城镇化率与常住人口城镇化率差距缩小 2 个百分点左右，这就为农村青壮年劳动力的举家城市定居提供了重要政策依据。

逐渐增加，农村老年人成了真正意义上的"空巢老人"，因此，他们的精神相对贫困发生率随着时间的推移而呈现出逐渐上升的趋势。

注：数据来自 2011 年、2013 年、2015 年和 2018 年中国健康和养老追踪调查。

图 3-26　农村老年人精神相对贫困发生率的时间变动趋势

其次，农村老年人精神相对贫困的年龄变动趋势。图 3-27 是农村老年人精神相对贫困随着年龄的变动而变化的趋势。从统计结果来看，按照三种精神贫困测量标准而统计得出的农村老年人的精神相对贫困发生率，都随着分组年龄的增长而呈现出不断下降的趋势，即分组年龄越大，农村老年人精神相对贫困的发生率越低。常言道，"人老怕孤独"，老年人喜欢享受"儿孙绕膝"的天伦之乐①。这也就是说，老年人年龄越大对精神赡养的需求可能越迫切，如果精神赡养需求得不到合理满足，那么，农村老年人陷入精神贫困的概率将会增加才对。而且农村老年人对子女赡养期望的代际差异，进一步证明了这一点。例如，有研究结果显示，50 年代和 60 年代出生的农村老年人，比 70 年代和 80 年代出生的农村老年人，更加期望子女能够赡养他们②。但

---

①　杨雪梅：《关于农村空巢老人养老问题的调研》，《内江科技》，2014 年第 8 期，第 112-117 页。

②　于长永：《农民养老风险、策略与期望的代际差异》，《农业经济问题》，2015 年第 3 期，第 24-33 页。

是，统计结果却表明，随着年龄的增加，农村老年人的精神相对贫困发生率却在不断降低。这是一个很有意思的研究发现，到底该如何解释这种统计结果呢?①

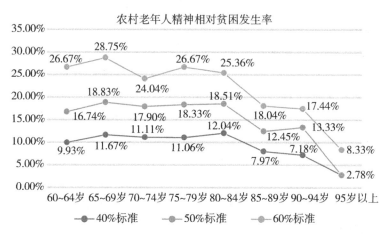

注：数据来自 2011 年、2013 年、2015 年和 2018 年中国健康和养老追踪调查。

图 3-27　农村老年人精神相对贫困发生率的年龄变动趋势

农村老年人精神相对贫困发生率与分组年龄之间呈反向相关关系，合理的解释可能是它受到了家庭生命周期的影响。家庭生命周期理论指出，一个完整的家庭生命周期包括形成期、扩展期、稳定期、收缩期、空巢期和解体期六个阶段②。农村老年人的年龄越大，由于子女数量多，不仅推迟了农村老年人进入"空巢期"的时间，而且缩短了农村老年人生活在"空巢期"时长，这也就是说一个子女外出之后，还有其他子女陪伴在老年人身边，这样农村老年人身边总有子女陪伴，减少了他们的孤独感，因此，年龄越大的农村老年人精神相对贫困发生率越低。综合生育率随着时间的变化而不断降低的趋

----

① 中国是一个多民族的国家，不同地区社会经济发展水平差异较大，农村老年人的社会经济发展环境不同，文化环境、生活方式也不相同，甚至不同地区，国家的政策也不一样，这必然导致现实世界的复杂性，本书只是从一个侧面对这种研究结果，给出一个较为合理的解释。现实世界非常复杂，也可能有其他更为有力的解释，但这需要后续的研究进一步拓展。

② 林善浪、王健：《家庭生命周期对农村劳动力转移的影响分析》，《中国农村观察》，2010 年第 1 期，第 25-33 页。

势(见图 3-28)，印证了农村老年人的年龄越大，他们的子女数可能越多，进一步证明了上述解释的合理性。

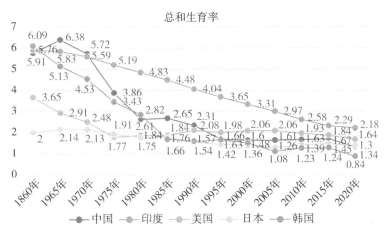

注：数据来自 https://www.kylc.com/stats/global/yearly_overview/g_population_fertility_perc.html

图 3-28　总和生育率变动趋势的国际比较

四、农村老年人相对贫困的结构差异

(一)农村老年人经济相对贫困的结构差异

首先，农村老年人经济相对贫困的性别差异。表 3-11 是按照农村老年人人均收入中位数的 40%、50% 和 60% 三种相对贫困测量标准统计得出的经济相对贫困发生率。总体来看，从 2011 年到 2018 年，三种相对贫困测量标准下农村老年人经济相对贫困发生率平均分别为 13.55%、17.14% 和 23.70%。并且，农村老年人经济相对贫困存在一定的性别差异，农村女性老年人经济相对贫困发生率较高。三种相对贫困测量标准下，农村女性老年人经济相对贫困发生率比农村男性老年人的分别高 0.53%、0.93% 和 1.77%，二者的经济相对贫困发生率非常小。

表 3-11　　　　　　农村老年人经济相对贫困发生率的性别差异

经济相对贫困的测量方法		性　别		农村全样本贫困发生率
		男性	女性	
经济贫困（40%标准）	贫困发生率	13.30%	13.83%	13.55%
经济贫困（50%标准）	贫困发生率	16.71%	17.64%	17.14%
经济贫困（60%标准）	贫困发生率	22.88%	24.65%	23.70%

注：数据来自 2011 年、2013 年、2015 年和 2018 年中国健康和养老追踪调查。卡方检验结果表明，二者显著相关（$P<0.05$）。

其次，农村老年人经济相对贫困的婚姻状况差异。表 3-12 的统计结果是三种经济贫困测量标准下，农村老年人经济相对贫困发生率的婚姻状况差异。统计结果表明，农村老年人经济相对贫困发生率的婚姻状况差异较为明显，有配偶的农村老年人发生经济相对贫困的可能性更大，而无配偶的农村老年人发生经济相对贫困的概率更低。这与本书的经济相对贫困测量方法有关，有配偶意味着家庭规模相对更大，人均收入水平相对更低，因此经济相对贫困发生率更高。按照人均收入中位数的 40%、50% 和 60% 的标准，有配偶的农村老年人经济相对贫困发生率分别为 14.37%、18.42% 和 26.26%，而无配偶的农村老年人经济相对贫困发生率分别为 10.81%、12.92% 和 15.23%。有配偶的农村老年人经济相对贫困发生率，比无配偶农村老年人的经济相对贫困发生率，分别高出 3.56%、5.50% 和 11.03%。

表 3-12　　　　　　农村老年人经济相对贫困的婚姻状况差异

经济相对贫困的测量方法		婚姻状况		农村全样本贫困发生率
		无配偶	有配偶	
经济贫困（40%标准）	贫困发生率	10.81%	14.37%	13.55%
经济贫困（50%标准）	贫困发生率	12.92%	18.42%	17.14%
经济贫困（60%标准）	贫困发生率	15.23%	26.26%	23.70%

注：数据来自 2011 年、2013 年、2015 年和 2018 年中国健康和养老追踪调查。卡方检验结果表明，二者显著相关（$P<0.001$）。

最后，农村老年人经济相对贫困的受教育程度差异。表 3-13 的统计结果表明，农村老年人经济相对贫困存在明显的受教育程度差异。随着农村老年人受教育程度的提高，按照人均收入中位数的 40%、50% 和 60% 测量标准下，农村老年人经济相对贫困发生率都呈现出逐渐下降的趋势。上述三种经济相对贫困测量标准下，小学及以下受教育程度的农村老年人，经济相对贫困发生率分别为 9.29%、11.87% 和 16.49%，而高中及以上受教育程度的农村老年人，经济相对贫困发生率分别下降到 1.56%、2.00% 和 2.87%。

表 3-13 　　　　　　　农村老年人经济相对贫困的受教育程度差异

经济相对贫困的测量方法		受教育程度			
		小学及以下	初中	高中	高中及以上
经济贫困（40%标准）	贫困发生率	9.29%	3.77%	1.63%	1.56%
经济贫困（50%标准）	贫困发生率	11.87%	4.80%	2.02%	2.00%
经济贫困（60%标准）	贫困发生率	16.49%	7.50%	3.62%	2.87%

注：数据来自 2011 年、2013 年、2015 年和 2018 年中国健康和养老追踪调查。方差分析结果表明，二者显著相关（$P<0.001$）。

(二) 农村老年人健康相对贫困的结构差异

首先，农村老年人健康相对贫困的性别差异。按照农村老年人的健康自评状况，可以发现农村老年人的健康相对贫困发生率明显较高，而且也存在明显的性别差异，见表 3-14。总体而言，健康贫困标准 1 下的农村老年人健康相对贫困发生率为 32.4%，其中，农村男性老年人的健康相对贫困发生率为 27.9%，农村女性老年人的健康相对贫困发生率为 36.3%。按照健康贫困标准 2 的测算方法，农村老年人的健康相对贫困发生率为 79.2%，其中，农村男性老年人的健康贫困发生率为 76.8%，而农村女性老年人的健康贫困发生率为 81.2%。这说明，无论是哪一种健康相对贫困测量方法，农村女性老年人的健康相对贫困发生率都明显高于农村男性老年人的健康相对贫困发生率。这又是一个很有意思的研究发现，因为现实情况是女性的预期寿命往往比男性的预期寿命更长，可是女性的健康相对贫困反而越差。健康预期寿命与预期寿命的差异，为这一研究发现提供了合理解释，即女性虽然预期寿命长，但很多时候是带病生存，健康预期寿命较短。

表3-14 农村老年人健康相对贫困的性别差异

健康相对贫困的测量方法		性 别		农村全样本贫困发生率
		男性	女性	
健康贫困1	贫困发生率	27.9%	36.3%	32.4%
健康贫困2	贫困发生率	76.8%	81.2%	79.2%

注：数据来自2011年、2013年、2015年和2018年中国健康和养老追踪调查。卡方检验结果表明，二者显著相关（$P<0.001$）。

其次，农村老年人健康相对贫困的婚姻状况差异。表3-15的统计结果表明，农村老年人健康相对贫困发生率存在明显的婚姻状况差异。有配偶的农村老年人，健康相对贫困发生率明显更低，而无配偶的农村老年人，健康相对贫困发生率明显更高。按照农村老年人健康贫困标准1和健康贫困标准2的测量标准下，有配偶的农村老年人健康相对贫困发生率分别为31.2%和78.9%，而无配偶的农村老年人健康相对贫困发生率分别为36.5%和80.0%。无配偶的农村老年人健康相对贫困发生率，比有配偶的农村老年人健康贫困发生率分别高5.3%和1.1%。这说明，婚姻状况对农村老年人的健康相对贫困有显著的影响。

表3-15 农村老年人健康相对贫困的婚姻状况差异

健康相对贫困的测量方法		婚 姻 状 况		农村全样本贫困发生率
		无配偶	有配偶	
健康贫困1	贫困发生率	36.5%	31.2%	32.4%
健康贫困2	贫困发生率	80.0%	78.9%	79.2%

注：数据来自2011年、2013年、2015年和2018年中国健康和养老追踪调查。卡方检验结果表明，二者显著相关（$P<0.001$）。

最后，农村老年人健康相对贫困的受教育程度差异。表 3-16 的统计结果表明，农村老年人的健康相对贫困存在较为明显的受教育程度差异。农村老年人的受教育程度越高，他们的健康相对贫困发生率越低。按照农村老年人健康贫困标准 1 和健康贫困标准 2 的测量标准，没有正式上过学的农村老年人，他们的健康相对贫困发生率分别为 35.4% 和 80.7%，而上过小学、私塾及初中以上受教育程度的农村老年人，他们的健康相对贫困发生率分别为 24.9% 和 75.2%。也就是说，在两种健康相对贫困标准下，上过学的农村老年人他们的健康相对贫困发生率分别比没有上过学的农村老年人健康相对贫困发生率高 10.5% 和 5.5%。这说明，受教育程度降低了农村老年人的健康相对贫困发生率。

表 3-16　　　　　　农村老年人健康相对贫困的受教育程度差异

健康相对贫困的测量方法		受教育程度		农村全样本贫困发生率
		没有正式上学	小学、私塾及初中以上	
健康贫困 1	贫困发生率	35.4%	24.9%	32.4%
健康贫困 2	贫困发生率	80.7%	75.2%	79.2%

注：数据来自 2011 年、2013 年、2015 年和 2018 年中国健康和养老追踪调查。卡方检验结果表明，二者显著相关（$P<0.001$）。

(三) 农村老年人精神相对贫困的结构差异

首先，农村老年人精神相对贫困的性别差异。表 3-17 的统计结果表明，农村老年人的精神相对贫困发生率存在明显的性别差异。农村男性老年人的精神相对贫困发生率明显更低，而农村女性老年人的精神相对贫困发生率明显更高。按照精神贫困测量量表得分中位数的 40%、50% 和 60% 三种测量标准，农村女性老年人的精神相对贫困发生率分别为 11.9%、18.9% 和 28.2%，而农村男性老年人的精神相对贫困发生率分别为 5.9%、10.7% 和 17.5%，农村女性老年人的精神相对贫困发生率比农村男性老年人的精神相对贫困发生率，分别高 6.0%、8.2% 和 10.7%。

表 3-17　　　　　　　　农村老年人精神相对贫困的性别差异

精神相对贫困的测量方法		性　　别		农村全样本贫困发生率
		男性	女性	
精神贫困（40%标准）	贫困发生率	5.9%	11.9%	9.1%
精神贫困（50%标准）	贫困发生率	10.7%	18.9%	15.0%
精神贫困（60%标准）	贫困发生率	17.5%	28.2%	23.2%

注：数据来自 2011 年、2013 年、2015 年和 2018 年中国健康和养老追踪调查。卡方检验结果表明，二者显著相关（$P<0.001$）。

其次，农村老年人精神相对贫困发生率的婚姻状况差异。表 3-18 的统计结果表明，农村老年人的精神相对贫困呈现出明显的婚姻状况差异。有配偶的农村老年人精神相对贫困发生率明显更低，而无配偶的农村老年人精神相对贫困发生率明显更高。按照精神贫困测量量表得分中位数的 40%、50% 和60% 三种测量标准，有配偶的农村老年人精神相对贫困发生率分别为 8.1%、13.9% 和 21.9%，而无配偶的农村老年人精神相对贫困发生率分别为 12.4%、18.6% 和 27.5%。无配偶的农村老年人精神相对贫困发生率比有配偶的农村老年人精神相对贫困发生率，分别高 4.3%、4.7% 和 5.6%。

表 3-18　　　　　　　　农村老年人精神相对贫困的婚姻状况差异

健康相对贫困的测量方法		婚　姻　状　况		农村全样本贫困发生率
		无配偶	有配偶	
精神贫困（40%标准）	贫困发生率	12.4%	8.1%	9.1%
精神贫困（50%标准）	贫困发生率	18.6%	13.9%	15.0%
精神贫困（60%标准）	贫困发生率	27.5%	21.9%	23.2%

注：数据来自 2011 年、2013 年、2015 年和 2018 年中国健康和养老追踪调查。卡方检验结果表明，二者显著相关（$P<0.001$）。

最后，农村老年人精神相对贫困的受教育程度差异。表 3-19 的统计结果表明，农村老年人精神相对贫困呈现出明显的受教育程度差异。受教育程度越高，农村老年人的精神相对贫困发生率越低。按照精神贫困测量量表得分中位数的 40%、50%和 60%三种测量标准，小学及以下受教育程度的农村老年人，精神相对贫困发生率分别为 12.67%、20.59%和 31.02%，而大学及以上受教育程度的农村老年人，精神相对贫困发生率分别为 2.02%、4.78%和 10.64%。大学及以上受教育程度农村老年人的精神相对贫困发生率比小学及以下受教育程度农村老年人的精神相对贫困发生率，分别低 10.65%、15.81%和 20.38%。

表 3-19　　　　　　农村老年人精神相对贫困的受教育程度差异

精神相对贫困的测量方法		受教育程度			
		小学及以下	初中	高中	大学及以上
精神贫困（40%标准）	贫困发生率	12.67%	5.65%	6.97%	2.02%
精神贫困（50%标准）	贫困发生率	20.59%	11.00%	12.28%	4.78%
精神贫困（60%标准）	贫困发生率	31.02%	20.56%	20.58%	10.64%

注：数据来自 2011 年、2013 年、2015 年和 2018 年中国健康和养老追踪调查。方差分析结果表明，二者存在显著的相关性（$P<0.000$）。

第三节　慢性病与农村老年贫困的相关关系

一、慢性病与农村老年经济相对贫困的关系

（一）有无慢性病与农村老年经济相对贫困的关系

图 3-29 的统计结果表明，农村老年人经济相对贫困发生率在有无慢性病的老年人之间存在显著的差异。按照农村老年人人均收入中位数的 40%、50%和 60%的标准，没有慢性病的农村老年人经济相对贫困发生率分别为 9.11%、12.45%和 18.53%，而有慢性病的农村老年人，他们的经济相对贫困发生率则分别为 9.99%、13.11%和 18.91%。上述三种经济贫困测量标准下，有慢性病的农村老年人经济相对贫困发生率，比没有慢性病的农村老年人经

济相对贫困发生率分别增加了 0.88%、0.66% 和 0.38%。而且，显著性检验结果表明（当 $P<0.05$），农村老年人经济相对贫困发生率在有无慢性病老年人之间的差异，在 5% 的显著性水平下通过了显著性检验，说明这种差异性不仅在样本中存在，在总体中也存在。

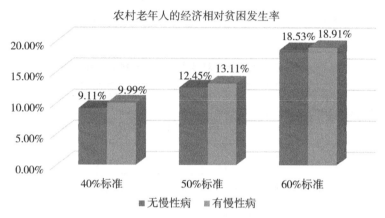

注：数据来自 2011 年、2013 年、2015 年和 2018 年中国健康和养老追踪调查。卡方检验结果表明，二者显著相关（$P<0.001$）。

图 3-29　有无慢性病与农村老年经济相对贫困的关系

（二）慢性病数量与农村老年经济相对贫困的关系

图 3-30 的统计结果表明，随着农村老年人罹患慢性病数量的增加，农村老年人的经济相对贫困发生率也在不断提高。按照农村老年人人均收入中位数的 40%、50% 和 60% 的标准，罹患一种慢性病的农村老年人，他们的经济相对贫困发生率分别为 9.62%、12.83% 和 18.27%，而罹患两种慢性病的农村老年人，他们的经济相对贫困发生率则分别为 10.54%、13.86% 和 19.27%，罹患三种慢性病的农村老年人，他们的经济相对贫困发生率分别为 11.07%、14.32% 和 20.16%。而且，农村老年人经济相对贫困发生率与慢性病数量之间的相关关系，在 5% 的显著性水平下通过了显著性检验。这表明，农村老年人经济相对贫困发生率与慢性病数量之间的显著性相关关系，不仅在样本中存在，在总体中也存在。

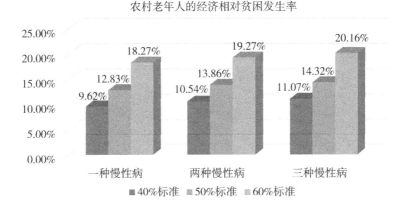

农村老年人的经济相对贫困发生率

注：数据来自 2011 年、2013 年、2015 年和 2018 年中国健康和养老追踪调查。卡方检验结果表明，二者显著相关（$P<0.001$）。

图 3-30　慢性病数量与农村老年经济相对贫困的关系

(三)慢性病类型与农村老年经济相对贫困的关系

图 3-31 的统计结果表明，农村老年人的经济相对贫困发生率在不同种类的慢性病之间也存在一定的差异。按照农村老年人家庭人均收入中位数的40%、50%和60%测量标准，罹患不同种类慢性病的老年人，他们的经济相对贫困发生率明显不同。其中，以高血压、糖尿病为例，上述三种经济贫困测量标准下，罹患高血压慢性病的农村老年人，他们的经济相对贫困发生率分别为 10.72%、13.91%和 21.16%；罹患糖尿病慢性病的农村老年人，他们的经济相对贫困发生率分别为 11.52%、14.79%和 21.83%，两种慢性病下的农村老年人经济相对贫困发生率的差别并不是很大。

在罹患不同类型慢性病的农村老年人中，肾脏疾病导致的经济相对贫困发生率最高①，在三种经济贫困测量标准下，罹患肾脏疾病的农村老年人，他们的经济相对贫困发生率分别为 12.31%、15.93%和 24.35%。罹患恶性肿瘤的农村老年人，他们的经济相对贫困发生率相对更低，三种经济贫困测量

---

① 肾脏疾病导致的经济相对贫困发生率最高，是指被统计的 14 种慢性病，并不排除调查数据之外仍有致贫效应更为明显的慢性病。

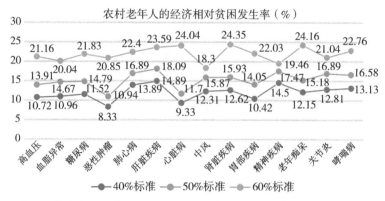

注：数据来自 2011 年、2013 年、2015 年和 2018 年中国健康和养老追踪调查。卡方检验结果表明，二者显著相关($P<0.001$)。

图 3-31　慢性病类型与农村老年经济相对贫困的关系

标准下，罹患恶性肿瘤疾病的农村老年人，他们的经济相对贫困发生率分别为 8.33%、10.94% 和 20.85%。可能的解释是，肾脏疾病往往需要长期的透析治疗，而且肾脏是身体的动力之源，肾脏出了问题的农村老年人，他们的农业劳动能力也将大大降低。因此，更容易导致农村老年人的经济相对贫困发生。而罹患恶性肿瘤的农村老年人，一般情况下存活的时间较短。由于罹患恶性肿瘤的农村老年人存活时间短，对他们农业劳动能力的影响相对较小，进而不会对农业收入带来很大的影响。因此，罹患恶性肿瘤的农村老年人经济相对贫困问题并不突出①。

二、慢性病与农村老年健康相对贫困的关系

（一）有无慢性病与农村老年健康相对贫困的关系

以农村老年人健康自评状况为衡量健康相对贫困的测量标准，图 3-32 的统计结果表明，农村老年人的健康相对贫困存在较为明显的慢性病状况差异。

————————

① 值得说明的是，本书并没有考虑不同类型慢性病导致的门诊医疗费用和住院医疗费用之间的差异问题，这主要是因为本书是从农村老年人的农业收入角度来度量经济相对贫困问题的，并没有把医疗费用支出考虑进来。

在两种健康贫困测量标准下，即把健康自评较差和很差设定为健康贫困 2，把健康自评一般、较差和很差设定为健康贫困 1，没有慢性病的农村老年人，他们的健康相对贫困发生率分别为 55.09% 和 9.85%，而有慢性病的农村老年人，他们的健康相对贫困发生率仅为 82.81% 和 35.09%。在两种健康相对贫困测量标准下，有慢性病的农村老年人健康相对贫困发生率，比没有慢性病的农村老年人健康相对贫困发生率分别增加了 27.72% 和 25.24%。而且农村老年人的健康相对贫困与慢性病之间的相关关系，在 1% 的显著性水平下通过了显著性检验。

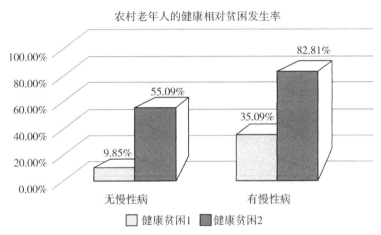

注：数据来自 2011 年、2013 年、2015 年和 2018 年中国健康和养老追踪调查。卡方检验结果表明，二者显著相关（P<0.001）。

图 3-32 有无慢性病与农村老年健康相对贫困的关系

（二）慢性病数量与农村老年健康相对贫困的关系

图 3-33 的统计结果表明，农村老年人的健康相对贫困发生率受到老年人罹患慢性病数量多少的影响。在两种健康贫困测量标准下，罹患一种慢性病的农村老年人，他们的健康相对贫困发生率分别为 23.15% 和 75.51%；罹患两种慢性病的农村老年人，他们的健康相对贫困发生率分别为 36.75% 和 86.12%；罹患三种慢性病的农村老年人，他们的健康相对贫困发生率分别为 50.79% 和 92.11%。而且，农村老年人的健康相对贫困发生率与慢性病数量

之间的相关关系，在 1% 的显著性水平下通过了显著性检验。这表明，慢性病数量对农村老年健康相对贫困有显著的影响。

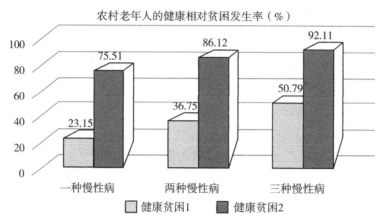

注：数据来自 2011 年、2013 年、2015 年和 2018 年中国健康和养老追踪调查。卡方检验结果表明，二者显著相关（$P<0.001$）。

图 3-33　慢性病数量与农村老年健康相对贫困的关系

（三）慢性病类型与农村老年健康贫困发生率的关系

图 3-34 的统计结果是慢性病类型与农村老年健康相对贫困的关系。从统计结果来看，农村老年人的健康相对贫困发生率在不同种类慢性病之间呈现出一定的差异性。相对而言，并以健康标准 1 为测量健康贫困的标准，有五种慢性病更容易影响农村老年人的健康相对贫困。一是恶性肿瘤，罹患恶性肿瘤的农村老年人，他们的健康相对贫困发生率为 48.54%；二是中风，罹患中风慢性病的农村老年人，他们的健康相对贫困发生率为 53.42%；三是精神疾病，罹患精神疾病的农村老年人，他们的健康相对贫困发生率为 55.9%；四是阿尔茨海默病，罹患阿尔茨海默病的农村老年人，他们的健康相对贫困发生率为 62.15%；五是哮喘病，罹患哮喘病的农村老年人，他们的健康相对贫困发生率为 57.52%。目前被普遍受到重视、并被基本医保基金给予大力支持的高血压和糖尿病两种慢性病，与上述五种慢性病相比，它们的致贫效应并不是最为严重的疾病。其中，罹患高血压的农村老年人健康相对贫困发生

率仅为 23.61%，罹患糖尿病的农村老年人健康相对贫困发生率为 33.5%。在所有被调查的十四种慢性病中，高血压和糖尿病是致贫效应最不明显的两种慢性病。而且，慢性病类型与农村老年健康相对贫困相关关系的显著性检验结果表明，二者之间的相关关系，在 1% 显著性水平下通过了显著性检验。这进一步说明，不同类型慢性病的农村老年人，他们的健康贫困发生率是存在差异的，而且这种差异性不仅存在于样本之间，也存在于总体中。

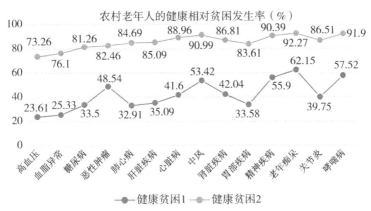

注：数据来自 2011 年、2013 年、2015 年和 2018 年中国健康和养老追踪调查。卡方检验结果表明，二者显著相关（$P<0.001$）。

图 3-34　慢性病类型与农村老年健康相对贫困的关系

三、慢性病与农村老年精神相对贫困的关系

（一）有无慢性病与农村老年精神贫困的关系

图 3-35 显示的是有无慢性病与农村老年人精神相对贫困发生率之间的关系。从统计结果来看，有慢性病的农村老年人精神相对贫困发生率更高，以农村老年人精神健康量表得分中位数的 40%、50% 和 60% 测量标准，有慢性病的农村老年人，他们的精神相对贫困发生率分别为 9.15%、15.55% 和 24.7%，而没有慢性病的农村老年人，他们的精神相对贫困发生率分别为 4.33%、7.73% 和 13.18%。而且显著性检验结果表明，有无慢性病与农村老

年人精神相对贫困发生率的相关关系在 1% 显著性水平下（$P=0.000$）通过了显著性检验。这表明，有无慢性病与农村老年人的精神相对贫困发生率的相关关系不仅在样本中存在，在总体中也是存在的。

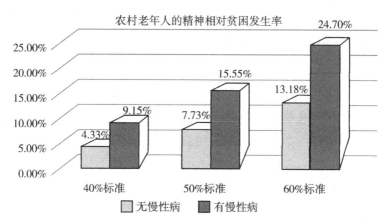

农村老年人的精神相对贫困发生率

注：数据来自 2011 年、2013 年、2015 年和 2018 年中国健康和养老追踪调查。卡方检验结果表明，二者显著相关（$P<0.001$）。

图 3-35　慢性病类型与农村老年精神相对贫困的关系

（二）慢性病数量与农村老年精神相对贫困的关系

图 3-36 显示的是慢性病数量与农村老年人精神相对贫困的关系。从统计结果来看，农村老年人罹患慢性病的种类越多，他们的精神相对贫困发生率越高。按照农村老年人精神健康量表得分中位数的 40%、50% 和 60% 的标准，罹患一种慢性病的农村老年人，他们精神相对贫困发生率分别为 6.41%、11.38% 和 19.40%；罹患两种慢性病的农村老年人，他们的精神相对贫困发生率分别为 9.04%、15.75% 和 25.19%；罹患三种慢性病的农村老年人，他们的精神相对贫困发生率分别为 12.40%、21.02% 和 32.12%。而且显著性检验结果表明，慢性病数量与农村老年人精神相对贫困发生率之间的相关关系，在 1% 显著性水平（$P=0.000$）下通过了显著性检验。这表明，农村老年人的精神相对贫困发生率随着他们罹患慢性病数量的增加而提高。

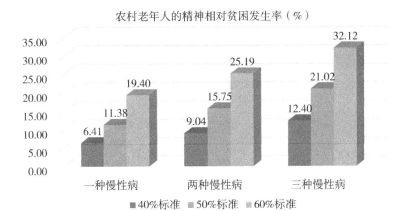

农村老年人的精神相对贫困发生率（%）

注：数据来自 2011 年、2013 年、2015 年和 2018 年中国健康和养老追
踪调查。卡方检验结果表明，二者显著相关（$P<0.001$）。

图 3-36　慢性病数量与农村老年精神相对贫困的关系

（三）慢性病类型与农村老年精神相对贫困的关系

图 3-37 显示的是慢性病类型与农村老年人精神相对贫困的关系。从统计结果来看，罹患不同类型慢性病的农村老年人精神相对贫困发生率明显不同。以农村老年人精神健康量表得分中位数的 40%测量标准，罹患四种慢性病的农村老年人，他们的精神相对贫困发生率相对较高。一是中风，罹患中风的农村老年人，他们的精神相对贫困发生率为 15.46%；二是精神疾病，罹患精神疾病的农村老年人，他们的精神相对贫困发生率为 15.88%；三是阿尔茨海默病，罹患阿尔茨海默病的农村老年人，他们的精神相对贫困发生率为 16.97%；四是哮喘病，罹患哮喘病的农村老年人，他们的精神相对贫困发生率为 16.06%。

有罹患四种慢性病的农村老年人，他们的精神相对贫困发生率相对较低。一是高血压，罹患高血压的农村老年人，他们的精神相对贫困发生率为 6.50%；二是血脂异常，罹患血脂异常的农村老年人，他们的精神相对贫困发生率为 8.22%；三是胃部疾病，罹患胃部疾病的农村老年人，他们的精神相对贫困发生率为 9.27%；四是糖尿病，罹患糖尿病的农村老年人，他们的精神相对贫困发生率为 10.05%。而且，从显著性检验结果来看，慢性病类型

135

与农村老年人精神相对贫困发生率之间的相关关系，在1%显著性水平下通过了显著性检验，即不同类型的慢性病对农村老年人精神相对贫困发生率的影响是不同的。

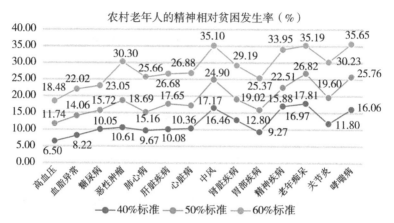

注：数据来自 2011 年、2013 年、2015 年和 2018 年中国健康和养老追踪调查。卡方检验结果表明，二者显著相关（P<0.001）。

图 3-37　慢性病类型与农村老年精神相对贫困的关系

第四章 慢性病对农村老年人相对贫困的影响效应

慢性病对农村老年人相对贫困的影响效应，体现在三个方面：一是有没有影响，二是影响是正向的还是负向的，三是影响程度。这三个方面，都是慢性病致贫效应的一种静态结果。既然是一种静态结果，在分析时我们可以暂不考虑过程性指标，比如慢性病通过影响农村老年人的"收入流"和"支出流"，进而影响他们的相对贫困发生率等，很明显这些方面重点反映的是慢性病的致贫机制问题，是慢性病致贫效应的一种动态过程，这一部分内容将在慢性病的致贫机制部分进行详细分析。但是，由于慢性病和农村老年人相对贫困都包括三个方面，其中，慢性病的三个方面是有无慢性病、慢性病的数量和慢性病的类型，农村老年人相对贫困的三个方面是经济相对贫困、健康相对贫困和精神相对贫困，而且慢性病的三个方面对农村老年人相对贫困三个方面的影响是不同的。因此，本章的分析内容，将包括以下问题：一是有无慢性病对农村老年人经济相对贫困、健康相对贫困和精神相对贫困的影响，二是慢性病数量对农村老年人经济相对贫困、健康相对贫困和精神相对贫困的影响，三是慢性病类型对农村老年人的经济相对贫困、健康相对贫困和精神相对贫困的影响。

第一节 理论分析与研究假设

总体来看，慢性病对老年贫困的影响，包括宏观与微观两个层面。宏观层面的影响是指慢性病会对一个国家或地区的总体经济发展水平产生制约作用，阻碍这个国家或地区的经济增长速度和发展水平，进而使人们长期处于普遍的贫困之中；微观层面的影响是指慢性病还会对个体的贫困问题产生负面影响。国外已有大量关于慢性病与宏观经济增长的经验研究结论，这些研究结果表明慢性病确实会阻碍一个国家或地区宏观经济发展水平。例如Suhrcke 和 Dieter(2010)对高收入国家的研究结果表明，心脑血管疾病引起的死亡率上升 1%，该国的 GDP 增长率将下降 0.1%①。Abegunde 和 Stanciole (2006)对世界各国的研究结果表明，中风和糖尿病等慢性病会导致该国 GDP 增长率下降 0.5~1 个百分点，而且对发展中国家 GDP 的影响高于对发达国家 GDP 的影响②。Hoang et al. (2009)对发展中国越南的研究结果表明，慢性病导致越南的 GDP 损失约为 2 000万美元，占 2005 年该国 GDP 的 0.033%③。一个国家或地区 GDP 增长的受阻，最终必然会体现在居民的贫困问题上。

　　上述这些研究虽然很重要但是过于宏观，无法体现出慢性病对微观个体贫困的影响效应。虽然也有较多的研究从家庭层面和个体层面分析慢性病对研究对象的致贫效应，如 Datta et al. (2018)以孟加拉国为研究范围的研究结果表明，与未受慢性病影响的家庭相比，受慢性病影响的家庭灾难性卫生支出发生率高达 6.7%④。谢垩(2011)对中国的研究表明，慢性病显著降低了劳动年龄群体的工作时间，导致他们的医疗卫生支出明显上升⑤。但是，已有的这些研究较多关注了劳动年龄区间内的群体，对老年人尤其是农村老年人群体关注不够。而且，中国农村老年人与国外的农村老年人有较大差异，一方面中国农村老年人规模庞大，数以亿计，二是农村老年人只要健康状况允许，他们将一直干到不能劳动为止，即"无休止劳动"现象 (Pang et al., 2004)⑥，因此，农村老年人是一个生产性群体，是人口老龄化快速发展背景

①　Suhrcke M, Dieter U. Are Cardiovascular Diseases Bad for Economic Growth. Health Economics, 2020, 19(12)：1478-1496.

②　Abegunde D, Stanciole A. An Estimation of the Economic Impact of Chronic Noncommunicable Diseases in Selected Countries. Https：//www. who. int/chp/working_paper_growth%20model 29may. pdf.

③　Hoang V M, Huong D L, Giiang K B, Byass P. Economic Aspects of Chronic Diseases in Vietnam. Global Health Action, 2009, 2(1)：1-8.

④　Datta, B K, Husain M J, Husain M M, Kostova D. Noncommunicable Disease-attributable Medical Expenditures, Household Financial Stress and Impoverishment in Bangladesh. SSM Population Health, 2018, 6：252-258.

⑤　谢垩：《中国居民慢性病的经济影响》，《世界经济文汇》，2011 年第 3 期，第74-86 页。

⑥　Pang L H, Alan D B, Scott R. Working Until You Drop：The Elderly of Rural China. The China Journal, 2004, 52(1)：73-94.

下应对老龄问题不可忽视的社会生产力(边恕,2021)[1],探究慢性病对中国农村老年人微观个体贫困的影响效应具有重要的现实意义。

一、理论分析

作为人力资本的重要构成要素之一,健康状况常常被认为是导致个体经济差异的关键因素,而这源于健康因素在影响个体经济差异的过程中,具有重要的内在目的性价值和外在工具性价值[2]。健康的内在目的性价值体现在两个方面:一是我们获得个体健康需要花费较多的成本,如需要加强营养和购买医疗保健服务等(Grossman,1972)[3];二是健康是我们每个人所要努力追求的重要目标。健康的外在工具性价值也体现在两个方面:一是,健康是每个人获得幸福生活的工具,是人们参加劳动生产和社会生活的前提和基础;二是健康通过增加劳动者数量和提升劳动质量直接影响经济增长,健康对劳动者收入和生产效率的影响是其健康经济价值的重要体现(杨建芳等,2006)[4]。而慢性病的发生,即便是并不严重的慢性病,也意味着农村老年人的健康状况受损。因此,一旦慢性病发生,农村老年人的人力资本存量和增量都将受到影响,进而影响他们的生产效率和收入水平。慢性病的一个重要特点是,慢性病的病程较长且难以治愈(闫霄等,2021)[5],对农村老年人人力资本的影响并不是短期的,而很可能是长期的,这不仅影响农村老年人的财富增量,还影响农村老年人的财富存量,成为他们长期处于经济相对贫困的重要诱因。

慢性病不仅可能会导致农村老年人的经济相对贫困,还可能导致他们的

---

① 边恕:《老龄群体:不可忽视的社会生产力》,《理论与改革》,2021年第5期,第140-151页。

② 刘二鹏、张奇林、冯艳:《慢性病的老年贫困风险:理论机制与实证检验》,《保险研究》,2020年第11期,第63-75页。

③ Grossman M. On the Concept of Health Capital and the Demand for Health. Journal of Political Economy,1972,80(2):223-255.

④ 杨建芳、龚六堂、张庆华:《人力资本形成及其对经济增长的影响——一个包含教育和健康投入的内生增长模型及其检验》,《管理世界》,2006年第5期,第10-20页。

⑤ 闫霄、郑方遒、范晓宇、张丽娟:《慢性病患者照顾者社会网络研究现状》,《中华现代护理杂志》,2021年第31期,第4337-4340页。

健康相对贫困和精神相对贫困。慢性病对农村老年人健康相对贫困的影响，不仅体现在慢性病对农村老年人日常生活活动能力的影响，还体现在慢性病对农村老年人具有显著的致残作用（宋新明等①，2016；Blaxter②，1976）。慢性病对农村老年人精神贫困的作用，主要表现在慢性病不仅破坏农村老年人的社会网络，还体现在慢性病击碎了农村老年人对未来的美好希望、工作和生活计划（郇建立，2009）③，造成他们人生进程的破坏。英国社会学家迈克尔·伯里（Michael Bury，1982）在其经典文章《作为人生进程破坏的慢性病》中，从认知难题、解释系统和资源动用三个方面阐述了慢性病对人生进程的破坏作用。慢性病对农村老年人社会网络的破坏会导致社会排斥，这种排斥可能源于农村老年人主动缩小与他人的交往和互动范围，也可能来自他人对农村老年人的社会排斥。长期的主动社会排斥和被动社会排斥，导致农村老年人生活保障体系的脆弱性，在外部风险冲击和内部疾病风险扰动的双重作用下，导致农村老年人的多维相对贫困问题。

二、研究假设

由于慢性病因素包括有无慢性病、慢性病的数量和慢性病的类型三个方面。其中，有无慢性病是农村老年人健康状况的"质变"问题，而慢性病数量的多少反映的是慢性病的"共病"问题，虽然是一种"量变"指标，但是它对农村老年人人力资本的影响可能是更具有决定意义的，慢性病类型是慢性病的结构性差异问题，上述三个方面在农村老年人相对贫困发展过程中的作用和影响是不同的。因为，有些慢性病并不会造成农村老年人严重的人力资本损伤，也不会造成严重的社会排斥，但是有些慢性病不仅造成农村老年人严重的人力资本损伤和社会排斥，还会造成农村老年人财富增量和存量的大幅减少，进而带来致贫效应的巨大差异问题。因此，基于上述理论分析，本书提

---

① 宋新明、周勇义、郭平、冯善伟、薛思莽：《中国老年人慢性病的致残作用分析》，《人口与发展》，2016 年第 3 期，第 79-83 页。

② Blaxter, M. The Meaning of Disability. London：Heinemann Educational Books Ltd. 1979.

③ 郇建立：《慢性病与人生进程的破坏——评迈克尔·伯里的一个核心概念》，《社会学研究》，2009 年第 5 期，第 229-241 页。

出如下研究假设：

假设1：相对于未患慢性病的农村老年人而言，罹患慢性病的农村老年人将面临更大的相对贫困风险，慢性病不仅将导致农村老年人经济相对贫困发生率更高，还将会导致他们健康相对贫困和精神相对贫困发生率更高。

假设2：农村老年人罹患慢性病的数量越多，他们面临的相对贫困风险越大，即罹患慢性病数量越多的农村老年人，他们将面临更大的经济相对贫困风险、健康相对贫困风险和精神相对贫困风险。

假设3：不同类型的慢性病，对农村老年人相对贫困风险的影响存在差异。对于那些致残效应较为明显的慢性病和需要住院治疗的慢性病类型，将对农村老年人的经济相对贫困风险、健康相对贫困风险和精神相对贫困风险带来更大的影响。

第二节 变量选择与模型构建

一、变量选择

（一）被解释变量

本书的被解释变量是农村老年相对贫困，包括经济相对贫困、健康相对贫困和精神相对贫困。其中，经济相对贫困是根据农村老年人家庭人均收入中位数的40%、50%和60%三个标准构建的经济相对贫困指标。健康相对贫困采用农村老年人的健康自评来衡量，分别把农村老年人回答自评健康状况为健康较差和健康很差设定为健康相对贫困1，把农村老年人回答自评健康状况为一般健康、健康较差和健康很差设定为健康相对贫困2。精神相对贫困是由十个测量指标构成的精神健康量表，并按照农村老年人精神健康量表得分中位数的40%、50%和60%三个标准，构建农村老年人精神相对贫困的被解释变量。农村老年人经济相对贫困、健康相对贫困和精神相对贫困的测量结果见表4-1。

表 4-1　　　　　　　　被解释变量含义及其统计描述

指标含义	操作化方法	判定标准	最大值	最小值	标准差	平均值	观测值
农村老年人相对贫困	经济相对贫困	家庭人均收入中位数	低于收入中位数的40%	1	0	0.3422	0.1355	28970
			低于收入中位数的50%	1	0	0.3769	0.1714	29036
			低于收入中位数的60%	1	0	0.4253	0.2370	29189
	健康相对贫困	健康自评状况	健康状况较差和很差	1	0	0.4681	0.3243	30968
			健康一般、较差和很差	1	0	0.4061	0.7917	30968
	精神健康相对贫困	精神健康测量量表	低于得分中位数的40%	1	0	0.2878	0.0912	35906
			低于得分中位数的50%	1	0	0.3575	0.1504	35906
			低于得分中位数的60%	1	0	0.4221	0.2320	35906

(二)核心解释变量

本书的核心解释变量是慢性病,包括有无慢性病、慢性病数量和慢性病类型三个方面。农村老年人罹患慢性病的情况,是根据农村老年人对自身罹患慢性病情况的客观表述来判定的。由于在广大农村地区存在这样一种现象,即有一些农村老年人他们已经罹患了慢性病,甚至罹患多种慢性病,但是他们并不知道自己罹患慢性病。为了避免这种问题所可能导致的测量误差,本书采用"中国健康和养老追踪调查数据"的第"DA007"号问题作为慢性病的操作化指标,该指标的具体设计是"是否有医生曾经告诉过您有以下这些慢性病?",并让农村老年人针对每一种慢性病问题回答"是"和"否",如果农村老年人回答"是",就意味着农村老年人罹患至少一种慢性病,如果农村老年人回答"否"则表明农村老年人没有罹患慢性病。

上述问题的答案选项设计为:(1)高血压病;(2)血脂异常(包括低密度脂蛋白、甘油三酯、总胆固醇的升高或(和)高密度脂蛋白的下降);(3)糖尿病或血糖升高(包括糖耐量异常和空腹血糖升高);(4)癌症等恶性肿瘤(不包括轻度皮肤癌);(5)慢性肺部疾患如慢性支气管炎或肺气肿、肺心病(不包括肿瘤或癌);(6)肝脏疾病(除脂肪肝、肿瘤或癌外);(7)心脏病(如心肌梗死、冠心病、心绞痛、充血性心力衰竭和其他心脏疾病);(8)中风;(9)肾脏疾病(不包括肿瘤或癌);(10)胃部疾病或消化系统疾病(不包括肿瘤或癌);(11)情感及精神方面问题;(12)与记忆相关的疾病(如阿尔茨海默病、脑萎缩、帕金森症);(13)关节炎或风湿病;(14)哮喘。

　　值得指出的是,关于慢性病的种类也有学者把慢性病划分为:高血压、心脏病、中风、糖尿病、肿瘤/癌症、肾病、肝病、其他消化系统疾病、颈/腰椎病、关节炎、骨质疏松症、慢性支气管炎、其他呼吸系统疾病、痴呆症等 14 种(宋新明等,2016)[①]。不难看出,无论是本书所界定的慢性病种类,还是已有学者界定的慢性病种类,都不能包含农村老年人罹患慢性病的全部信息,但是,本书所指的这 14 种慢性病是中国健康和养老追踪调查数据(CHARLS)中所包含的最有代表性、最能反映农村老年人罹患慢性病情况的慢性病,因此,虽然慢性病类型并不全面,但是它们的代表性较好。

表 4-2　　　　　　　　　　　解释变量含义及其统计描述

	指标含义	操作化方法	判定标准	最大值	最小值	平均值	标准差	观测值
农村老年人慢性病患病情况	有无慢性病	未罹患任何慢性病	慢性病得分＝0	1	0	0.2394	0.4267	35906
	慢性病数量	罹患一种以上慢性病	慢性病得分≥1	11	1	2.0807	1.2971	8596
	慢性病类型	是否有医生告诉您患有如下慢性病	高血压	1	0	0.2421	0.4284	11804
			血脂异常	1	0	0.1013	0.3017	13576
			糖尿病	1	0	0.0635	0.2439	14056
			恶性肿瘤	1	0	0.0127	0.1122	14751
			肺部疾病	1	0	0.0985	0.2980	13685
			肝脏疾病	1	0	0.0359	0.1861	14477
			心脏病	1	0	0.1133	0.3170	13437
			中风	1	0	0.0538	0.2256	14570
			肾脏疾病	1	0	0.0519	0.2218	14184
			胃部疾病	1	0	0.1602	0.3668	12545
			精神疾病	1	0	0.0149	0.1213	14674
			阿尔茨海默病	1	0	0.0308	0.1729	14627
			关节炎	1	0	0.2581	0.4376	11299
			哮喘病	1	0	0.0381	0.1913	14348

---

　　① 宋新明、周勇义、郭平、冯善伟、薛思莽:《中国老年人慢性病的致残作用分析》,《人口与发展》,200 年第 3 期,第 79-83 页。

(三) 控制变量

农村老年人的相对贫困, 不仅受到慢性病因素的影响, 还会受到农村老年人个体特征、家庭因素、社区环境因素以及健康行为因素的影响。其中, 个体特征因素主要指个体人口学特征因素; 家庭因素包括家庭规模、家庭结构、家庭收入、家庭资产、子女数量、居住方式等多个方面; 社区环境因素包括社区地理环境、社区经济环境、社区卫生环境以及社区人文环境等多个方面。由于本章内容分析的重点是慢性病对农村老年人贫困的影响效应, 而不是慢性病对农村老年人贫困的影响机制, 同时考虑到调查数据的可得性和代表性, 并参考已有研究的做法, 本书把控制变量设定为如下三个方面:

首先, 个体特征变量。包括农村老年人的性别、年龄、受教育程度、婚姻状况四个控制变量。在广大的农村地区, 女性的社会地位往往较低, 处于弱势地位, 她们的经济安全状况也往往较差 (孔祥智、涂圣伟, 2007) [1]。而且, 女性相较男性更容易发生个体灾难性卫生支出 (刘二鹏等, 2020) [2]。因此, 相对男性而言, 女性农村老年人更容易陷入贫困状态。年龄越大, 农村老年人的健康状况可能越差, 劳动参与和社会参与越少 (于长永, 2011) [3]。因此, 年龄越大的农村老年人陷入贫困的概率更大。受教育程度是人力资本的核心构成要件, 甚至是早期人力资本相关问题研究的代名词 (赖明勇等, 2005) [4]。受教育程度越低, 农村老年人的人力资本越低, 越可能陷入贫困状态 (朱晓、范文婷, 2017) [5]。少年夫妻老来伴, 配偶的陪伴和照顾, 不仅有助于农村老年人健康状况的改善, 也有助于缓解精神空虚寂寞。因此, 已婚

① 孔祥智、涂圣伟:《我国现阶段农民养老意愿探讨——基于福建省永安、邵武、光泽三县(市)抽样调查的实证研究》,《中国人民大学学报》, 2007 年第 3 期, 第 71-77 页。

② 刘二鹏、张奇林、冯艳:《慢性病的老年贫困风险: 理论机制与实证检验》,《保险研究》, 2020 年第 11 期, 第 63-78 页。

③ 于长永:《人口老龄化背景下农民的养老风险及其制度需求——基于全国十个省份千户农民的调查数据》,《农业经济问题》, 2011 年第 10 期, 第 56-66 页。

④ 赖明勇、张新、彭水军、包群:《经济增长的源泉: 人力资本、研究开发与技术外溢》,《中国社会科学》, 2005 年第 2 期, 第 32-48 页。

⑤ 朱晓、范文婷:《中国老年人收入贫困状况及其影响因素研究——基于 2014 年中国老年社会追踪调查》,《北京社会科学》, 2017 年第 1 期, 第 90-99 页。

的农村老年人更不易陷入贫困状况。

其次，家庭因素变量。包括农村老年人的子女数量和家庭资产两个控制变量。大量的经验研究表明，子女数量对农村老年健康有显著的负面影响，进而影响老年贫困问题。例如，Westendorp 等（1998）对英国的研究结果表明，长寿与子女数量负相关①。Dribe（2004）对瑞典的研究表明，子女数量对老年死亡风险有显著的正向影响②。Hank（2010）对德国的研究表明，子女数量与老年期的死亡风险显著正相关③。但是 Margolis 等（2011）的研究表明，子女数量对老年健康有显著的促进作用④。李建新、张浩（2017）的研究结果表明，子女数量超过 5 个以上的老年女性存活时间更长⑤。子女数量不仅影响老年人的健康和寿命，还会对老年人的抑郁情况产生重要影响。杨华磊等（2021）基于中国健康与养老追踪调查数据的研究结果表明，子女数量对老年人的抑郁程度有显著的负面影响，这一影响效应在子女数量为 3 个及以上的老年人中更为明显⑥。农村老年人的家庭资产越多，他们应对风险的保障体系脆弱性就越低，面临生存风险的可能性就越小（熊卫、于长永，2019）⑦。因此，农村老年人家庭资产越多，他们陷入贫困的概率将会越低。

再次，制度因素变量。包括是否有医疗保险、是否参加养老保险和是否获得转移支出三个控制变量。医疗保险是农村老年人医疗费用补偿的重要制度安排，它不仅提高了农村老年人的医疗服务可及性，也提高了农村老年人

① Westendorp, R. G. J., and Kirkwood, T. B. L. Human Longevity at the Cost of Reproductive Success. Nature, 1998, 396(6713)：743-746.

② Dribe, M. Long-term Effects of Childbearing on Mortality：Evidence from Pre-industrial Sweden. Population Studies, 2004, 58(3)：297-310.

③ Hank, K. Childbearing History, Later-life Health, and Mortality in Germany. Population Studies, 2010, 64(3)：275-291.

④ Margolis, R., and Myrskyla, M. A Global Perspective on Happiness and Fertility, Population and Development Review. 2011, 37(1)：29-56.

⑤ 李建新、张浩：《生育史对中国老年女性寿命的影响》，《中国人口科学》，2017年第 3 期，第 81-91 页。

⑥ 杨华磊等：《生育数量对老年人抑郁的影响》，《人口研究》，2021 年第 2 期，第47-60 页。

⑦ 熊卫、于长永：《养老资源对农民养老风险的影响研究——基于新疆 13 个地州市726 位农民调查数据的实证分析》，《西南民族大学学报》（人文社会科学版），2019 年第 12期，第 31-39 页。

的医疗服务可得性，将对农村老年贫困产生重要影响。经验研究表明，医疗保险显著降低农村老年贫困发生率（黄庆林、李婷，2022）①。国外的研究也表明，医疗保险能够有效降低贫困的发生率（LINN 等，2019）②。对于农村老年人而言，社会养老保险可能具有经济保障和精神保障双重功能。高翔等（2018）的经验研究表明，养老保险缓解了农村女性老年人的经济贫困和健康贫困，减轻了农村男性老年人的健康贫困和权利贫困③。还有研究表明，养老保险制度减少了农村家庭养老中的经济支持，但对生活照顾以及精神慰藉未产生明显影响（胡仕勇，2013）④。农村的低保制度和五保制度，是农村老年人获得政府转移支出的重要制度工具。尽管低保制度和五保制度的保障水平比较低，但是获得这些方面的支持，不仅有助于减少农村老年人的经济贫困问题，而且更为重要的是这些制度是农村老年人"有本事"的证明，可能对农村老年人的健康贫困特别是精神贫困有重要的影响作用，已有经验研究也支持了这一判断。例如，韩华为、徐月宾（2014）的经验研究表明，低保制度显著降低了农村地区的贫困水平⑤。

最后，健康行为变量。农村老年人的健康行为包括很多方面，其中，是否吸烟和是否喝酒是影响农村老年人健康状况的重要行为变量。吸烟和喝酒不仅增加农村老年人的经济支出，还会影响自身甚至家庭成员的健康状况，成为农村老年人贫困的重要诱因。Robertson（2017）研究结果表明，父母吸烟加大了子代吸烟的可能性，不仅损害了子代的健康状况，也增加了不少经济支出，他认为长期吸烟是代际贫困的一个特征，父母停止吸烟或减少在家吸

　①　黄庆林、李婷：《城乡居民基本医疗保险缓解老年贫困的效应分析——基于双重贫困的视角》，《社会工作与管理》，2022 年第 5 期，第 78-86 页。

　②　LINN KuLLBERGA, PAULA BLOMQVISTB, ULRIKAWINBLADA. Health Insurance for the Healthy? Voluntary Health Insurance in Sweden. Health Policy, 2019, 123（8）：737-746.

　③　高翔、王三秀、杨华磊：《养老保险对农村老年贫困缓解效应的性别差异》，《金融经济学研究》，2018 年第 2 期，第 117-128 页。

　④　胡仕勇：《新型农村社会养老保险实施对家庭养老影响研究》，《社会保障研究》，2013 年第 1 期，第 35-40 页。

　⑤　韩华为、徐月宾：《中国农村低保制度的反贫困效应研究——来自中西部五省的经验证据》，《经济评论》，2014 年第 6 期，第 63-77 页。

烟次数能够有效改善贫困代际传递现象①。喝酒特别是酗酒是造成贫困代际传递的重要诱因，而不同的治理措施，还会恶化家庭关系。Ahern et al.（1999）认为提高酒的价格可以减少贫困家庭酒的消费，进而减少代际贫困传递②。Bird & Shinyekwa（2005）则认为提高酒的价格，不仅无助于减少贫困代际传递现象，甚至还可能会加重贫困代际传递，因为酗酒者的酒瘾不容易戒掉，提高酒的价格，由于酗酒者对酒的消费并没有很快减少，所以会加重他们的贫困问题③。

鉴于上述分析和经验证据，本书的控制变量包括：农村老年人个体特征因素中的性别、年龄、受教育程度、健康状况（在分析经济相对贫困和精神相对贫困时作为控制变量）④和婚姻状况，家庭因素中的子女数量、家庭资产和人均收入（在分析健康相对贫困和精神相对贫困时作为控制变量），制度因素中的医疗保险和养老保险，健康行为因素中的是否吸烟和是否喝酒等变量，把这些变量作为控制变量，以尽可能获得慢性病对农村老年人贫困影响的净效应。同时，为了控制年份因素对农村老年人贫困的影响，本书还把调查年份作为控制变量纳入回归模型，用以考察农村老年人的经济相对贫困、健康相对贫困和精神相对贫困随着调查时间的变化而变化的情况。

---

① Robertson, F., Challenging the Generational Transmission of Tobacco Smoking: A Novel Harm Reduction Approach in Vulnerable Families, Child & Family Social Work, 2017, 22（1）: 106-115.

② Ahern, K. et al., Measurement of Alcohol Consumption: A Review of Studies and Instruments, Current Opinion in Psychiatry, 1999, 12（6）: 705-709.

③ Bird, K. & I. Shinyekwa, Even the "rich" Are Vulnerable: Multiple Shocks and Downward Mobility in Rural Uganda, Development Policy Review, 2005, 23（1）: 55-85.

④ 关于这种处理方法，课题组专门请教了卓越研究农村老年贫困问题的青年学者和统计学专业的教授，不同的专家对该做法持有不同的意见，有些专家认为，既然分析慢性病对农村老年贫困的影响，可以不放健康自评，因为健康自评受到慢性病因素的影响。也有专家认为，为了尽可能控制所能控制的变量，可以把自评健康作为控制变量纳入模型，以较为准确地估计慢性病对农村老年相对贫困的净效应，特别是慢性病与自评健康相关系数较小时更应该纳入该变量。鉴于第二种意见，并对慢性病与健康自评的相关性检验，课题组把健康自评作为分析农村老年经济相对贫困和精神相对贫困的控制变量纳入模型。有无慢性病与健康自评的相关系数为 0.165，慢性病数量与健康自评的相关系数为 0.287，属于社会研究中典型的弱相关（小于 0.3）。

本书的控制变量选择情况及其统计描述见表4-3。

表4-3　　　　　　　　　控制变量含义及其统计描述

指标含义		操作化方法	判定标准	最大值	最小值	标准差	平均值	观测值
控制变量	个体特征因素	性别	男性=0，女性=1	1	0	0.0026	0.4675	35906
		年龄	被调查老年人的年龄	118	60	7.1190	68.8153	22297
		受教育程度	文盲=0；小学、私塾、初中及以上=1	1	0	0.4329	0.2498	35894
		自评健康	1=非常健康；2=比较健康；3=一般健康；4=健康较差；5=健康很差	5	1	0.9298	3.0635	19204
		婚姻状况	有配偶=1；无配偶=0	1	0	0.4260	0.7600	35905
	家庭特征因素	子女数量	农村老年人的子女数量	16	0	1.1790	2.7333	31525
		家庭资产	农村老年人的耕地面积	400	0	5.0391	1.9550	35627
		人均收入	农村老年人家庭人均农业收入水平(元)	60000	0	13765.4	14372.2	35905
	制度因素	医疗保险	参加医疗保险=1；未参加医疗保险=0	1	0	0.1980	0.9600	35890
		养老保险	参加养老保险=1；未参加养老保险=0	1	0	0.4960	0.5600	16561
	健康行为	是否吸烟	吸烟=1，不吸烟=0	1	0	0.4450	0.2723	35906
		是否喝酒	喝酒=1，不喝酒=0	1	0	0.4500	0.2821	35877
	时间	调查年份	数据调查的具体年份	2018	2011	2.4030	2014.4	35906

二、模型构建

农村老年人的经济相对贫困、健康相对贫困和精神相对贫困均为二值变量，不满足线性回归的基本要求，因此，采用二元 Logit 回归模型。二元 Logit 回归模型的基本表达式是：设因变量为 y，取值 1 表示农村老年人陷入经济相对贫困、健康相对贫困和精神相对贫困，取值 0 表示农村老年人没有陷入上述三种贫困状态。影响 y 的 m 个自变量分别记为 x_1，x_2，$\cdots$，x_m。假设农村老年人 i 陷入上述经济相对贫困、健康相对贫困和精神相对贫困的条件概率为 $p(y=1\,|\,X)=p_i$，$1-p_i$ 则表示农村老年人 i 上述三种贫困没有发生的概率，它们均是由自变量向量 X 构成的非线性函数，其模型表达式如下：

$$p_i = \frac{1}{1 + e^{-\left(\alpha + \sum_{i=1}^{m} \beta x_i\right)}} = \frac{e^{\alpha + \sum_{i=1}^{m} \beta x_i}}{1 + e^{\alpha + \sum_{i=1}^{m} \beta x_i}},$$

$$1 - p_i = 1 - \frac{e^{\alpha + \sum_{i=1}^{m} \beta x_i}}{1 + e^{\alpha + \sum_{i=1}^{m} \beta x_i}} = \frac{1}{1 + e^{\alpha + \sum_{i=1}^{m} \beta x_i}} \tag{1}$$

农村老年人经济相对贫困、健康相对贫困和精神相对贫困发生与没有发生的概率之比 $p_i/1-p_i$ 被称为事件发生比，简写为 Odds。Odds 一定为正值（因为 $0<p_i<1$），且没有上界，对 Odds 进行对数变换，得到 Logit 回归模型的线性表达式为：

$$\ln\left(\frac{p_i}{1-p_i}\right) = \alpha + \sum_{i=1}^{m} \beta_i x_i \tag{2}$$

（1）式和（2）式中，α 为常数项，具体的自变量 x_i 包括农村老年人罹患的慢性病情况，包括有无慢性病、慢性病数量和慢性病类型三个方面，其中，慢性病类型包括高血压、血脂异常、糖尿病、恶性肿瘤、肺部疾病、肝脏疾病、心脏病、中风、肾脏疾病、胃部疾病、精神疾病、阿尔茨海默病、关节炎和哮喘病等 14 中常见的慢性病，以及农村老年人的个体特征因素、家庭特征因素、制度因素、健康行为因素和调查数据获得时间等，m 为自变量个数，其中 β_i 是自变量的系数，表示自变量对农村老年人经济相对贫困、健康相对贫困和精神相对贫困发生率的影响方向及程度。

值得注意的是，农村老年经济相对贫困、健康相对贫困和精神相对贫困的核心解释变量虽然都是慢性病因素，但是影响农村老年人经济相对贫困、健康相对贫困和精神相对贫困的控制变量并不完全相同，因此，有必要把慢性病影响农村老年人经济相对贫困、健康相对贫困和精神相对贫困的三种模型分别列式表示，具体如下：

(一) 慢性病与农村老年经济相对贫困分析模型

农村老年人的经济相对贫困(贫困发生率)是一个二分类变量，采用二元 Logistic 回归模型。假设农村老年人经济相对贫困的发生率为 Pov_i。其一般模型设定如下：

$$\text{Pov}_i = \beta_0 + \beta_1 X_i + \beta_2 \gamma_i + \beta_3 \delta_i + \beta_4 \rho_i + \beta_5 \pi_i + \beta_6 \varphi_i + \varepsilon_i \tag{3}$$

式(3)中，Pov_i 表示农村老年人经济相对贫困的发生率，如果经济相对贫困发生则赋值为 1，否则赋值为 0。X_i 代表核心解释变量慢性病的特征向量，包括有无慢性病、慢性病数量和慢性病种类三个方面；γ_i 代表农村老年人的个体特征变量的向量，包括性别、年龄、受教育程度和健康自评四个方面；δ_i 代表农村老年人的家庭特征变量的向量，包括子女数量和家庭资产两个指标；ρ_i 表示制度因素变量的向量，是指有无医疗保险；π_i 表示健康行为变量的向量，包括是否吸烟和是否喝酒；φ_i 表示时间因素，为调查发生的具体年份。β_0 为截距项，β_1、β_2、β_3、β_4、β_5、β_6 分别代表慢性病、个体特征变量、家庭特征变量、制度因素变量、健康行为变量和时间因素变量的待估计系数，反映自变量对农村老年人经济相对贫困的综合影响程度，ε_i 为随机扰动项。

(二) 慢性病与农村老年健康相对贫困分析模型

农村老年人的健康相对贫困(贫困发生率)也是一个二分类变量，同样采用二元 Logistic 回归模型。假设农村老年人健康相对贫困的发生率为 Pov_i'。其一般模型设定如下：

$$\text{Pov}_i' = \beta_0' + \beta_1' X_i' + \beta_2' \gamma_i' + \beta_3' \delta_i' + \beta_4' \rho_i' + \beta_5' \pi_i' + \beta_6' \varphi_i' + \varepsilon_i' \tag{4}$$

式(4)中，Pov_i' 表示农村老年人健康相对贫困的发生率，如果健康相对贫困发生，则赋值为 1，否则赋值为 0。X_i' 代表核心解释变量慢性病的特征向量，包括有无慢性病、慢性病数量和慢性病种类三个方面；γ_i' 代表农村老年人的个体特征变量的向量，包括性别、年龄、受教育程度和婚姻状况四个方面；δ_i' 代表农村老年人的家庭特征变量的向量，包括子女数量、家庭资产和收入水平三个指标；ρ_i'表示制度因素变量的向量，包括是否有养老保险和是否有医疗保险；π_i'表示健康行为变量的向量，包括是否吸烟和是否喝酒；φ_i'表示时间因素，为调查发生的具体年份。β_0'为截距项，β_1'，β_2'，β_3'，β_4'，β_5'，β_6'，分别代表慢性病、个体特征变量、家庭特征变量、制度因素变量、健康行为变量和时间因素变量的待估计系数，反映自变量对农村老年人健康相对贫困的综合影响程度，ε_i'为随机扰动项。

(三)慢性病与农村老年精神相对贫困分析模型

农村老年人的精神相对贫困(贫困发生率)还是一个二分类变量，依然采用二元 Logistic 回归模型。假设农村老年人精神相对贫困的发生率为 Pov_i''。其一般模型设定如下：

$$\mathrm{Pov}_i'' = \beta_0'' + \beta_1'' X_i'' + \beta_2'' \gamma_i'' + \beta_3'' \delta_i'' + \beta_4'' \rho_i'' + \beta_5'' \pi_i'' + \beta_6'' \varphi_i'' + \varepsilon_i'' \tag{5}$$

式(5)中，Pov_i''表示农村老年人精神相对贫困的发生率，如果精神相对贫困发生，则赋值为 1，否则赋值为 0。X_i''代表核心解释变量慢性病的特征向量，包括有无慢性病、慢性病数量和慢性病种类三个方面；γ_i''代表农村老年人的个体特征变量的向量，包括性别、年龄、受教育程度、婚姻状况和健康自评五个方面；δ_i''代表农村老年人的家庭特征变量的向量，包括子女数量、家庭资产和收入水平三个指标；ρ_i''表示制度因素变量的向量，包括是否有养老保险；π_i''表示健康行为变量的向量，包括是否吸烟和是否喝酒；φ_i''表示时间因素，为调查发生的具体年份。β_0''为截距项，β_1''，β_2''，β_3''，β_4''，β_5''，β_6''分别代表慢性病、个体特征变量、家庭特征变量、制度因素变量、健康行为变量和时间因素变量的待估计系数，反映自变量对农村老年人精神相对贫困的综合影响程度，ε_i''为随机扰动项。

第三节 模型估计结果及解释

为了尽可能考察慢性病对农村老年人经济贫困、健康相对贫困和精神相对贫困影响的净效应，也为了避免因变量过多可能导致的共线性问题，本书采用逐步回归的方式分别估计有无慢性病、慢性病数量和慢性病类型对农村老年人上述三种贫困影响的参数值。

一、慢性病对经济贫困影响的估计结果及解释

表 4-4 是慢性病对农村老年人经济相对贫困影响的模型估计结果(40%标准)。其中，模型 1 是未纳入慢性病因素时所有控制变量对农村老年人经济相对贫困影响的模型估计结果；模型 2 是在控制模型 1 中各种控制变量的基础上，分析有无慢性病对农村老年人经济相对贫困的影响；模型 3 是在控制模型 1 中各种控制变量的基础上，分析慢性病数量对农村老年人经济相对贫困的影响；模型 4 是在控制模型 1 中各种控制变量的基础上，分析慢性病类型对农村老年人经济相对贫困的影响。从不同模型对因变量的解释力来看，模型 1 解释了因变量变异的 12.6%，模型 2 解释了因变量变异的 12.7%，模型 3 解释了因变量变异的 3.5%，模型 4 解释了因变量变异的 5.8。从模型的显著性水平看，模型 1、模型 2、模型 3 和模型 4 在 1%($P<0.001$)显著性水平下通过了显著性检验。这说明，无论是控制变量，还是慢性病解释变量，都对农村老年人的经济相对贫困有显著的影响。

表 4-4　慢性病对农村老年人经济相对贫困影响的模型估计结果(40%标准)

变量类型	变量名称	模型 1		模型 2		模型 3		模型 4	
		β	$\text{Exp}(\beta)$	β	$\text{Exp}(\beta)$	β	$\text{Exp}(\beta)$	β	$\text{Exp}(\beta)$
个体特征变量	性　别	0.126**	1.134	0.123**	1.131	-0.254**	0.776	-0.209**	0.812
	年　龄	-0.019***	0.981	-0.019***	0.981	-0.015**	0.985	-0.014***	0.986
	受教育程度	-0.571***	0.565	-0.571***	0.565	-0.453***	0.636	-0.532***	0.587
	比较健康	-0.809**	0.445	-0.857**	0.424	-0.645	0.525	-0.719***	0.487
	一般健康	-0.598**	0.550	-0.637**	0.529	-0.718**	0.488	-0.394**	0.674
	健康较差	-0.074	0.929	-0.092	0.912	0.080	1.084	0.072	1.075
	健康很差	-0.123	0.884	-0.127	0.881	-0.002	0.988	0.092	1.096
家庭特征	子女数量	0.062**	1.064	0.060**	1.062	-0.126**	0.881	-0.117***	0.889
	家庭资产	-0.016**	0.984	-0.016**	0.984	-0.029**	0.972	-0.028**	0.973
制度	医疗保险	0.236**	1.266	0.242**	1.273	0.162**	1.176	0.257*	1.293

续表

变量类型	变量名称	模型 1		模型 2		模型 3		模型 4	
		β	Exp(β)	β	Exp(β)	β	Exp(β)	β	Exp(β)
健康行为	是否吸烟	−0.115**	0.891	−0.114**	0.892	0.099	1.104	0.036	1.037
	是否喝酒	0.201***	1.223	0.197***	1.218	0.336***	1.399	0.206**	1.229
年份	调查时间	控制	控制	控制	控制	控制	控制	控制	控制
慢性病因素	有无慢性病			−0.102**	0.903				
	慢性病数量					−0.027	0.973		
	高血压							0.091	1.095
	血脂异常							0.469***	1.599
	糖尿病							−0.021	0.980
	癌症							0.663	1.940
	肺病							−0.242**	0.785
	肝病							−0.175	0.840
	心脏病							0.442***	1.556
	中风							0.319	1.376
	肾病							−0.341**	0.711
	胃病							0.069	1.072
	精神病							−0.449	0.639
	阿尔茨海默病							0.207	1.230
	关节炎							−0.530***	0.589
	哮喘							0.496**	1.642
模型拟合效果	对数似然值	12490.128		12485.45		3153.928		4921.759	
	显著性水平	0.000		0.000		0.000		0.000	
	伪决定系数	0.0790		0.079		0.020		0.033	
	调整后系数	0.126		0.127		0.035		0.058	

注：***、** 和 * 分别表示变量在 1%、5% 和 10% 的统计水平上显著。

从模型具体的估计结果来看：

（一）控制变量对农村老年人经济相对贫困的影响

从控制变量对农村老年人的经济相对贫困的影响来看，性别、年龄、受教育程度、健康自评、子女数量、家庭资产、医疗保险、是否吸烟和是否喝酒，都对农村老年人的经济相对贫困有显著的影响。其中，性别、子女数量、医疗保险和是否喝酒，对农村老年人的经济相对贫困有显著的正向影响，而其他变量对农村老年人的经济相对贫困有显著的负向影响。相对于男性而言，女性面临更大的经济相对贫困风险，农村女性老年人的经济相对贫困风险是男性老年人经济相对贫困风险的 1.134 倍，这既与已有的研究结果相符，也与女性比男性面临更大的收入分配不平等的研究结果相一致①。

子女数量越多，农村老年人的经济相对贫困风险越大，子女数量每增加一个，农村老年人陷入经济相对贫困风险的概率发生比将增加 6.4%，从一个侧面验证了"多子未必多福"的研究结论（石智雷，2015）②。参加医疗保险比未参加医疗保险的农村老年人，经济相对贫困风险概率发生比增加了 26.6%，这与已有部分研究结果不符，但是与丁少群、苏瑞珍（2019）和王晶、简安琪（2021）的研究结论相一致，即医疗保险不仅没有缓解农村老年人经济贫困的发生，反而增加了农村老年人经济贫困风险发生的可能。也与 Wagstaff 和 Lindelow（2008）的研究结果相一致，即医疗保险并没有显著降低患者的医疗负担，反而增加了患者的金融风险③。可能的解释是：医疗保险提高了农村老年人的医疗服务可及性，改变了农村老年人过去"应就诊未就诊"和"应住院为住院"的问题，但是医疗费用的快速增长以及医疗保险保障水平的缓慢增长，最终导致农村老年人经济相对贫困风险的增加。

---

①　李实、沈扬扬：《中国农村居民收入分配中的机会不平等：2013—2018 年》，《农业经济问题》，2022 年第 1 期，第 4-14 页。

②　石智雷：《多子未必多福——生育决策、家庭养老与农村老年人生活质量》，《社会学研究》，2015 年第 5 期，第 189-215 页。

③　Wagstaff, A., Lindelow, M., Gao, J., Xu, L. and Qian, J. Extending Health Insurance to the Rural Population: An Impact Evaluation of China's New Cooperative Medical Scheme. Journal of Health Economics, 2009, 28: 1-19.

　　年龄越大，农村老年人的经济相对贫困风险越低，年龄每增加一岁，农村老年人经济相对贫困概率发生比将减少1.94%。可能的解释是，年龄越大的农村老年人，子女数量越多，拥有的土地资源越多、收入水平越高①。所以，年龄越大的农村老年人经济相对贫困风险越低。农村老年人的受教育程度越高，他们的经济相对贫困风险越低，受教育程度每提高一个档次，农村老年人经济相对贫困风险的概率发生比将减少18.62%。这与李晓嘉(2015)的研究结论相一致，即劳动力受教育水平的提高有效降低了农户陷入贫困的概率②。健康自评状况对农村老年人经济相对贫困的影响表现出差异性，但总体而言，健康状况对农村老年人相对贫困有显著的负向影响，即健康状况自评状况越好，农村老年人陷入经济相对贫困的概率发生比降低。这一研究结果进一步证实了程名望等(2014)的研究结果，即健康和教育能够有效降低农民的贫困发生率③。家庭资产对农村老年人的经济相对贫困风险有显著的负向影响，即农村老年人拥有的土地资源越多，他们陷入经济相对贫困风险越低。土地资源每增加1个单位，农村老年人经济相对贫困的概率发生比将减少1.63%。

　　吸烟对农村老年人的经济相对贫困有显著的负向影响，即相对于不吸烟的农村老年人，吸烟的农村老年人面临更低的经济相对贫困风险。吸烟降低了农村老年人12.2%的经济相对贫困风险概率发生比。可能的解释是，在广大的农村地区，吸烟是农村地区人与人之间交际的工具，吸烟的人会带来更广、更好的人际关系，对增加农村老年人的农业收入机会将会有更大的帮助，例如吸烟可能给从事农业养殖业的农村老年人带来更多的客源等。喝酒对农村老年人经济相对贫困的影响是正向的，即喝酒的农村老年人更容易陷入经济相对贫困状况。可能的解释是，一方面喝酒并不是农村老年人之间人际交往的常用工具，喝酒毕竟是少数情况，对农村老年人的农业收入机会增加有

---

①　年龄与子女数量存在显著的正相关关系，相关系数为0.247，并且在1%的显著性水平下通过了检验。

②　李晓嘉：《教育能促进脱贫吗——基于CFPS农户数据的实证研究》，《北京大学教育评论》，2015年第4期，第110-122页。

③　程名望、Jin Yanhong、盖庆恩，等：《农村减贫：应该更关注教育还是健康？基于收入增长和差距缩小双重视角的实证》，《经济研究》，2014年第11期，第130-144页。

限；另一方面吸烟增加了农村老年人的支出，严重的酗酒行为还会减少农村老年人的劳动机会，进而增加了农村老年人陷入经济相对贫困的概率。

为了分析的简练，调查时间以是否被控制的方式呈现研究过程。但模型估计结果表明，调查时间对农村老年人经济相对贫困有显著的负向影响，即农村老年人的经济相对贫困随着时间的推移和社会经济发展水平的提高正在逐步降低。这与李实、沈扬扬（2022）的研究结果相一致，即农村居民收入机会不平等程度出现小幅下降，从 2013 年的 24.4% 下降到 2018 年的 22.2%①。

（二）慢性病因素对农村老年经济相对贫困的影响

从慢性病因素对农村老年经济相对贫困的影响来看，有无慢性病、慢性病的类型对农村老年人经济相对贫困有显著的影响，其中，有无慢性病对农村老年人经济相对贫困有显著的负向影响，慢性病类型对农村老年人经济相对贫困的影响则表现出很大的差异性，而慢性病的数量对农村老年人经济相对贫困的影响没有通过显著性检验，表明慢性病数量对农村老年人经济相对贫困的影响缺乏统计学意义。

相对于没有罹患慢性病的农村老年人而言，罹患慢性病的农村老年人他们发生经济相对贫困的风险不仅没有增加反而降低了 10.74%。这与已有的研究结果明显不同，例如于长永（2018）基于新疆的研究数据，并把老年贫困操作化为自评经济状况，研究结果表明，慢性病对农村老年人经济贫困有显著的正向影响②。之所以产生这种较为违背客观现实情况的研究结果，可能的原因是与本书对经济相对贫困的测量方式有关，本书把农村老年人的经济相对贫困操作化为农业收入（包括种植业和养殖业）的 40%、50% 和 60%，无论是种植业收入，还是养殖业收入，都属于较为繁重的体力型劳动收入。过度的农业劳动会导致慢性病的多发，但是过度的农业劳动却会带来更多的农业收入。所以，当把经济相对贫困操作化为农业收入的一定比例时，有慢性病可能不仅不会增加农村老年人的经济相对贫困风险，反而会因为增加了他们

---

① 李实、沈扬扬：《中国农村居民收入分配中的机会不平等：2013—2018 年》，《农业经济问题》，2022 年第 1 期，第 4-14 页。

② 于长永：《慢性病对农村老年贫困的影响研究——以新疆 11 个地州市 31 个县的调查数据为例》，《西南民族大学学报（人文社会科学版）》，2018 年第 3 期，第 1-8 页。

的农业收入而使他们的经济相对贫困风险变得更低。

从慢性病类型对农村老年经济相对贫困的影响来看，血脂异常、心脏病、哮喘三种慢性病对农村老年人经济相对贫困有显著的正向影响，即罹患血脂异常、心脏病和哮喘的农村老年人，他们的经济相对贫困发生风险更高，而关节炎、肾病、肺病对农村老年人经济相对贫困有显著的负向影响，即罹患关节炎、肾病和肺病的农村老年人，他们的经济相对贫困风险反而越低。通过比较分析可以发现，血脂异常、心脏病和哮喘这三种疾病，尤其是心脏病和哮喘，一旦罹患这样的慢性病，那么农村老年人的劳动能力和劳动参与将大大降低，这势必影响他们的农业收入水平，同时还将增加他们的医药费支出，所以罹患这三种慢性病的农村老年人面临更大的经济相对贫困风险；而罹患关节炎、肾病和肺病尤其是罹患关节炎和肺病的农村老年人，常常是由于过度劳动所导致，过度劳动是农村老年人辛苦耕耘的体现，这增加了他们的农业收入，因此，罹患关节炎、肾病和肺病的农村老年人并没有带来更大的经济相对贫困风险。

已有的经验研究结果，也支持上述分析。例如，中山大学余成普（2019）教授在总结中国农村疾病谱的变迁时，把农村的慢性病划分为过度损耗类慢性病和过量摄取类慢性病，过度损耗类慢性病是过去"社会的苦难"（早年的"苦日子"）在农村老年人身体上留下的印记，以关节炎和椎间盘疾病为代表；过量摄取类慢性病以高血压和糖尿病等为代表，这类慢性病看似源自当前"生活的甜蜜"，实则仍是农村老年人早年经历的身体再现[1]。过度损耗类慢性病与农村老年人的勤奋劳动密切相关，而勤奋劳动明显具有反贫困效应，尤其是站在农业收入贫困的角度更是如此；过量摄取类慢性病虽然是早年经历在农村老年人身体上的再现，但是早年经历不仅仅包括勤奋劳动，还包括挨饿、意外伤害等多种因素，因此，过量摄取类慢性病与农村老年人的勤奋劳动关系较远，这就有可能导致农村老年人农业收入贫困视角下面临更大的贫困风险问题。

---

[1] 余成普：《中国农村疾病谱的变迁及其解释》，《中国社会科学》，2019年第9期，第92-114页。

二、慢性病对健康贫困影响的估计结果及解释

农村老年人的健康相对贫困，不仅可能受到慢性病因素的影响，还可能受到个体特征因素、家庭特征因素、制度因素和健康行为的影响。因此，为了更为全面、准确地分析慢性病对农村老年人健康相对贫困的影响，本书仍然采用逐步回归的方法，并在控制其他可能影响因素的情况下，逐步分析有无慢性病、慢性病数量和慢性病类型对农村老年人健康相对贫困的影响方向及影响程度。其中，模型5分析个体特征因素、家庭特征因素、制度因素、健康行为和时间因素对农村老年人健康相对贫困的影响，模型6是在控制模型5的控制变量的基础上分析有无慢性病对农村老年人健康相对贫困的影响，模型7是在控制与模型6相同控制变量的基础上分析慢性病数量对农村老年人健康相对贫困的影响，模型8是在控制相同控制变量的基础上分析慢性病类型对农村老年健康相对贫困的影响(见表4-5)。

表4-5　慢性病对农村老年人健康相对贫困影响的模型估计结果(健康标准1)

变量类型	变量名称	模型5		模型6		模型7		模型8	
		β	Exp(β)	β	Exp(β)	β	Exp(β)	β	Exp(β)
个体特征变量	性　别	−0.107**	0.899	−0.019	0.981	−0.023	0.978	−0.050	0.951
	年　龄	0.012***	1.012	0.010***	1.010	0.007	1.007	0.014**	1.014
	受教育程度	−0.350***	0.705	−0.378***	0.685	−0.512***	0.599	−0.504***	0.604
	婚姻状况	−0.167***	0.847	−0.134***	0.875	−0.208**	0.812	−0.214**	0.807
家庭特征变量	子女数量	−0.008	0.992	0.058***	1.059	−0.026	0.975	−0.031	0.969
	家庭资产	0.000	1.000	0.000	1.000	0.009	1.009	0.006	1.006
	收入水平	0.000**	1.000	0.000	1.000	0.000*	1.000	0.000**	1.000
制度	医疗保险	0.047	1.048	0.021	1.021	−0.002	0.998	0.016	1.017
健康行为	是否吸烟	−0.007	0.993	−0.029	0.972	−0.091	0.913	−0.052	0.949
	是否喝酒	−0.536***	0.585	−0.543***	0.581	−0.452***	0.636	−0.443***	0.642
年份	调查时间	控制	控制	控制	控制	控制	控制	控制	控制

变量类型	变量名称	模型5		模型6		模型7		模型8	
		β	$\text{Exp}(\beta)$	β	$\text{Exp}(\beta)$	β	$\text{Exp}(\beta)$	β	$\text{Exp}(\beta)$
慢性病因素	有无慢性病			0.801 ***	2.228				
	慢性病数量					0.465 ***	1.592		
	高血压							0.206 ***	1.229
	血脂异常							0.355 ***	1.427
	糖尿病							0.528 ***	1.696
	癌症							0.911 ***	2.488
	肺病							0.789 ***	2.202
	肝病							0.229	1.257
	心脏病							0.771 ***	2.161
	中风							0.835 ***	2.305
	肾病							0.547 ***	1.728
	胃病							0.700 ***	2.013
	精神病							0.635 **	1.887
	阿尔茨海默病							0.514 **	1.671
	关节炎							0.600 ***	1.822
	哮喘							0.546 ***	1.727
模型拟合效果	对数似然值	18898.387		18415.157		4713.347		6237.529	
	显著性水平	0.000		0.000		0.000		0.000	
	伪决定系数	0.028		0.059		0.111		0.168	
	调整后系数	0.038		0.081		0.151		0.239	

注：***、** 和 * 分别表示变量在1%、5%和10%的统计水平上显著。

从上述四个模型的估计结果来看，模型5解释了农村老年人健康相对贫困变异的3.8%，模型6解释了农村老年人健康相对贫困的8.1%，模型7解释了农村老年人健康相对贫困的15.1%，模型8解释了农村老年人健康相对贫困的23.9%。而且上述四个模型均在1%的显著性水平通过了显著性检验。表明控制变量和慢性病因素至少有一个因素对农村老年人的健康相对贫困有显著的影响。

(一)控制变量对农村老年人健康相对贫困的影响

从控制变量对农村老年人健康相对贫困的影响来看，性别、年龄、受教育程度、收入水平和是否喝酒对农村老年人的健康相对贫困有显著的影响。其中，年龄和收入水平两个变量对农村老年人的健康相对贫困有显著的正向影响，即年龄越大、收入水平越高和有医疗保险的农村老年人，他们面临更大的健康相对贫困风险。年龄每增加一岁，农村老年人健康相对贫困风险的概率发生比将增加0.1%，收入水平越高，农村老年人的健康相对贫困风险越大。医疗保险对农村老年健康相对贫困的影响虽然没有通过显著性检验(值得说明的是，当替换因变量时，医疗保险却在5%的显著性水平上通过了显著性检验)，但是医疗保险对农村老年人健康相对贫困的影响是正向的。女性比男性面临更大的健康相对贫困风险。农村女性比男性老年人的健康相对贫困概率发生比大11.23%。

上述统计结果的可能解释是：女性的社会经济地位较低①，决定了他们的健康相对贫困较高；年龄越大，农村老年人的身体机能衰退越明显，健康状况越差，健康相对贫困发生率越高；收入水平越高，农村老年人的劳动强度就会越大，导致健康状况越差，健康相对贫困发生率越高；医疗保险之所以对农村老年人健康相对贫困的影响是正向的，很可能是医疗保险增加农村老年人的医疗服务可及性和可得性所致，即医疗保险缓解了农村老年人"应就诊，未就诊"和"应住院，未住院"的问题，使得过去没有发现的疾病及时被发现，最终导致农村老年人的健康相对贫困风险更大。程令国和张晔(2012)②、Yip和Hsiao(2009)③的研究结果从一个侧面为上述分析提供了有力的证据，即新农合医疗保险对农户医疗服务利用有显著的正向影响。是否喝酒对农村

---

① 孔祥智、涂圣伟：《我国现阶段农民养老意愿探讨——基于福建省永安、邵武、光泽三县(市)抽样调查的实证研究》，《中国人民大学学报》，2007年第3期，第71-77页。

② 程令国、张晔：《"新农合"：经济绩效还是健康绩效?》，《经济研究》，2012年第1期，第120-133页。

③ Yip, W. and Hsiao, W. C. Non-Evidence-Based Policy: How Effective is China's New Cooperative Medical Scheme in Reducing Medical Impoverishment? Social Science and Medicine, 2009, 68: 201-209.

老年人的健康相对贫困有显著的负向影响，可能的解释是：喜欢喝酒的人是身体健康的重要标志，随着年龄的增长，人们不仅对喝酒的兴趣逐渐降低，喝酒的数量也在逐渐减少，是否喝酒是身体健康的一个具体表现。因此，是否喝酒并没有带来更大的健康相对贫困风险。婚姻状况、子女数量、家庭资产和是否吸烟对农村老年人健康相对贫困的影响没有通过显著性检验。

(二)慢性病因素对农村老年健康相对贫困的影响

从慢性病因素对农村老年人健康相对贫困的影响来看，有无慢性病、慢性病数量和慢性病类型对农村老年人的健康相对贫困有显著的正向影响。有慢性病的农村老年人，健康相对贫困风险就比较大，罹患慢性病的农村老年人健康相对贫困概率发生比是没有罹患慢性病的农村老年人这一概率发生比的 2.23 倍，即罹患慢性病显著增加了农村老年人的健康相对贫困风险，慢性病的致残效应为本书的研究结果提供了较好的注脚(宋新明等[1]，2016；Blaxter[2]，1976)。慢性病数量越多，农村老年人健康相对贫困风险越大。慢性病数量每增加一种，农村老年人健康相对贫困的概率发生比将增加 59.2%。

在被调查的 14 种慢性病中，有 13 种慢性病对农村老年人的健康相对贫困有显著的正向影响。相对于没有罹患任何慢性病的农村老年人而言，罹患高血压的农村老年人健康相对贫困概率发生比增加了 22.9%，罹患血脂异常的农村老年人健康相对贫困概率发生比增加了 42.7%，罹患糖尿病的农村老年人健康相对贫困概率发生比增加了 69.6%，罹患癌症的农村老年人健康相对贫困概率发生比增加了 1.49 倍，罹患肺病的农村老年人健康相对贫困概率发生比增加了 1.2 倍，罹患心脏病的农村老年人健康相对贫困概率发生比增加了 1.2 倍，罹患中风疾病的农村老年人健康相对贫困概率发生比增加了 1.3 倍，罹患肾病的农村老年人健康相对贫困概率发生比增加了 72.8%，罹患胃病的农村老年人健康相对贫困概率发生比增加了 1.01 倍，罹患精神病的农村老年人健康相对贫困概率发生比增加了 88.7%，罹患阿尔茨海默病的农村老

---

[1]　宋新明等：《中国老年人慢性病的致残作用分析》，《人口与发展》，2016 年第 3 期，第 79-83 页。

[2]　Blaxter, M. The Meaning of Disability. London：Heinemann Educational Books Ltd. 1979.

年人健康相对贫困概率发生比增加了 67.1%,罹患关节炎的农村老年人健康相对贫困概率发生比增加了 82.2%,罹患哮喘病的农村老年人健康相对贫困概率发生比增加了 72.7%。这也就是说,癌症是农村老年人健康相对贫困的最大致贫因素,中风是排在农村老年健康相对贫困致贫风险的第二大因素,心脏病、肺病成为农村老年人健康相对贫困的第三和第四种致贫因素。因此,从慢性病视角治理农村老年人的相对贫困问题,应该优先治理上述四种慢性病。肝病对农村老年人健康相对贫困的影响没有通过显著性检验,说明肝病对农村老年人健康相对贫困的影响缺乏统计学意义。

三、慢性病对精神贫困影响的估计结果及解释

慢性病不仅具有显著的致残作用,导致农村老年人的健康相对贫困,还可能摧毁农村老年人的生活计划、生活信心和梦想,导致他们陷入精神相对贫困状态。为了深入分析慢性病对农村老年人精神相对贫困的影响效应,也为了控制其他变量对农村老年人精神相对贫困可能的影响,本部分也采用逐步回归的分析方法就慢性病对农村老年人精神相对贫困的影响展开详细分析,其中,模型 9 是在控制变量对农村老年人精神相对贫困影响的估计结果,模型 10 是控制变量和有无慢性病对农村老年人精神相对贫困影响的估计结果,模型 11 是控制变量和慢性病数量对农村老年人精神相对贫困影响的估计结果,模型 12 是控制变量和慢性病类型对农村老年人精神相对贫困影响的估计结果(见表 4-6)。

表 4-6　慢性病对农村老年人精神相对贫困影响的模型估计结果(40%标准)

变量类型	变量名称	模型 9		模型 10		模型 11		模型 12	
		β	$Exp(\beta)$	β	$Exp(\beta)$	β	$Exp(\beta)$	β	$Exp(\beta)$
个体特征变量	性　别	-0.443***	0.642	-0.445***	0.641	-0.951**	0.386	-0.596	0.551
	年　龄	-0.030***	0.970	-0.030***	0.970	-0.002	0.998	-0.015	0.985
	受教育程度	-0.732***	0.481	-0.739***	0.477	-0.643**	0.526	-0.595***	0.552
	健康状况	-0.023***	0.977	-0.022***	0.978	-0.003	0.997	-0.024***	0.976
	婚姻状况	-0.436***	0.647	-0.436***	0.647	-0.438**	0.646	-0.687***	0.503

变量类型	变量名称	模型 9		模型 10		模型 11		模型 12	
		β	$\text{Exp}(\beta)$	β	$\text{Exp}(\beta)$	β	$\text{Exp}(\beta)$	β	$\text{Exp}(\beta)$
家庭特征变量	子女数量	-0.004	0.996	-0.005	0.995	-0.343	0.710	-0.258	0.773
	家庭资产	-0.010	0.990	-0.010	0.990	-0.017	0.983	-0.044	0.957
	收入水平	0.000**	1.000	0.000**	1.000	0.000	1.000	0.000	1.000
制度	养老保险	-0.498	0.608	-0.488	0.614	20.816	1.097E9	20.162	5.707E8
健康行为	是否吸烟	0.070	1.073	0.068	1.070	-0.018	0.982	-0.052	0.950
	是否喝酒	-0.270***	0.764	-0.262***	0.769	-0.354	0.702	-0.506**	0.603
年份	调查时间	控制	控制	控制	控制	—	—	—	—
慢性病因素	有无慢性病			0.262***	1.300				
	慢性病数量					0.119**	1.126		
	高血压							-0.213	0.809
	血脂异常							0.084	1.087
	糖尿病							-0.059	0.943
	癌症							0.695	2.003
	肺病							-0.464	0.629
	肝病							-0.347	0.707
	心脏病							0.169	1.185
	中风							-0.134	0.874
	肾病							-0.305	0.737
	胃病							0.417*	1.517
	精神病							0.531	1.701
	阿尔茨海默病							0.761	2.141
	关节炎							-0.228	0.796
	哮喘							0.225	1.253
模型拟合效果	对数似然值	8368.298		8352.978		8366.788		1089.189	
	显著性水平	0.000		0.000		0.000		0.000	
	伪决定系数	0.039		0.040		0.039		0.050	
	调整后系数	0.068		0.071		0.068		0.091	

　　注：***、** 和 * 分别表示变量在 1%、5% 和 10% 的统计水平上显著。健康状况为农村老年人日常生活活动能力的综合得分。

从模型的解释力来看,模型 9 解释了农村老年人精神相对贫困变异的 6.8%,模型 10 解释了农村老年人精神相对贫困变异的 7.1%,模型 11 解释了农村老年人精神相对贫困变异的 6.8%,模型 12 解释了农村老年人精神相对贫困变异的 9.2%。模型 9、模型 10、模型 11 和模型 12,在 1% 的显著性水平上通过了显著性检验。这说明控制变量和慢性病因素至少有一个变量对农村老年人精神相对贫困有显著影响。

(一)控制变量对农村老年人精神相对贫困的影响

从控制变量对农村老年人精神相对贫困的影响来看,12 个控制变量中,有 8 个控制变量通过了显著性检验。其中,性别、年龄、受教育程度、健康状况、婚姻状况和是否喝酒对农村老年人精神相对贫困有显著的负向影响,而收入水平和调查时间对农村老年人精神相对贫困有显著的正向影响。农村女性老年人的精神相对贫困概率发生比是男性农村老年人发生比的 55.8%,年龄越大的农村老年人陷入精神相对贫困的概率更低,年龄每增加一岁,农村老年人陷入精神相对贫困风险的概率发生比将减少 3.1%。家庭生命周期理论指出,一个完整的家庭生命周期包括形成期、扩展期、稳定期、收缩期、空巢期和解体期六个阶段①。农村老年人的年龄越大、子女数量越多,那么,农村老年人进入空巢期的时间越晚、停留在空巢期的时长越短,因此,他们陷入精神相对贫困的风险越小。

农村老年人的受教育程度越高,他们的精神相对贫困风险越小。相对上过学的农村老年人而言,没有上过学的农村老年人陷入精神相对贫困风险的概率发生比是前者这一概率发生比的 2.1 倍。有配偶的农村老年人,他们陷入精神相对贫困的风险更小。没有配偶的农村老年人他们陷入精神相对贫困的概率发生比是有配偶农村老年人这一概率发生比的 1.55 倍。这说明,"少年夫妻老来伴"现象的反精神贫困作用,配偶的陪伴不仅为农村老年人提供了日常生活照料,还对农村老年人的精神状况产生积极影响。这也进一步表明,在全面建成小康社会的大背景下,农村老年人的精神赡养需求理应受到更多重视。收入水平越高,农村老年人的精神相对贫困越突出。可能的解释是,

---

①　林善浪、王健:《家庭生命周期对农村劳动力转移的影响分析》,《中国农村观察》,2010 年第 1 期,第 25-33 页。

随着农村老年人收入水平的提高，他们的基本生活需求得到有效满足，按照马斯洛的需求层次理论，更高层面的精神需求将逐步显现，但是，由于农村地区普遍缺乏满足农村老年人精神赡养需求的现代手段和方式，精神需求无法及时满足，导致他们的精神相对贫困发生率更高。

（二）慢性病因素对农村老年人精神相对贫困风险的影响

从慢性病因素对农村老年人的精神相对贫困影响来看，首先有无慢性病对农村老年人的精神相对贫困有显著的正向影响。相对于没有罹患慢性病的农村老年人而言，罹患任何一种慢性病的农村老年人，他们陷入精神相对贫困的概率发生比将增加 30%。慢性病的数量对农村老年人的精神相对贫困也有显著的正向影响，慢性病数量每增加一个，农村老年人陷入精神相对贫困的概率发生比将增加 12.6%。慢性病的类型对农村老年人精神相对贫困的影响差异较小。被调查的 14 种慢性病中，只有一种慢性病对农村老年人的精神相对贫困产生显著影响，而且显著性水平较低，即在 10% 的显著性水平上通过了显著性检验。罹患胃病的农村老年人，他们陷入精神相对贫困的概率更大，相对于没有罹患胃病的农村老年人而言，罹患胃病的农村老年人陷入精神相对贫困的概率发生比增加了 51.7%。高血压、血脂异常、糖尿病、癌症、肺病、肝病、心脏病、中风、肾病、胃病、精神病、阿尔茨海默病、关节炎和哮喘等 14 种慢性病对农村老年人精神相对贫困风险的影响没有通过显著性检验。这表明，农村老年人的精神相对贫困在上述罹患 14 种慢性病的老年人之间没有显著差异，也就是说不同种类慢性病对农村老年人精神相对贫困的影响具有较大的类似性。

第四节　稳健性检验与研究结论

稳健性检验是实证分析的重要环节，是保证模型估计结果可信度的重要基础。模型估计结果的稳健性受到多种因素影响，遗漏重要变量、样本选择偏误、多边之间存在多重共线性以及解释变量和因变量之间互为因果等内生性问题，都是影响模型估计结果稳健性的重要因素。为了检验模型结果的稳健性，共线性诊断、变量变换、方法变换、工具变量、倾向值匹配（PSM）和双重差分（DID）等是其中的常用方法。不同的稳健性检验方法受到不同条件的制约。本书根据样本数量、数据结构及其质量等基本情况，选择共线性诊断、变量变换和倾向值匹配(PSM)三种方法检验模型估计结果的稳健性。

一、稳健性检验

(一)共线性诊断

当模型中的解释变量过多时，不同变量之间的共线性对模型估计结果的稳健性将会有很大影响。本书采用容忍度和方差膨胀因子两个指标来检验变量之间的共线性问题。一般而言，容忍度小于0.1和方差膨胀因子大于10被认为是变量之间存在较为严重的共线性问题。从表4-7的共线性诊断结果来看，各个解释变量的容忍度值均明显大于0.1，方差膨胀因子只有性别和子女数量两个控制变量的值较大，但也符合方差膨胀因子需要小于10的界限标准。而且不同变量之间绝大部分相关系数均小于0.3，即便是存在显著的相关性，但相关性较小，属于典型的弱相关。因此，通过容忍度、方差膨胀因子和变量之间的相关系数，可以判断解释变量之间不存在严重的共线性问题，这为模型估计结果的可信性提供了重要基础(见表4-7)。

表4-7　　　　　　　　　解释变量之间的共线性诊断结果

	系数	标准误	标准系数	T值	Sig.值	下限	上限	容忍度	膨胀因子
性别	5.801	5.549	0.079	1.045	0.296	−5.085	16.687	0.117	8.583
年龄	0.035	0.149	0.007	0.237	0.813	−0.257	0.328	0.827	1.210
受教育程度	6.393	2.670	0.066	2.394	0.017	1.155	11.630	0.882	1.134
健康状况	1.179	0.132	0.238	8.930	0.000	0.920	1.438	0.943	1.060
婚姻状况	7.960	2.710	0.096	2.937	0.003	2.643	13.276	0.630	1.587
子女数量	0.600	4.488	0.009	0.134	0.894	−8.205	9.406	0.139	7.215
家庭资产	0.166	0.320	0.014	0.519	0.604	−0.461	0.793	0.962	1.039
收入水平	0.000	0.000	0.067	2.140	0.033	0.000	0.001	0.691	1.447
是否吸烟	1.702	2.727	0.023	0.624	0.533	−3.648	7.052	0.497	2.012
是否喝酒	3.819	2.289	0.048	1.668	0.095	−0.671	8.309	0.811	1.233

	系数	标准误	标准系数	T 值	Sig. 值	下限	上限	容忍度	膨胀因子
高血压	−4.123	2.457	−0.046	−1.678	0.094	−8.943	0.697	0.884	1.131
血脂异常	2.907	3.597	0.023	0.808	0.419	−4.149	9.963	0.832	1.202
糖尿病	−3.484	4.257	−0.022	−0.818	0.413	−11.835	4.868	0.885	1.130
癌症	−10.561	8.104	−0.034	−1.303	0.193	−26.460	5.338	0.969	1.032
肺病	−14.060	4.478	−0.090	−3.140	0.002	−22.844	−5.276	0.810	1.235
肝病	−9.602	6.247	−0.041	−1.537	0.125	−21.858	2.654	0.922	1.085
心脏病	−2.574	3.631	−0.020	−0.709	0.479	−9.697	4.549	0.868	1.153
中风	−3.076	4.448	−0.018	−0.691	0.489	−11.802	5.650	0.947	1.056
肾病	−4.251	4.841	−0.024	−0.878	0.380	−13.748	5.246	0.902	1.108
胃病	−4.029	3.292	−0.033	−1.224	0.221	−10.487	2.430	0.907	1.103
精神病	5.554	10.005	0.015	0.555	0.579	−14.073	25.181	0.925	1.081
阿尔茨海默病	−15.389	6.781	−0.060	−2.269	0.023	−28.692	−2.086	0.946	1.057
关节炎	−4.799	2.770	−0.047	−1.733	0.083	−10.233	0.634	0.914	1.094
哮喘	14.142	7.588	0.053	1.864	0.063	−0.744	29.027	0.812	1.231

(二)变量变换

通过变量变换检验模型估计结果的稳健性，包括因变量变换和自变量变换两种方式。为了分析的方便，本书采用因变量变换的方式进行模型估计结果的稳健性检验。其中，经济相对贫困采用 50% 的标准，健康相对贫困采用健康贫困 2，精神相对贫困采用 50% 的标准。表 4-8 是控制已有 10 个控制变量的基础上，分别变换因变量之后的模型估计结果。从慢性病对农村老年经济相对贫困、健康相对贫困和精神相对贫困的影响结果来看，有无慢性病对农村老年人的经济相对贫困有显著的负向影响，对农村老年人的健康相对贫困和精神相对贫困有显著的正向影响。这与前文的模型估计结果相一致（见表4-4 模型 2、表 4-5 模型 6 和表 4-6 模型 10），表明本书的模型估计结果具有稳定性。

表 4-8　　　有无慢性病对农村老年人相对贫困影响的模型估计结果

变量类型	变量名称	模型 13：经济相对贫困（50%标准）		模型 14：健康相对贫困（健康贫困 2）		模型 15：精神相对贫困（50%标准）	
		β	Exp(β)	β	Exp(β)	β	Exp(β)
其他	控制变量	控制	控制	控制	控制	控制	控制
慢性病	有无慢性病	-0.131***	0.878	0.801***	2.228	0.276***	1.318
模型拟合效果	对数似然值	14253.409		18415.157		10759.523	
	显著性水平	0.000		0.000		0.000	
	伪决定系数	0.082		0.059		0.048	
	调整后系数	0.122		0.081		0.073	

注：***、**和*分别表示变量在 1%、5%和 10%的统计水平上显著。

表 4-9 显示的是控制已有 10 个控制变量的基础上，通过因变量变换后的模型估计结果。从模型估计结果来看，慢性病数量对农村老年人的经济相对贫困的影响虽然回归系数的符号为负，但是没有通过显著性检验；慢性病数量对农村老年人健康相对贫困和精神相对贫困的影响均通过了显著性检验。这一统计结果与前文的模型估计结果相一致（见表 4-4 模型 3、表 4-5 模型 7 和表 4-6 模型 11），表明本书的模型估计结果具有很好的稳定性。

表 4-9　　　慢性病数量对农村老年人相对贫困影响的模型估计结果

变量类型	变量名称	模型 16：经济相对贫困（50%标准）		模型 17：健康相对贫困（健康贫困 2）		模型 18：精神相对贫困（50%标准）	
		β	Exp(β)	β	Exp(β)	β	Exp(β)
其他	控制变量	控制	控制	控制	控制	控制	控制
慢性病	慢性病数量	-0.025	0.975	0.465***	1.592	0.119**	1.126
模型拟合效果	对数似然值	3771.214		4713.347		816.039	
	显著性水平	0.000		0.000		0.000	
	伪决定系数	0.025		0.111		0.055	
	调整后系数	0.039		0.151		0.083	

注：***、**和*分别表示变量在 1%、5%和 10%的统计水平上显著。

表 4-10 显示的是在控制前文模型中的 10 个控制变量和变换因变量的基础上，慢性病类型对农村老年人经济相对贫困、健康相对贫困和精神相对贫困的模型估计结果。慢性病类型对农村老年人经济相对贫困的影响，模型前后估计结果存在一定差异，但是差异较小。在因变量变换之前，有六种慢性病类型对农村老年经济相对贫困有显著影响，在因变量变换之后，有五种慢性

表 4-10　　　慢性病类型对农村老年人相对贫困影响的模型估计结果

变量类型	变量名称	模型 19：经济相对贫困（50%标准）		模型 20：健康相对贫困（健康贫困 2）		模型 21：精神相对贫困（50%标准）	
		β	$Exp(\beta)$	β	$Exp(\beta)$	β	$Exp(\beta)$
其他	控制变量	控制	控制	控制	控制	控制	控制
慢性病因素	高血压	0.125 **	1.133	0.496 ***	1.643	0.199	1.220
	血脂异常	0.326 ***	1.385	0.460 ***	1.585	−0.239	0.787
	糖尿病	0.054	1.055	0.420 **	1.523	0.410	1.507
	癌症	0.782 **	2.185	0.935 **	2.546	−0.006	0.994
	肺病	−0.083	0.920	0.863 ***	2.371	0.482 **	1.619
	肝病	0.026	1.026	0.421 **	1.523	0.634 **	1.884
	心脏病	0.464 ***	1.590	0.794 ***	2.212	0.049	1.050
	中风	0.176	1.193	0.841 ***	2.319	0.155	1.168
	肾病	−0.171	0.843	0.658 ***	1.930	0.278	1.320
	胃病	0.060	1.062	0.914 ***	2.494	0.475 **	1.608
	精神病	−0.237	0.789	0.664	1.943	−0.816	0.442
	阿尔茨海默病	0.305	1.357	1.091 ***	2.979	−0.301	0.740
	关节炎	−0.322 ***	0.725	0.764 ***	2.147	0.130	1.139
	哮喘	0.021	1.022	0.091	1.095	−0.528	0.590
模型拟合效果	对数似然值	7213.553		6023.082		1431.338	
	显著性水平	0.000		0.000		0.000	
	伪决定系数	0.052		0.116		0.058	
	调整后系数	0.074		0.172		0.091	

注：***、** 和 * 分别表示变量在 1%、5% 和 10% 的统计水平上显著。

病类型对农村老年人经济相对贫困有显著影响，只有两种慢性病类型对农村老年人经济相对贫困的影响结果有了一定变化，但只是显著性水平发生了变化，慢性病对农村老年人经济相对贫困的影响方向并没有发生变化。慢性病类型对农村老年人健康相对贫困的影响也有了一定变化，但是变化更小。在因变量变换之前，有 11 种慢性病类型对农村老年人的健康相对贫困有显著影响，在因变量变换之后，仍然有 11 种慢性病类型对农村老年人的健康相对贫困有显著影响，只有 1 种慢性病类型对农村老年人健康相对贫困的影响发生了变化，但也只是显著性水平的变化，而不是影响方向的变化。慢性病类型对农村老年人精神相对贫困的影响结果，也有了一定变化。在因变量变换之前，只有一种慢性病类型对农村老年人的精神相对贫困有显著影响，在因变量变换之后，增加了两种慢性病类型显著影响农村老年人的精神相对贫困问题，但是，总体而言前后差异较小。这也表明，慢性病类型对农村老年人的经济相对贫困、健康相对贫困和精神相对贫困影响的模型估计结果也具有较好的稳定性。

(三) 倾向值匹配(PSM)

倾向值匹配的基本原理是尽可能找到这样两组样本：两组样本的基本特点具有非常强的相似性，两组样本除了是否罹患慢性病的差异之外，其他差异非常小，甚至可以忽略不计。在这种情况下比较两组样本陷入相对贫困发生率的差异，以更加准确地评价慢性病对农村老年人经济相对贫困、健康相对贫困和精神相对贫困的影响效应。

表 4-11　模型估计结果的稳健性检验：倾向得分匹配结果(ATT)

	模型 22：经济相对贫困 (40%标准)	模型 23：健康相对贫困 (健康贫困 1)	模型 24：精神相对贫困 (40%标准)
	一对一匹配		
控制变量	已控制	已控制	已控制
有无慢性病	−0.045*** (0.008)	0.139*** (0.009)	0.053*** (0.013)

	模型22：经济相对贫困 （40%标准）	模型23：健康相对贫困 （健康贫困1）	模型24：精神相对贫困 （40%标准）
半径匹配			
控制变量	已控制	已控制	已控制
有无慢性病	-0.041***	0.128***	0.048***
	(0.006)	(0.006)	(0.010)
核匹配			
控制变量	已控制	已控制	已控制
有无慢性病	-0.041***	0.128***	0.052***
	(0.006)	(0.006)	(0.010)

注：（1）***、**分别表示1%、5%显著性水平下显著；（2）括号内为标准误；（3）半径匹配中半径设定为0.01，核匹配为默认核函数和带宽。

上表模型22至模型24依次报告了受访老人是否患慢性病对他们的经济相对贫困、健康相对贫困和精神相对贫困影响的倾向得分匹配结果。为了全面检验模型估计结果的稳健性，我们同时使用了一对一匹配、半径匹配和核匹配三种匹配方法。从表4-11的模型检验结果可以发现，无论是一对一匹配，还是半径匹配和核匹配，是否罹患慢性病对经济相对贫困的平均处理效应均显著为正且通过了显著性检验，其中，对经济相对贫困的影响方向为负，对健康相对贫困和精神相对贫困的影响为正。这说明慢性病的发生并没有增加农村老年人农业收入视角下的经济相对贫困发生率，而是增加了农村老年人健康相对贫困和精神相对贫困的发生概率，这与前文的模型估计结果具有较好的一致性。此外，我们也采用了经济相对贫困、健康相对贫困和精神相对贫困其他度量指标，倾向值匹配结果发现结论依然不变，这说明本书的模型估计结果具有较好的稳健性。

二、研究结论

本部分基于2011年、2013年、2015年和2018年四年的中国健康和养老追踪调查数据，在控制农村老年人个体特征变量、家庭特征变量、制度因素变量、健康行为变量和时间变量的基础上，实证分析了有无慢性病、慢性病数量和慢性病类型对农村老年人经济相对贫困、健康相对贫困和精神相对贫困的影响效应。

研究结果表明，慢性病对农村老年经济相对贫困、健康相对贫困和精神相对贫困具有显著的影响。以农业收入为经济相对贫困的衡量指标，罹患慢性病不仅没有增加农村老年人的经济相对贫困风险，反而使得他们陷入经济相对贫困的概率发生比降低了10.74%，这表明农村老年人罹患慢性病的背后，并不仅仅是生活方式的负效应，而是农村老年人勤奋劳动损耗的身体再现。有无慢性病对农村老年人健康相对贫困和精神相对贫困，有显著的正向相应。相对于没有罹患慢性病的农村老年人而言，罹患慢性病的农村老年人陷入健康相对贫困和精神相对贫困的概率发生比分别增加了1.23倍和30%。

慢性病数量对农村老年人相对贫困的影响，主要体现在慢性病数量对农村老年人健康相对贫困和精神相对贫困的影响两个方面，而慢性病数量对农村老年人经济相对贫困的影响，没有通过显著性检验。慢性病数量对农村老年人的健康相对贫困和精神相对贫困的影响显著为正，即罹患慢性病的数量越多，农村老年人陷入健康相对贫困和精神相对贫困的风险越大。慢性病数量每增加一种，农村老年人陷入健康相对贫困和精神相对贫困的概率发生比将分别提高59.2%和12.6%。慢性病对农村老年人的致残效应、对农村老年人社会网络的破坏以及对他们人生进程的破坏，为这一统计结果提供了有力的证据。

农村老年人经济相对贫困、健康相对贫困和精神相对贫困，呈现出显著的个体差异。性别、年龄、受教育程度、健康自评、子女数量、家庭资产、医疗保险、是否吸烟、是否喝酒和调查时间，都对农村老年人的经济相对贫困有显著的影响。其中，性别、子女数量、医疗保险和是否喝酒，对农村老年人的经济相对贫困有显著的正向影响，而年龄、受教育程度、健康自评、是否吸烟和调查时间对农村老年人的经济相对贫困有显著的负向影响。性别、年龄、受教育程度、收入水平和是否喝酒对农村老年人的健康相对贫困有显著的影响。其中，年龄和收入水平两个变量对农村老年人的健康相对贫困有显著的正向影响，即年龄越大、收入水平越高和有医疗保险的农村老年人，他们面临更大的健康相对贫困风险。性别、年龄、受教育程度、健康状况、婚姻状况和是否喝酒对农村老年人精神相对贫困有显著的负向影响，而收入水平和调查时间对农村老年人精神相对贫困有显著的正向影响。

第五章　慢性病对农村老年相对贫困的影响机制

第四章的实证分析结果表明，无论是有无慢性病，还是慢性病的数量以及慢性病的类型，都对农村老年人的经济相对贫困、健康相对贫困和精神相对贫困有显著的影响。但是尚未深入探讨慢性病影响农村老年人相对贫困的内在机制。探究慢性病对农村老年人的经济相对贫困、健康相对贫困和精神相对贫困的内在机制，对于慢性病治理和农村老年人的贫困治理，都具有重要的现实意义。因为，只有深入了解慢性病对农村老年人的致贫机制，才能够通过切断慢性病向农村老年贫困的传递机制，进而有效治理农村老年人的相对贫困问题，并对致贫效应明显的慢性病问题提出更加针对性的治理策略。

一般而言，影响机制分析有三种方法：一是通过中介效应或调节效应分析，探讨解释变量对被解释变量影响的传递机制，例如，陈思等（2017）对风险投资与企业创新关系的研究，就以研发人才和行业经验两个变量为中介变量，检验了风险投资对企业创新行为影响的内在机制①；二是构建两个因素甚至多个因素可能影响被解释变量的交互项，通过分析交互项对被解释变量的影响，来探讨解释变量影响被解释变量的内在机制，例如，李郁、曹颖（2021）从绝对贫困与相对贫困的视角，分析了人力资本与社会资本的交互项对贫困的影响机制②，再如，李蕾（2019）在分析制造业升级对经济增长的影响时，通过产业间升级和产业内升级与服务业的交互项来探讨制造业升级对

① 陈思、何文龙、张然：《风险投资与企业创新：影响和潜在机制》，《管理世界》，2017 年第 1 期，第 158-169 页。
② 李郁、曹颖：《人力资本与社会资本交互项影响贫困的地区一致性研究》，《北京邮电大学学报（社会科学版）》，2021 年第 4 期，第 42-51 页。

经济增长影响的内在机制①；三是通过路径分析的方法探讨影响机制，通过比较解释变量对被解释变量影响的路径系数，可以发现解释变量影响被解释变量的哪一种路径是最为关键的渠道。例如，宋献中等（2017）在分析社会责任信息披露与股价崩盘风险之间的关系时，通过信息效应与声誉保险效应的传导路径，分析了社会责任信息披露对股价崩盘风险的影响机制②。

　　通过两个或多个解释变量的交互项来分析他们对被解释变量影响的潜在机制时，可能存在的问题是不同解释变量由于样本规模不同、缺失值问题等，导致样本信息的丢失，进而影响模型估计结果的稳定性。通过路径分析方法探讨解释变量对被解释变量影响的潜在机制时，对数据的要求较高，比如需要结构化的数据，数据适合用结构方程模型来进行回归等。鉴于以上分析，本书采用中介效应分析的方法，来探讨慢性病对农村老年贫困的影响机制。由于慢性病对农村老年人的经济相对贫困、健康相对贫困和精神相对贫困的影响机制是不同的，因此，本书分别检验慢性病对农村老年人的经济相对贫困、健康相对贫困和精神相对贫困影响的潜在机制。

第一节　慢性病对农村老年人经济相对贫困的影响机制

　　从理论上说，慢性病对农村老年人经济相对贫困的影响机制，可能有两种主要的传导路径：一是慢性病可能会减少农村老年人的收入，二是慢性病可能会增加农村老年人的医疗费用支出。慢性病到底通过哪种传导机制影响农村老年人的相对贫困，这与农村老年人贫困的测量方式有关，农村老年人经济贫困测量方式的不同，在一定程度上影响甚至决定慢性病影响农村老年人经济相对贫困的传导机制。已有研究较多从慢性病对农村老年人医疗费用支出的影响角度，来探讨慢性病对农村老年贫困的影响机制。例如，谢垩（2011）对中国的研究表明，慢性病显著降低了劳动年龄群体的工作时间，导

---

　　① 李蕾：《全球视角下制造业升级对经济增长的影响研究——基于带有交互项的动态面板模型》，《经济经纬》，2019 年第 5 期，第 96-103 页。

　　② 宋献中、胡珺、李四海：《社会责任信息披露与股价崩盘风险——基于信息效应与声誉保险效应的路径分析》，《金融研究》，2017 年第 4 期，第 161-175 页。

致他们的医疗卫生支出明显上升①。再如，Datta et al. (2018)以孟加拉国为研究范围的研究结果表明，与未受慢性病影响的家庭相比，受慢性病影响的家庭灾难性卫生支出发生率提高了 6.7%②。又如，刘二鹏等(2020)的研究结果表明，慢性病导致农村老年人的劳动参与率下降 20.6%，使得农村老年人发生灾难性医疗卫生支出的概率上升 1%~2.3%③。由于本书对农村老年人经济相对贫困的测量，是基于农村老年人农业收入的一定比例来测量的，因此，慢性病对农村老年人经济贫困的影响机制，很难通过影响他们的医疗费用支出来实现，因为医疗费用支出与农村老年人的农业收入关系较远，而最可能的传导路径是慢性病影响了农村老年人的收入水平，进而导致他们的经济相对贫困问题。

一、理论框架构建与研究假设

(一)理论框架构建

由于农村老年人的社会养老保险保障水平较低，统计数据表明，截止到2020 年底全国农村社会养老保险的基础养老金每人每月平均只有 93 元④，在资源较为有限的情况下，农村老年人的子女在面临"向上养老"与"向下养小"的选择时，往往是资源"向下流"而不是"向上流"(刘桂莉⑤, 2005；林茂⑥, 2021)，这就意味着农业收入(包括种植业和养殖业)是农村老年人的重要收入

---

① 谢翠：《中国居民慢性病的经济影响》，《世界经济文汇》，2011 年第 3 期，第 74-86 页。

② Datta, B K, Husain M J, Husain M M, Kostova D. Noncommunicable Disease-attributable Medical Expenditures, Household Financial Stress and Impoverishment in Bangladesh. SSM Population Health, 2018, 6：252-258.

③ 刘二鹏、张奇林、冯艳：《慢性病的老年贫困风险：理论机制与实证检验》，《保险研究》，2020 年第 11 期，第 63-78 页。

④ 于新亮、严晓欢、上官熠文、于文广：《农村社会养老保险与家庭相对贫困长效治理——基于隔代照顾的视角》，《中国农村观察》，2022 年第 1 期，第 146-164 页。

⑤ 刘桂莉：《眼泪为什么往下流？——转型期家庭代际关系倾斜问题探析》，《南昌大学学报(人文社会科学版)》，2005 年第 6 期，第 1-8 页。

⑥ 林茂：《向上倾斜与向下倾斜：低龄老人代际关系不平衡及其根源》，《新视野》，2021 年第 5 期，第 124-128 页。

来源。农业收入水平的高低，一方面取决于农村老年人拥有的土地资源多寡，另一方面取决于农村老年人的劳动参与。上述两个因素中，对农业收入水平起决定作用的是农村老年人的劳动参与，因为"劳动创造财富"。因此，以农业收入为基础和依据测量农村老年人的经济贫困问题，慢性病对农村老年人经济相对贫困的影响机制，可以通过慢性病对农村老年人劳动参与行为的影响来探讨其影响机制（见图5-1）。

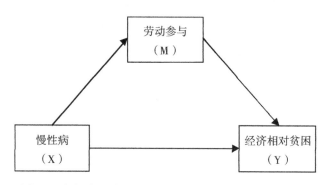

图 5-1 慢性病影响农村老年人经济相对贫困的内在机制

如果能够证明存在这样一种逻辑，即慢性病 X→（影响）劳动参与 M→（影响）经济相对贫困 Y，那么，我们就可以得出慢性病是通过影响农村老年人的劳动参与进而导致他们的经济相对贫困问题。国内外的经验研究表明，慢性病对劳动力的劳动参与率有显著的影响。例如，Tunceli 等（2005）的研究结果表明，在糖尿病个体中，与没有糖尿病的个体相比，女性工作的绝对概率低 4.4 个百分点，男性低 7.1 个百分点。与没有糖尿病的女性相比，患有糖尿病的女性每年多工作两天；与未患糖尿病的个体相比，患糖尿病的男性和女性更容易受到工作限制的概率分别为 5.4 和 6 个百分点；糖尿病不仅影响患者、雇主和社会，减少就业，而且还导致那些仍在就业的人失去工作[1]。再如，Schofield 等（2014）以澳大利亚糖尿病患者为研究群体，分析了慢性病对劳动力的劳动参与和收入的影响，研究结果表明：糖尿病会导致劳动力提前退休，

---

[1] Tunceli K, Bradley C J, Nerenz D, et al. The Impact of Diabetes on Employment and Work Productivity. Diabetes Care, 2005, 28(11): 2662-2667.

使得他们的收入较兼职工人和全职工人分别降低约 1 万美元和 4 万美元①。又如，刘二鹏等（2020）对中国农村老年人的研究结果表明，慢性病导致农村老年人的劳动参与率下降 20.6%②。

中国的农村老年人与国外的农村老年人不同，一方面中国农村老年人的数量比较庞大，全国第七次人口普查数据表明，中国农村 60 岁和 65 岁标准下的人口老龄化程度分别达到 23.81% 和 17.72%，比城镇人口老龄化程度分别高 7.99 和 6.61 个百分点，农村 60 岁及以上老年人口数量达到 1.2 亿以上，65 岁及以上老年人口也超过 9 000 万人③；另一方面中国农村地区的老年人普遍存在"无休止劳动"问题，即只要健康状况允许，他们常常一直干到不能参加农业劳动为止（Pang 等④，2004；乐章⑤，2012；赵晶晶、李放⑥，2017）。而且农业劳动主要是体力劳动，慢性病可能会导致农村老年人的健康损伤，严重的慢性病还会有明显的致残作用，因此，慢性病会导致农村老年人的劳动参与减少和农业收入减少，导致他们的经济相对贫困问题。

农村老年人罹患的慢性病数量越多，即慢性病共病问题越严重，农村老年人的健康受损也将越严重，对农村老年人劳动参与和农业收入的影响也就越大，进而影响他们的经济相对贫困问题。不同的慢性病类型对农村老年人的健康损伤程度是不同的，它们对农村老年人劳动参与行为和农业收入的影响也将存在较大差异，这也会导致它们影响农村老年人经济相对贫困的差异。

---

① Schofield D, Cunich M M, Shrestha R N. The Economic Impact of Dabetes through Lost Labour Force Participation on Individuals and Government: Evidence from a Microsimulation Model. BMC Public Health, 2014, 14: 1-8.

② 刘二鹏、张奇林、冯艳：《慢性病的老年贫困风险：理论机制与实证检验》，《保险研究》2020 年第 11 期，第 63-78 页。

③ 《第七次全国人口普查结果公布！乡村人口占 36.11%，10 年减少 16436 万人！》，https://view.inews.qq.com/k/20210511A091AJ00? web_channel=wap&openApp=false

④ Pang L H, Alan D B, Scott R. Working Until You Drop: The Elderly of Rural China. The China Journal, 2004, 52(1): 73-94.

⑤ 乐章：《依赖与独立：新农保试行条件下的农民养老问题》，《中国农村经济》，2012 年第 11 期，第 88-96 页。

⑥ 赵晶晶、李放：《养老金收入对农村老年人劳动供给的影响——基于 CHARLS 数据的实证分析》，《农业经济问题》，2017 年第 3 期，第 63-71 页。

(二)研究假设

基于上述分析，本书提出如下研究假设。

假设1：慢性病对农村老年人的劳动参与有显著的负向影响，即罹患慢性病的农村老年人，他们的劳动参与率将大大降低；

假设2：慢性病数量对农村老年人劳动参与有显著的负向影响，即慢性病数量越多的农村老年人，他们的劳动参与率越低；

假设3：农村老年人的劳动参与显著影响他们的经济相对贫困状况，农村老年人的劳动参与越少，他们的经济相对贫困问题越突出；

假设4：劳动参与对慢性病与农村老年经济相对贫困有着显著的中介效应，劳动参与越多他们陷入经济相对贫困的概率越小。

二、中介变量选择与模型设定

(一)中介变量及控制变量选择

根据前述分析可知，农村老年人经济相对贫困的中介变量为劳动参与率，具体是指农业劳动参与率。并把劳动参与操作化为"过去一年，您有没有从事10天以上的农业生产经营活动(包括为自家或其他农户种地、管理果蔬、采集农林产品、养鱼、打渔、养牲畜以及去市场销售自家生产的农产品等)？"根据农村老年人对该问题的回答：回答"是"赋值为1，代表农村老年人有农业劳动参与，回答"否"赋值为0，代表农村老年人没有农业劳动参与。

农村老年人的劳动参与率，不仅受到慢性病的影响，还会受到个体人口学特征、家庭资源特征以及制度因素的影响等。系统总结国内外已有的研究文献可以发现，个体人口学特征对劳动参与的影响因素中，有性别因素(阳义南[1]，2014；张川川[2]，2015；郑爱文、黄志斌[3]，2018)、年龄因素(彭争呈

---

① 阳义南：《城镇养老保险金水平影响退休职工再就业决策的实证研究：以广东省为例》，《江西财经大学学报》，2014年第4期，第79-87页。

② 张川川：《城镇职工退休后就业行为：基本事实和影响因素》，《劳动经济研究》，2015年第3期，第106-127页。

③ 郑爱文、黄志斌：《基于个人和社会双重视角的老年人再就业影响因素分析》，《宁夏社会科学》，2018年第5期，第133-143页。

等①，2019；冉东凡等②，2020；宋晓莹等③，2021）、婚姻状况（宋健④，2018；邓力源等⑤，2019；冉东凡等⑥，2020；宋晓莹等⑦，2021）、健康状况（田立法等⑧，2014；阳义南⑨，2014；郑爱文、黄志斌⑩，2018；邓力源等⑪，2019）和受教育程度（童玉芬等⑫，2017；彭争呈等⑬，2019；冉东凡等⑭，2020；宋晓莹等⑮，2021）。但是，上述人口学特征对农村老年人劳动参与的影响却存在明显的差异，有些研究结果表明上述人口学特征因素对老

---

① 彭争呈、邹红：《儿子、房子与老子：未婚子女、房价与老年人劳动参与》，《经济与管理研究》，2019 年第 7 期，第 75-89 页。

② 冉东凡、吕学静：《退休人口再就业决策的影响因素研究：基于中国健康与养老追踪调查数据》，《社会保障研究》，2020 年第 2 期，第 29-37 页。

③ 宋晓莹、曹洁：《积极老龄化视域下社会网络对老年人再就业的影响效应研究》，《中国矿业大学学报（社会科学版）》，2021 年第 4 期，第 63-78 页。

④ 宋健、王记文、秦婷婷：《孙子女照料与老年人就业的关系研究》，《人口与经济》，2018 年第 3 期，第 92-103 页。

⑤ 邓力源、唐代盛、陈思：《健康资本对我国中老年人劳动参与影响研究》，《哈尔滨商业大学学报（社会科学版）》，2019 年第 2 期，第 113-128 页。

⑥ 冉东凡、吕学静：《退休人口再就业决策的影响因素研究：基于中国健康与养老追踪调查数据》，《社会保障研究》，2020 年第 2 期，第 29-37 页。

⑦ 宋晓莹、曹洁：《积极老龄化视域下社会网络对老年人再就业的影响效应研究》，《中国矿业大学学报（社会科学版）》，2021 年第 4 期，第 63-78 页。

⑧ 田立法、沈红丽、赵美涵，等：《城市老年人再就业意愿影响因素调查研究：以天津为例》，《中国经济问题》，2014 年第 5 期，第 30-38 页。

⑨ 阳义南：《城镇养老保险金水平影响退休职工再就业决策的实证研究：以广东省为例》，《江西财经大学学报》，2014 年第 4 期，第 79-87 页。

⑩ 郑爱文、黄志斌：《基于个人和社会双重视角的老年人再就业影响因素分析》，《宁夏社会科学》，2018 年第 5 期，第 133-143 页。

⑪ 邓力源、唐代盛、陈思：《健康资本对我国中老年人劳动参与影响研究》，《哈尔滨商业大学学报（社会科学版）》，2019 年第 2 期，第 113-128 页。

⑫ 童玉芬、廖宇航：《健康状况对中国老年人劳动参与决策的影响》，《中国人口科学》，2017 年第 6 期，第 105-116 页。

⑬ 彭争呈、邹红：《儿子、房子与老子：未婚子女、房价与老年人劳动参与》，《经济与管理研究》，2019 年第 7 期，第 75-89 页。

⑭ 冉东凡、吕学静：《退休人口再就业决策的影响因素研究：基于中国健康与养老追踪调查数据》，《社会保障研究》，2020 年第 2 期，第 29-37 页。

⑮ 宋晓莹、曹洁：《积极老龄化视域下社会网络对老年人再就业的影响效应研究》，《中国矿业大学学报（社会科学版）》，2021 年第 4 期，第 63-78 页。

年人的劳动参与有显著的正向影响，而有些研究却得出上述人口学因素对老年人劳动参与有显著的负向影响。

家庭资源特征对老年人劳动参与的影响因素中，有子女数量（于丽等①，2016；彭青云等②，2017；高晶晶等③，2018）、居住方式（廖少宏等④，2013；宋健等⑤，2018）以及孙子女照料行为（宋健等⑥，2018；邓力源等⑦，2019；刘远风等⑧，2020）。除了上述个体特征因素和家庭资源因素之外，社会保险制度因素也是影响老年人劳动参与的重要变量。例如，张川川（2015）⑨和郑爱文、黄志斌（2018）⑩的研究结果表明：养老保险对老年人的劳动参与有显著的负向影响，而张文娟（2010）⑪、邓力源等（2019）⑫、宋晓莹等（2021）⑬

① 于丽、马丽媛、尹训东，等：《养老还是"啃老"：基于中国城市老年人的再就业研究》，《劳动经济研究》，2016 年第 5 期，第 24-54 页。

② 彭青云、朱晓：《影响城市老年人经济活动参与的家庭因素分析》，《人口与发展》，2017 年第 3 期，第 68-75 页。

③ 高晶晶、朱逸杉、王霞：《抑郁倾向对中国中老年群体劳动参与的影响：基于CHARLS 面板数据的实证分析》，《劳动经济研究》，2018 年第 1 期，第 63-80 页。

④ 廖少宏、宋春玲：《我国农村老人的劳动供给行为：来自山东农村的证据》，《人口与经济》，2013 年第 2 期，第 60-68 页。

⑤ 宋健、王记文、秦婷婷：《孙子女照料与老年人就业的关系研究》，《人口与经济》，2018 年第 3 期，第 92-103 页。

⑥ 宋健、王记文、秦婷婷：《孙子女照料与老年人就业的关系研究》，《人口与经济》，2018 年第 3 期，第 92-103 页。

⑦ 邓力源、唐代盛、陈思：《健康资本对我国中老年人劳动参与影响研究》，《哈尔滨商业大学学报（社会科学版）》，2019 年第 2 期，第 113-128 页。

⑧ 刘远风、孙宇：《社会养老、家庭养老与农村老年人劳动供给：基于 CHARLS 的实证分析》，《南方人口》，2020 年第 5 期，第 15-24 页。

⑨ 张川川：《城镇职工退休后就业行为：基本事实和影响因素》，《劳动经济研究》，2015 年第 3 期，第 106-127 页。

⑩ 郑爱文、黄志斌：《基于个人和社会双重视角的老年人再就业影响因素分析》，《宁夏社会科学》，2018 年第 5 期，第 133-143 页。

⑪ 张文娟：《中国老年人的劳动参与状况及影响因素研究》，《人口与经济》，2010 年第 1 期，第 85-89 页。

⑫ 邓力源、唐代盛、陈思：《健康资本对我国中老年人劳动参与影响研究》，《哈尔滨商业大学学报（社会科学版）》，2019 年第 2 期，第 113-128 页。

⑬ 宋晓莹、曹洁：《积极老龄化视域下社会网络对老年人再就业的影响效应研究》，《中国矿业大学学报（社会科学版）》，2021 年第 4 期，第 63-78 页。

和路锦非等(2018)①的研究结果表明：养老保险对老年人的劳动参与行为有显著的负向影响或没有显著影响。还有一些学者分析医疗保险对老年人劳动参与的影响(杨翠芬②，2018；冉东凡等③，2020；孙泽人等④，2020)。

根据已有的研究经验和本书要分析的问题，本书的中介变量、控制变量选择情况及其统计描述见表5-1所示。

(二)中介效应模型构建

检验中介效应的基本方法是分层回归。第一层，检验解释变量对中介变量的影响，如果通过显著性检验，即式(1)中待估计系数 α_1 显著，表明解释变量与中介变量存在线性关系(因变量的 Logit 变换实际上也是把因变量与解释变量之间的关系转化为近似的线性关系)；第二层，检验解释变量对被解释变量的影响，如果模型通过显著性检验，即式(2)中待估计系数 α_1' 显著，则表明解释变量与被解释变量存在线性关系；第三层，检验中介变量和解释变量对被解释变量的影响，如果模型通过显著性检验，即式(3)中待估计系数 T 和 α_1'' 显著，则说明中介效应存在，其中，如果 α_1'' 和 T 待估计系数均显著，则表明劳动参与在慢性病与农村老年人的经济相对贫困之间起部分中介效应，如果 α_1'' 不显著而 T 显著，则表明劳动参与在慢性病与农村老年人的经济相对贫困之间起完全中介效应。回归模型构建如下：

$$\text{LaborIn}_i = \alpha_0 + \alpha_1 X_i + \alpha_2 \gamma_i + \alpha_3 \delta_i + \alpha_4 \rho_i + \alpha_5 \pi_i + \alpha_6 \varphi_i + \varepsilon_i \tag{1}$$

$$\text{Pov}_i = \alpha_0' + \alpha_1' X_i + \alpha_2' \gamma_i + \alpha_3' \delta_i + \alpha_4' \rho_i + \alpha_5' \pi_i + \alpha_6' \varphi_i + \varepsilon_i \tag{2}$$

$$\text{Pov}_i = \alpha_0'' + \alpha_1'' X_i + T\text{LaborIn}_i + \alpha_2'' \gamma_i + \alpha_3'' \delta_i + \alpha_4'' \rho_i + \alpha_5'' \pi_i + \alpha_6'' \varphi_i + \varepsilon_i \tag{3}$$

式(1)中 LaborIn_i 代表劳动参与率，X_i 表示慢性病因素，γ_i 表示农村老年人的个体特征因素，δ_i 表示农村老年人的家庭特征因素，ρ_i 表示制度因素，

---

① 路锦非、吕宣如：《新农保减少了农村老年人的劳动供给吗？：基于 CHARLS 数据的实证分析》，《学习与实践》，2018 年第 4 期，第116-127页。

② 杨翠芬：《受教育程度对中老年人劳动参与率的影响》，《调研世界》，2018 年第 9 期，第39-44页。

③ 冉东凡、吕学静：《退休人口再就业决策的影响因素研究：基于中国健康与养老追踪调查数据》，《社会保障研究》，2020 年第 2 期，第29-37页。

④ 孙泽人、赵秋成、肇颖：《"新农保"是否真的减少了农村老年人的劳动参与？——基于 CHARLS 两期截面数据的研究》，《商业研究》，2020 年第 10 期，第117-126页。

表 5-1　　　　　　　中介变量、控制变量含义及其统计描述

	指标含义	操作化方法	判定标准	最大值	最小值	标准差	平均值	观测值
中介变量	中介	劳动参与	参与农业劳动 = 1；未参与农业劳动 = 0	1	0	0.4985	0.5387	35695
控制变量	个体特征因素	性别	男性 = 0，女性 = 1	1	0	0.4989	0.4675	35906
		年龄	被调查老年人的年龄	118	60	7.1190	68.815	22297
		受教育程度	文盲 = 0；小学、私塾、初中及以上 = 1	1	0	0.4329	0.2498	35894
		自评健康①	1 = 非常健康；2 = 比较健康；3 = 一般健康；4 = 健康较差；5 = 健康很差	5	1	0.9298	3.0635	19204
		婚姻状况	有配偶 = 1；无配偶 = 0	1	0	0.4260	0.7600	35905
	家庭特征因素	子女数量	农村老年人子女数量	16	0	1.1790	2.7333	31525
		家庭资产	农村老年人的耕地面积（单位：亩）	400	0	5.0391	1.9550	35627
	制度因素	医疗保险	参加医疗保险 = 1；未参加医疗保险 = 0	1	0	0.1980	0.9600	35890
	健康行为	是否吸烟	吸烟 = 1，不吸烟 = 0	1	0	0.4450	0.2723	35906
		是否喝酒	喝酒 = 1，不喝酒 = 0	1	0	0.4500	0.2821	35877
	时间	调查年份	数据调查的具体年份	2018	2011	2.4030	2014.4	35906

π_i 表示农村老年人的健康行为因素，φ_i 表示调查时间因素，ε_i 为随机扰动项。

---

①　一般回归分析要求解释变量在定距以上层次，但是在社会问题研究中心，由于定序变量较多，为了研究的方便，定序变量可以近似地作为定距变量来处理。参见：柯惠新、沈浩：《调查研究中的统计分析法》，北京：北京广播学院出版社 2005 年版。

式(3)中，如果 T 显著，则表明劳动参与在慢性病与农村老年人的经济贫困之间起到中介效应，如果 α_1'' 回归系数显著，则表明劳动参与在慢性病与农村老年人的经济贫困之间起到了部分中介效应，如果 α_1'' 回归系数不显著，则表明劳动参与在慢性病与农村老年人的经济贫困之间起到了完全中介效应，而完全中介效应被认为是最理想的中介效应。

值得说明的是，在中介效应检验中，关于自变量、因变量和中介变量应该是分类变量还是连续变量，学者们持不同的观点，有些学者认为中介效应检验的自变量、因变量和中介变量都应该是连续变量，例如卢谢峰、韩立敏（2007）认为，在做中介效应分析时，中介变量和协变量一般是连续变量[1]。但是，这两位学者并没有阐述为什么中介效应分析必须要求自变量、因变量和中介变量是连续变量。有些学者则认为分类变量也是可以的，例如 Shen 等（2011）在研究文化对是否接受礼品的影响时，用有无亏欠感作为中介变量分析文化对接受礼品的影响机制，在该研究中无论是因变量——是否接受礼品，还是中介变量——有无亏欠感，都是分类变量而不是连续变量[2]。本书借鉴后者的做法，实证检验劳动参与对慢性病与农村老年人经济相对贫困影响关系的中介效应。

三、经济相对贫困的中介效应检验

表5-2是劳动参与对有无慢性病与农村老年人经济相对贫困的中介效应检验结果（40%标准），其中，模型1是检验慢性病对中介变量——劳动参与的影响，模型在1%的显著性水平上通过了显著性检验，而且在控制农村老年人个体特征因素、家庭特征因素、制度因素、健康行为因素和调查时间因素的基础上，慢性病解释了农村老年人劳动参与变异的18.3%。从模型估计结果来看，慢性病对农村老年人的劳动参与有显著的影响，而且影响方向为负，即慢性病显著降低了农村老年人的劳动参与率。相对于没有罹患慢性病的农村老年人，罹患慢性病的农村老年人参与农业劳动的概率发生比降低了

---

① 卢谢峰、韩立敏：《中介变量、调节变量与协变量——概念、统计检验及其比较》，《心理科学》，2007年第4期，第934-936页。

② Shen H，Wan Fang，Wyer R S. Cross-cultural Difference in the Refusal to Accept a Small Gift：The Differential influence of Reciprocty Norms on Asians and North Americans. Journal of Personality and Social Psychology，2011，100(2)：271-281.

20.1%，这与第五章的假设 1 相符。

表 5-2 劳动参与对有无慢性病与农村老年人经济相对贫困的
中介效应检验结果（40%标准）

变量类型	变量名称	模型1：劳动参与		模型2：致贫效应		模型3：中介效应		模型4：慢性病数量	
		β	Exp(β)	β	Exp(β)	β	Exp(β)	β	Exp(β)
个体特征变量	性 别	0.229***	1.258	0.062	1.064	-0.015	0.986	-0.293**	0.746
	年 龄	-0.084***	0.919	-0.011***	0.989	0.019***	1.019	-0.011	0.989
	受教育程度	-0.489***	0.614	-0.580***	0.560	-0.451***	0.637	-0.462	0.630
	比较健康	0.623***	1.865	-0.865**	0.421	-1.102**	0.332	-0.660	0.517
	一般健康	1.027***	2.793	-0.623**	0.536	-0.975**	0.377	-0.725**	0.484
	健康较差	1.035***	2.816	-0.083	0.920	-0.417	0.659	0.073	1.076
	健康很差	0.751***	2.119	-0.103	0.902	-0.354	0.702	0.085	1.089
	婚姻状况	0.459***	1.582	0.525***	1.690	0.400***	1.492	0.245**	1.277
家庭特征	子女数量	-0.026*	0.975	0.088***	1.092	0.110***	1.116	-0.110**	0.896
	家庭资产	0.053***	1.055	-0.020***	0.981	-0.044***	0.957	-0.030**	0.970
制度	医疗保险	0.321***	1.378	0.184	1.202	0.130	1.138	0.133	1.142
健康行为	是否吸烟	0.028	1.028	-0.100	0.905	-0.087	0.916	0.105	1.111
	是否喝酒	0.483***	1.621	0.197***	1.218	0.036***	1.037	0.338**	1.402
年份	调查时间	控制	控制	控制	控制	控制	控制	控制	控制
慢性病	有无慢性病	-0.182***	0.833	-0.098**	0.907	-0.012	0.988	—	—
	慢性病数量	—	—	—	—	—	—	-0.027	0.973
中介	劳动参与	—	—	—	—	-1.639***	0.194	—	—
模型拟合效果	对数似然值	22229.524		12399.031		11412.238		3148.819	
	显著性水平	0.000		0.000		0.000		0.000	
	伪决定系数	0.137		0.085		0.147		0.021	
	调整后系数	0.183		0.136		0.236		0.038	

注：***、**和*分别表示变量在1%、5%和10%的统计水平上显著。

模型 2 是检验解释变量——慢性病对被解释变量——农村老年人的经济

相对贫困的影响。模型 2 在 1% 显著性水平上通过了显著性检验，在控制农村老年人个体特征因素、家庭特征因素、制度因素、健康行为因素以及调查时间因素的基础上，慢性病解释了农村老年人经济相对贫困变异的 13.6%。从模型估计结果来看，慢性病对农村老年人的经济相对贫困有显著的负向影响，这与前文的分析相一致，由于增加了婚姻状况这一解释变量，也相当于进一步检验了前文模型估计结果的稳健性。从慢性病对农村老年人经济相对贫困影响的边际贡献看，慢性病对农村老年人的经济相对贫困影响的系数值为 0.098。这与第四章假设 1 和第五章假设 4 相符。

模型 3 是检验中介变量——劳动参与对被解释变量——农村老年人的经济相对贫困的中介效应到底是部分中介效应，还是完全中介效应。模型 3 在 1% 显著性水平上通过了显著性检验，在控制农村老年人个体特征因素、家庭特征因素、制度因素、健康行为因素以及调查时间因素的基础上，慢性病和劳动参与合计解释了农村老年人经济相对贫困变异的 23.6%。而且在加入劳动参与这一中介变量后，慢性病对农村老年人经济相对贫困影响的系数值变为 0.012，即系数值明显变小，而且没有通过显著性检验。这表明，劳动参与对慢性病与农村老年人经济相对贫困之间的中介效应是完全中介效应，而不是部分中介效应。这与第五章假设 3 和假设 4 相符。

模型 4 是检验中介变量(劳动参与)对解释变量(慢性病数量)与被解释变量(农村老年人的经济相对贫困)之间关系的中介效应。根据中介效应分析的基本步骤，第一步，分析慢性病对中介变量的影响，模型回归结果表明，慢性病数量对农村老年人的劳动参与有显著的影响，即解释变量与中介变量显著相关；第二步，分析慢性病数量对农村老年人经济相对贫困的影响，根据模型 4 的估计结果来看，慢性病数量对农村老年人经济相对贫困的影响没有通过显著性检验。这就表明，劳动参与不是慢性病数量与农村老年人经济相对贫困之间关系的中介变量，因此，第三步不再做劳动参与对慢性病数量与农村老年人经济相对贫困之间关系的中介效应检验。

基于上述检验结果，我们可以认为，慢性病的致贫效应是通过降低农村老年人的劳动参与，进而导致他们的经济相对贫困问题。而且劳动参与对慢性病与农村老年人经济相对贫困之间的中介效应，仅存在于有无慢性病与农村老年人的经济相对贫困之间，而劳动参与不是慢性病数量与农村老年人经济相对贫困之间的中介变量，因为模型 4 的估计结果显示，慢性病数量对农村老年人经济相对贫困的影响没有通过显著性检验，这与假设 2 不符。因此，站在慢性病视角，治理农村老年人经济相对贫困，应该尽量减少有无慢性病因素对他们劳动参与的负面影响。

第二节　慢性病对农村老年人健康相对贫困的影响机制

慢性病可能会带来农村老年人的健康损伤，健康损伤影响农村老年人的健康相对贫困问题。但是，慢性病对农村老年人健康相对贫困的影响到底是通过什么机制传导的，这不仅与农村老年人罹患的慢性病类型有关，也与农村老年人健康相对贫困的测量方式有关。探讨慢性病对农村老年人健康相对贫困的影响机制，对降低慢性病对农村老年人的健康致贫效应和有效治理慢性病都具有一定的现实意义。

一、理论框架构建与研究假设

（一）理论框架构建

与已有研究较多把健康贫困操作化为身高体重 BMI 指数不同（王春超、叶琴①，2014；解垩②，2015；郭熙保、周强③，2016；杨艳琳、付晨玉④，2019），本书把农村老年人的健康贫困操作化为健康自评，并把健康相对贫困设定为两种类型，即健康贫困 1 和健康贫困 2 两种情况。其中，健康贫困 1＝健康很差和健康较差；健康贫困 2＝健康很差、健康较差和健康一般。把健康贫困操作化为健康自评，并不是本书的大胆尝试，而是借鉴了已有研究的基本做法。有较多的学者把健康贫困操作化为健康自评，例如，方迎风（2012）

---

① 王春超、叶琴：《中国农民工多维贫困的严谨——基于收入与教育维度的考察》，《经济研究》，2014 年第 12 期，第 159-174 页。
② 解垩：《公共转移支付与老年人的多维贫困》，《中国工业经济》，2015 年第 11 期，第 32-46 页。
③ 郭熙保、周强：《长期多维贫困、不平等与致贫因素》，《经济研究》，2016 年第 6 期，第 143-156 页。
④ 杨艳琳、付晨玉：《中国农村普惠金融发展对农村劳动年龄人口多维贫困的改善效应分析》，《中国农村经济》，2019 年第 3 期，第 19-35 页。

在测度多维贫困时，用的健康贫困的测度方法正是健康自评差①，再如，何宗樾等（2020）在测度多维贫困时，也把健康贫困操作化为健康自评差②。又如，张全红、周强（2014）在测量中国居民多维贫困时，把健康贫困操作化为居民的健康自评差或有严重疾病、没有医疗保险三个指标③，这也说明健康自评是衡量健康相对贫困的重要指标之一。

健康自评是农村老年人对自身健康状况的综合评价，当农村老年人对自身的健康状况评价为较差或很差时，往往不仅仅是因为他们的日常生活能力出现问题，还可能是由于他们的农业生产劳动能力也出现了问题。当农村老年人的日常生活活动能力和农业生产劳动能力出现一定的损伤时，他们则很可能对自身健康状况的评价较差。因此，农村老年人的日常生活活动能力（ADLs）和劳动参与能力，可能是慢性病影响其健康相对贫困的中介变量（见图5-2）。上一节在分析慢性病对农村老年人经济相对贫困的影响机制时已经发现，慢性病对中介变量（M1）有显著的影响，如果我们能够证明劳动参与（M1）对农村老年人健康相对贫困也有显著的影响，那么，我们就可以说劳动参与是慢性病与农村老年人健康相对贫困的中介变量。已有的经验研究也表

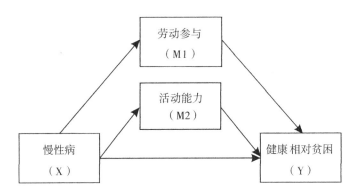

图5-2　慢性病影响农村老年人健康相对贫困的内在机制

①　方迎风：《中国贫困的多维测度》，《当代经济科学》，2012年第4期，第7-15页。
②　何宗樾、张勋、万广华：《数字金融、数字鸿沟与多维贫困》，《统计研究》，2020年第10期，第79-89页。
③　张全红、周强：《中国多维贫困的测度及分解：1989—2009》，《数量经济技术经济研究》，2014年第6期，第88-101页。

明，慢性病影响了农村老年人的日常生活活动能力(M2)。例如，牛田华等(2010)的研究结果表明，慢性病对农村老年人的日常生活活动能力(M2)有显著的负向影响①。再如，张魏丽等(2007)的研究结果也表明，慢性病对农村老年人的日常生活活动能力(M2)有显著的负向影响②。

农村老年人的健康自评是农村老年人对自身健康状况的一种主观评价，农村老年人对自身健康状况的主观评价，受到农村老年人认知功能的影响。孙朵朵等(2022)的研究结果表明，日常生活活动能力对农村老年人的健康认知具有显著的中介效应③。辛雨佳等(2022)的研究结果表明，老年人的日常生活活动能力下降会显著影响他们的自我效能感④。因此，农村老年人的日常生活活动能力下降将会影响农村老年人的健康自评。

从理论上说，不同的慢性病对农村老年人日常生活活动能力的影响是不同的，不同农村老年人罹患的慢性病类型和多寡并不相同，他们自身对慢性病的重视程度也存在差异。因此，应该分别分析不同的慢性病类型对农村老年人不同方面的日常生活活动能力和健康自评状况的影响。如果这样的话，那么整个分析将非常复杂，仅仅是慢性病类型对农村老年人日常生活活动能力的影响，就会形成 C_{14}^{6} 个回归模型。因为有 6 个方面的日常生活活动能力，包括穿衣、洗澡、用餐、上下床、蹲下站起、上厕所六个方面，还有 14 种慢性病类型，这不仅不太现实，而且分析的效果也不够理想。因为，每一种慢性病的样本量都不一样，不同慢性病对农村老年人日常生活活动能力和健康相对贫困的影响结果也会存在较大差异。慢性病对农村老年人日常生活活动能力和健康相对贫困的影响，首先表现在有无慢性病对他们的影响，而且有无慢性病是一种质的变化，从无到有的边际效用增加比从少到多的边际效用更大；其次分析慢性病数量对农村老年人日常生活活动能力及健康相对贫困的影响。

---

① 牛田华、孟庆跃、孟祥臻、李晓妹、李向云：《农村老年人日常生活活动能力现状及影响因素分析》，《现代预防医学》，2010 年第 7 期，第 1290-1292 页。

② 张魏丽、刘志坤、刘殿武，等：《高龄人群慢性病患病状况及对其日常生活能力的影响》，《中国老年学杂志》，2007 年第 9 期，第 884-886 页。

③ 孙朵朵等：《日常生活活动能力在老年人社会隔离与认知功能间的中介效应》，《武汉大学学报(医学版)》，2022 年第 5 期，第 1-6 页。

④ 辛雨佳、王晓华、徐月宾、付媛媛：《老年人日常生活活动能力与自我效能感的关系》，《医学与与社会》，2022 年第 1 期，第 95-99 页。

(二)研究假设

基于上述分析,本书提出如下研究假设。

假设 5:慢性病对农村老年人的日常生活活动能力有显著的负向影响,即罹患慢性病的农村老年人,他们的日常生活活动能力将大大降低;

假设 6:慢性病数量对农村老年人劳动参与和日常生活活动能力有显著的负向影响,即慢性病数量越多的农村老年人,他们的劳动参与率越低、日常生活活动能力也越低;

假设 7:农村老年人的劳动参与率和日常生活活动能力显著影响他们的健康相对贫困状况①,农村老年人的劳动参与率越低和日常生活活动能力越低,他们的健康相对贫困问题越突出;

假设 8:劳动参与和日常生活活动能力对慢性病与农村老年人的健康相对贫困之间有显著的中介效应。

二、中介变量选择与模型构建

(一)中介变量与控制变量选择

本部分的中介变量包括两个方面:一是农村老年人的日常生活活动能力(ADLs),该变量是一个潜变量,由六个方面的日常生活活动能力指标构成。本书借鉴陈国强等(2018)对多个指标构成的测量指标体系反映潜变量的赋权方法,把测量农村老年人日常生活活动能力的六个指标赋值为相同的权重②,以农村老年人日常生活活动能力的综合得分作为中介变量 M2;二是农村老年人对农业劳动的参与状况,即劳动参与率作为中介变量 M1,与前文分析经济相对贫困中介效应时的中介变量是一致的。中介变量 M1 和中介变量 M2 分别反映农村老年人身体活动能力的两个方面,其中,M1 反映农村老年人农业生

---

① 值得说明的是,也许有学者认为健康自评会影响农村老年人的劳动参与,课题组不否认这种情况存在的可能性,但是农村的社会实践表明,农村老年人不是因为健康自评差就不参加劳动,而是经过实践验证确实无法参加农业生产劳动了,所以才对自身健康状况给出较差的评价。

② 陈国强、罗楚亮、吴世艳:《公共转移支付的减贫效应估计——收入贫困还是多维贫困?》,《数量经济技术经济研究》,2018 年第 5 期,第 59-77 页。

产的劳动能力,而 M2 反映农村老年人日常生活的活动能力。

农村老年人日常生活的活动能力,不仅受到慢性病的影响,还会受到农村老年人个体特征、家庭特征、制度因素和健康行为等因素的影响。而且,已有的经验研究也表明:农村老年人的日常生活活动能力,除了受到慢性病的影响之外,还受到性别、年龄、受教育程度、婚姻状况、收入状况、家庭关系、健康行为等诸多因素的影响(林红等①,2002;黄文湧等②,2000)。周琳等(2022)针对国内农牧区的研究结果也表明,性别、年龄、所在地区、生活方式、收入水平、养老保险、共病情况、健康自评状况等因素,对农牧区老年人日常生活活动能力有显著的影响③。

基于上述分析,本书的中介变量、控制变量选择情况及其统计描述见表5-3。

(二)模型设定

检验劳动参与和日常生活活动能力对慢性病与农村老年人健康相对贫困之间的中介效应,基本方法仍然采用分层回归。第一层,检验慢性病对农村老年人劳动参与和日常生活活动能力的影响,如果通过显著性检验,即式(4)中待估计系数 β_1 显著,表明解释变量与中介变量存在线性关系(因变量的 Logit 变换实际上也是把因变量与解释变量之间的关系转化为近似的线性关系);第二层,检验解释变量对被解释变量的影响,如果模型通过显著性检验,即式(5)中待估计系数 β_1' 显著,则表明解释变量与被解释变量存在线性关系;第三层,检验中介变量和解释变量对被解释变量的影响,如果模型通过显著性检验,即式(6)中待估计系数 T' 和 β_1'' 显著,则说明中介效应存在,其中,如果 β_1'' 和 T' 待估计系数均显著,则表明劳动参与在慢性病与农村老年人的健康相对贫困之间起部分中介效应,如果 β_1'' 不显著而 T' 显著,则表明劳动参与在慢性病与农村老年人的健康相对贫困之间起完全中介效应。回归模

---

① 林红、张拓红、杨辉,等:《老年人日常生活活动能力的影响因素分析》,《中国卫生事业管理》,2002 年第 8 期,第 495-497 页。

② 黄文湧、宋沈超、杨敬源,等:《老年人慢性病对日常生活功能的影响》,《中国慢性病预防与控制》,2000 年第 2 期,第 81-83 页。

③ 周琳等:《农牧区老年人日常生活活动能力调查及其影响因素分析》,《解放军医学院学报》,2022 年第 5 期,第 547-552 页。

表 5-3　　　　　　　　中介变量、控制变量含义及其统计描述

	指标含义	操作化方法	判定标准	最大值	最小值	标准差	平均值	观测值
中介变量	中介变量 M1	劳动参与	参与农业劳动=1；未参与农业劳动=0	1	0	0.4985	0.5387	35695
	中介变量 M2	日常生活活动能力	农村老年人的日常生活活动能力得分	90	0	12.281	84.691	27251
控制变量	个体特征因素	性别	男性=0，女性=1	1	0	0.4989	0.4675	35906
		年龄	被调查老年人的年龄	118	60	7.1190	68.815	22297
		受教育程度	文盲=0；小学、私塾、初中及以上=1	1	0	0.4329	0.2498	35894
		婚姻状况	有配偶=1；无配偶=0	1	0	0.4260	0.7600	35905
	家庭特征因素	子女数量	农村老年人子女数量	16	0	1.1790	2.7333	31525
		家庭资产	农村老年人的耕地面积(单位：亩)	400	0	5.0391	1.9550	35627
		收入水平	农村老年人家庭农业收入(单位：万元)	60	0	13766	1.4372	35905
	制度因素	医疗保险	参加医疗保险=1；未参加医疗保险=0	1	0	0.1980	0.9600	35890
	健康行为	是否吸烟	吸烟=1，不吸烟=0	1	0	0.4450	0.2723	35906
		是否喝酒	喝酒=1，不喝酒=0	1	0	0.4500	0.2821	35877
	时间	调查年份	数据调查的具体年份	2018	2011	2.4030	2014.4	35906

型构建如下：

$$\text{MVar}_i = \beta_0 + \beta_1 X_i + \beta_2 \gamma_i + \beta_3 \delta_i + \beta_4 \rho_i + \beta_5 \pi_i + \beta_6 \varphi_i + \varepsilon_i \qquad (4)$$

$$\text{Pov}_i' = \beta_0' + \beta_1' X_i + \beta_2' \gamma_i + \beta_3' \delta_i + \beta_4' \rho_i + \beta_5' \pi_i + \beta_6' \varphi_i + \varepsilon_i \qquad (5)$$

$$\text{Pov}_i' = \beta_0'' + \beta_1'' X_i + T' \text{MVar}_i + \beta_2'' \gamma_i + \beta_3'' \delta_i + \beta_4'' \rho_i + \beta_5'' \pi_i + \beta_6'' \varphi_i + \varepsilon_i \qquad (6)$$

式（6）中 MVar_i 代表劳动参与率或日常生活活动能力，Pov_i' 为农村老年人的健康相对贫困发生率，X_i 表示慢性病因素，γ_i 表示农村老年人的个体特征因素，δ_i 表示农村老年人的家庭特征因素，ρ_i 表示制度因素，π_i 表示农村老

年人的健康行为因素，φ_i 表示调查时间因素，ε_i 为随机扰动项。农村老年人健康相对贫困中介效应的检验步骤与判断方法，与农村老年人经济相对贫困中介效应的检验步骤和判断方法完全相同。

三、健康相对贫困的中介效应检验

表 5-4 显示的是劳动参与对有无慢性病与农村老年人健康相对贫困的中介效应检验结果。其中，模型 5 分析的是有无慢性病对农村老年人劳动参与率的影响，模型估计结果表明，有无慢性病显著负向影响农村老年人的劳动参与率。相对于没有罹患慢性病的农村老年人而言，罹患慢性病的农村老年人，他们不参加农业劳动的概率发生比将下降 43.3%，这与第五章假设 5 相符。模型 6 分析的是慢性病对农村老年人健康相对贫困的影响效应，回归模型在 1% 的显著性水平上通过了显著性检验，这与第四章假设 1 相符。有无慢性病对农村老年人的健康相对贫困有显著的正向影响，相对于没有罹患慢性病的农村老年人，罹患慢性病的农村老年人，他们陷入健康相对贫困的概率发生比将增加 1.33 倍。模型 7 分析的是劳动参与对有无慢性病与农村老年人健康相对贫困的中介效应，模型在 1% 的显著性水平上通过了显著检验，这与第五章假设 7 和假设 8 相符。当加入劳动参与中介变量之后，有无慢性病对农村老年人健康相对贫困仍然有显著的影响，而且有无慢性病的系数值变小了，同时，劳动参与对农村老年人健康相对贫困也有显著的影响。这表明劳动参与对有无慢性病与农村老年人健康相对贫困有显著的中介效应，根据有无慢性病和劳动参与两者的显著性检验结果可以发现，劳动参与在有无慢性病与农村老年人的健康相对贫困之间所起的中介效应是部分中介效应，而不是完全中介效应。

表 5-5 是日常生活活动能力对有无慢性病与农村老年人健康相对贫困的中介效应检验结果。其中，模型 8 分析的是慢性病对农村老年人日常生活活动能力的影响效应，模型在 1% 显著性水平上通过了显著性检验。模型估计结果表明，有无慢性病对农村老年人的日常生活活动能力有显著的负向影响，即慢性病显著降低了农村老年人的日常生活活动能力，这与第五章假设 5 相符。模型 9 分析的是慢性病对农村老年人健康相对贫困的影响效应，模型在 1% 显著性水平上通过了显著性检验。模型估计结果表明，慢性病对农村老年人的健康相对贫困有显著的正向影响，有无慢性病对农村老年人健康相对贫困的

表 5-4　　劳动参与对有无慢性病与农村老年人健康相对贫困的中介效应检验结果

变量类型	变量名称	模型5：劳动参与		模型6：致贫效应		模型7：中介效应	
		β	Exp(β)	β	Exp(β)	β	Exp(β)
个体特征变量	性　别	0.322 ***	1.380	0.048	1.049	0.054	1.056
	年　龄	−0.089 ***	0.915	0.004	1.004	0.002	1.002
	受教育程度	−0.511 ***	0.600	−0.187 ***	0.829	−0.202 ***	0.817
	婚姻状况	−0.032	0.968	−0.036	0.964	−0.028	0.972
家庭特征	子女数量	0.032 **	1.033	0.034 ***	1.035	0.034 *	1.034
	家庭资产	0.055 ***	1.057	0.005	1.005	0.006	1.006
	收入水平	0.000 ***	1.000	0.000 ***	1.000	0.000 ***	1.000
制度	医疗保险	0.328 ***	1.388	0.175 ***	1.191	0.183 **	1.201
健康行为	是否吸烟	0.026	1.026	−0.086	0.917	−0.084	0.919
	是否喝酒	0.453 ***	1.573	−0.371 ***	0.690	−0.359 ***	0.698
年份	调查时间	控制	控制	控制	控制	控制	控制
慢性病	有无慢性病	−0.359 ***	0.698	0.847 ***	2.333	0.840 ***	2.316
中介	中介变量 M1	—	—	—	—	−0.118 ***	0.888
模型拟合效果	对数似然值	21882.820		14365.505		14350.172	
	显著性水平	0.000		0.000		0.000	
	伪决定系数	0.154		0.033		0.033	
	调整后系数	0.205		0.052		0.053	

注：***、** 和 * 分别表示变量在1%、5%和10%的统计水平上显著。"−"表示没有进行该项分析。中介变量 M2 是农村老年人日常生活活动能力的综合得分，连续变量需要用 OLS 模型对参数进行估计。健康贫困的操作化方法为：健康很差、健康较差=1，健康一般、健康较好、健康很好=0。

边际贡献与表 5-4 中模型 6 的估计结果相同，即罹患慢性病的农村老年人，他们陷入健康相对贫困的概率发生比将增加 1.33 倍，这与假设 5 相符。模型 10 分析的是日常生活活动能力对有无慢性病与农村老年人健康相对贫困的中介效应，模型在 1% 显著性水平上通过了显著性检验。模型估计结果表明，当加入日常生活活动能力这一中介变量之后，有无慢性病对农村老年人的健康相对贫困仍然有显著的正向影响，但是有无慢性病的估计系数出现了明显的降低，而且日常生活活动能力对农村老年人健康相对贫困的影响，也通过了显著性检验。这表明，日常生活活动能力在有无慢性病与农村老年人健康相对贫困之间起到了部分中介效应，而不是完全中介效应。这与第五章假设 8 相符。

表 5-5　日常生活活动能力对有无慢性病与农村老年人健康相对贫困的中介效应检验结果

变量类型	变量名称	模型 8：活动能力		模型 9：致贫效应		模型 10：中介效应	
		β	$\mathrm{Exp}(\beta)$	β	$\mathrm{Exp}(\beta)$	β	$\mathrm{Exp}(\beta)$
个体特征变量	性别	−0.326	0.7221	0.048	1.049	0.222***	1.249
	年龄	−0.297***	0.7428	0.004	1.004	−0.020***	0.981
	受教育程度	0.456	1.5775	−0.187***	0.829	0.022	1.023
	婚姻状况	0.744***	2.1043	−0.036	0.964	0.028	1.029
家庭特征	子女数量	0.004	1.0038	0.034***	1.035	0.046***	1.047
	家庭资产	0.005	1.0054	0.005	1.005	0.001	1.001
	收入水平	−8.812E-7	1.0000	0.000***	1.000	0.000	1.000
制度	医疗保险	0.027	1.0269	0.175***	1.191	0.288***	1.334
健康行为	是否吸烟	0.256	1.2919	−0.086	0.917	−0.071	0.932
	是否喝酒	1.933***	6.9069	−0.371***	0.690	−0.338***	0.714
年份	调查时间	控制	控制	控制	控制	控制	控制
慢性病	有无慢性病	−2.166***	0.1147	0.847***	2.333	0.680***	1.973
中介	中介变量 M2	—	—	—	—	−0.049***	0.952
模型拟合效果	对数似然值	—		14365.505		9482.576	
	显著性水平	0.000		0.000		0.000	
	伪决定系数	0.049		0.033		0.034	
	调整后系数	0.048		0.052		0.061	

注：***、** 和 * 分别表示变量在 1%、5% 和 10% 的统计水平上显著。"−"表示没有进行该项分析。中介变量 M2 是农村老年人日常生活活动能力的综合得分，连续变量需要用 OLS 模型对参数进行估计。健康贫困的操作化方法为：健康很差、健康较差＝1，健康一般、健康较好、健康很好＝0。

表 5-6 显示的是劳动参与对慢性病数量与农村老年人健康相对贫困的中介效应检验结果。其中，模型 11 分析的是慢性病数量对农村老年人劳动参与的影响效应，模型在 1% 显著性水平上通过了显著性检验。模型估计结果显示，慢性病数量对农村老年人的劳动参与率有显著的负向影响，慢性病每增加一种，农村老年人不参加农业生产劳动的概率发生比将增加 18.76%。这与第五章假设 6 相符。模型 12 分析的是慢性病数量对农村老年人健康相对贫困的影响效应，模型在 1% 显著性水平上通过了显著性检验。模型估计结果显示，慢性病数量对农村老年人的健康相对贫困有显著的正向影响，慢性病数量每增加一种，农村老年人陷入健康相对贫困的概率发生比将增加 65.5%。模型 13 分析的是劳动参与对慢性病数量与农村老年人健康相对贫困之间的中介效应，模型在 1% 显著性水平上通过了显著性检验。模型估计结果显示，当加入劳动参与这一中介变量时，慢性病数量对农村老年人健康相对贫困的影响仍然通过了显著性检验，但是从系数值的变化可以看出，系数值发生率降低。而且，中间变量 M1 即劳动参与对农村老年人健康相对贫困的影响，也通过了显著性检验。这表明，劳动参与对慢性病数量与农村老年人健康相对贫困的中介效应，是部分中介效应而不是完全中介效应。这与第五章假设 7 和假设 8 相符。

表 5-6　　　　劳动参与对慢性病数量与农村老年人健康相对贫困的
中介效应检验结果

变量类型	变量名称	模型 11：劳动参与		模型 12：致贫效应		模型 13：中介效应	
		β	$\text{Exp}(\beta)$	β	$\text{Exp}(\beta)$	β	$\text{Exp}(\beta)$
个体特征变量	性　别	0.312***	1.366	-0.027	0.973	-0.017	0.983
	年　龄	-0.091***	0.913	-0.008	0.992	-0.010	0.990
	受教育程度	-0.382***	0.682	-0.191	0.826	-0.198	0.820
	婚姻状况	-0.009	0.991	-0.227***	0.797	-0.224**	0.799
家庭特征	子女数量	-0.039	0.962	-0.078	0.925	-0.079	0.924
	家庭资产	0.047***	1.048	0.064***	1.066	0.067***	1.070
	收入水平	0.000***	1.000	0.000	1.000	0.000***	1.000
制度	医疗保险	0.434**	1.543	0.250	1.284	0.261	1.298

续表

变量类型	变量名称	模型 11：劳动参与		模型 12：致贫效应		模型 13：中介效应	
		β	Exp(β)	β	Exp(β)	β	Exp(β)
健康行为	是否吸烟	0.186**	1.204	−0.102	0.903	−0.098	0.907
	是否喝酒	0.415***	1.514	−0.200**	0.819	−0.191*	0.826
年份	调查时间	控制	控制	控制	控制	控制	控制
慢性病	慢性病数量	−0.173***	0.842	0.504***	1.655	0.500***	1.648
中介	中介变量 M1	—	—	—	—	−0.110***	0.896
模型拟合效果	对数似然值	4726.183		3064.424		3062.142	
	显著性水平	0.000		0.000		0.000	
	伪决定系数	0.172		0.049		0.050	
	调整后系数	0.230		0.087		0.087	

　　注：***、**和*分别表示变量在1%、5%和10%的统计水平上显著。"−"表示没有进行该项分析。本表模型3中介变量 M1 的 Sobel 检验结果表明，Sig. 值 = 0.000（$P<1\%$），通过了 Sobel 的显著性检验，表明中介效应存在。健康贫困的操作化方法为：健康很差、健康较差 = 1，健康一般、健康较好、健康很好 = 0。

　　表 5-7 显示的是日常生活活动能力对慢性病数量与农村老年人健康相对贫困的中介效应检验结果。其中，模型 14 分析的是慢性病数量对农村老年人日常生活活动能力的影响效应，模型在1%显著性水平上通过了显著性检验。模型估计结果显示，慢性病数量对农村老年人的日常生活活动能力有显著的负向影响，即慢性病显著降低了农村老年人日常生活活动能力。这与第五章假设6相符。模型15分析的是慢性病数量对农村老年人健康相对贫困的影响效应，模型在1%显著性水平上通过了显著性检验。慢性病数量对农村老年人健康相对贫困的边际贡献与表5-6中模型12的估计结果相同，即慢性病数量每增加一种，农村老年人陷入健康相对贫困的概率发生比将增加65.5%。模型16分析的是日常生活活动能力对慢性病数量与农村老年人健康相对贫困的中介效应，模型在1%显著性水平上通过了显著性检验。模型估计结果显示，当加入中介变量 M2 即日常生活活动能力时，慢性病对农村老年人健康相对贫困的影响仍然通过了显著性检验，且慢性病数量的估计系数值出现了明显降低，同时，中介变量 M2 对农村老年人健康相对贫困的影响，也通过了显著性检

验。这与第五章假设 7 和假设 8 相符。基于此我们可以判断，日常生活活动能力在慢性病数量与农村老年人健康相对贫困的关系之间，起到了显著的中介效应。而且慢性病数量和日常生活活动能力的显著性检验结果表明，日常生活活动能力对慢性病数量与农村老年人健康相对贫困之间的中介效应，是部分中介效应而不是完全中介效应。

表 5-7　日常生活活动能力对慢性病数量与农村老年人健康相对贫困的中介效应检验结果

变量类型	变量名称	模型 14：活动能力		模型 15：致贫效应		模型 16：中介效应	
		β	$\text{Exp}(\beta)$	β	$\text{Exp}(\beta)$	β	$\text{Exp}(\beta)$
个体特征变量	性别	−0.260	0.7711	−0.027	0.973	0.061	1.063
	年龄	−0.363***	0.6956	−0.008	0.992	−0.026***	0.974
	受教育程度	0.679	1.9719	−0.191	0.826	0.042	1.043
	婚姻状况	1.656***	5.2383	−0.227***	0.797	−0.186	0.830
家庭特征	子女数量	0.662***	1.9387	−0.078	0.925	−0.015	0.985
	家庭资产	−0.093**	0.9112	0.064***	1.066	0.065***	1.067
	收入水平	2.491E-5	1.0000	0.000***	1.000	0.000***	1.000
制度	医疗保险	−0.955	0.3848	0.250	1.284	0.361	1.434
健康行为	是否吸烟	0.912*	2.4893	−0.102	0.903	−0.112	0.894
	是否喝酒	1.528***	4.6089	−0.200**	0.819	−0.103	0.902
年份	调查时间	控制	控制	控制	控制	控制	控制
慢性病	慢性病数量	−1.203***	0.3003	0.504***	1.655	0.407***	1.502
中介	中介变量 M2	—	—			−0.031***	0.970
模型拟合效果	对数似然值	—		3064.424		2185.135	
	显著性水平	0.000		0.000		0.000	
	伪决定系数	0.075		0.049		0.043	
	调整后系数	0.072		0.087		0.083	

注：***、** 和 * 分别表示变量在 1%、5% 和 10% 的统计水平上显著。"−"表示没有进行该项分析。中介变量 M2 是农村老年人日常生活活动能力的综合得分，连续变量需要用 OLS 模型对参数进行估计。健康贫困的操作化方法为：健康很差、健康较差=1，健康一般、健康较好、健康很好=0。

第三节　慢性病对农村老年人精神相对贫困的影响机制

农村老年人的精神贫困，涉及三个方面的问题：一是精神状态的好坏，二是心理状态的健康状况，三是精神需求的满足程度。农村老年人的精神状态（如精气神），会影响他们的认知能力，进而影响他们的精神贫困状况。农村老年人的心理状态，包括心态和心情两个方面，积极的心态和愉快的心情是心理健康的重要标志，反之则是心理不健康抑或心理贫困的重要反映。根据马斯洛的需求层次理论，每个人都有生理的需求，也有精神方面的需求，当精神方面的需求得不到满足，不仅不会产生更高层级的需求，也表明精神状态处于不健康或精神贫困之中。农村老年人精神状态的好坏和心理状态的好坏，可以通过农村老年人的认知状况和抑郁情况来测量，而农村老年人精神需求的满足程度，则可以通过他们的孤独感状态加以反映。因此，本书的精神相对贫困是一个包含了上述三个方面的综合指标，是由多个分析指标共同构造的一个潜变量。

一、理论框架构建与研究假设

（一）理论框架构建

作为一种社会性群体，丰富的社会交往是农村老年人获得精神富足的根本途径。农村老年人的社会交往越多，获得精神满足的可能性就越大，农村老年人陷入精神相对贫困的概率就会越低。因此，农村老年人的社会交往可能会影响农村老年人的精神相对贫困问题。而且已有的经验研究也表明，社会交往对农村老年人的精神健康有显著影响。例如，郭星华、才凤伟（2012）针对农民工群体的研究结果表明，社会交往对农民工的精神健康有显著的负向影响，其中，群体性社会交往能够有效减少农民工的抑郁状况，促进农民工的精神健康，而个体性交往对农民工精神健康的影响则较为复杂[1]。潘泽

---

[1]　郭星华、才凤伟：《新生代农民工的社会交往与精神健康——基于北京和珠三角地区调查数据的实证分析》，《甘肃社会科学》，2012年第4期，第30-34页。

泉、林婷婷(2015)基于湖南省农民工的调查数据，实证分析了劳动时间、社会交往对农民工社会融入的影响，研究结果表明：社会交往对农民工的社会融入有显著的影响①。再如，王丽、原新(2016)分析了社会交往对流动人口心理融合的影响，研究结果表明：初级社会关系体系显著降低积极心理融合水平，本地社会交往体系显著提高积极心理融合水平②。刘西国(2016)基于中国健康与养老追踪调查 2011 年的数据，实证分析了社交活动对农村老年人生活满意度的影响。研究结果表明：社交活动显著影响农村老年人的生活满意度；从影响渠道看，社交活动显著降低了农村老年人的抑郁症倾向，进而提高了农村老年人的就医及时性，从而有效提升了农村老年人的生活满意度③。又如，王静、杨小洋(2018)实证分析了社会交往对农村老年人心理健康的影响，研究结果表明：社会交往显著影响老年人的心理健康，并且老年人对老化态度的认识是其中的中介变量④。赵丹、余林(2016)把社会交往划分为社会网络、社会支持和社会参与三个方面，并分析了社会交往对老年人认知功能的影响效应，研究结果表明：社会交往对老年人的认知功能有积极的影响，而网络类型比网络规模更有利于揭示社会网络与老年人认知功能之间的关系⑤。

如果能够证明，慢性病对农村老年人的社会交往有显著的影响，那么，我们就可以判断社会交往是慢性病与农村老年人精神相对贫困的中介变量，三者之间的关系见图 5-3。那么，慢性病会影响农村老年人的社会交往吗？从理论上看，农村老年人愿意参与社会交往，因为，社会交往是农村老年人资源互换和各种需求满足的基本途径。而农村老年人参与社会交往的前提是健

① 潘泽泉、林婷婷：《劳动时间、社会交往与农民工的社会融入研究——基于湖南省农民工"三融入"调查的分析》，《中国人口科学》，2015 年第 3 期，第 108-115 页。
② 王丽、原新：《流动人口社会交往对心理融合的影响》，《天府新论》，2016 年第 1 期，第 120-127 页。
③ 刘西国：《社交活动如何影响农村老年人生活满意度》，《人口与经济》，2016 年第 2 期，第 40-47 页。
④ 王静、杨小洋：《社会交往对老年人心理健康的影响：以老化态度为中介作用》，《第二十一届全国心理学学术会议摘要集》，第 1370-1371 页。
⑤ 赵丹、余林：《社会交往对老年人认知功能的影响》，《心理科学进展》，2016 年第 1 期，第 46-54 页。

康状况允许, 如果健康状况不允许, 那么, 农村老年人的社会交往将会受到较大限制。已有的经验研究和本章第二节的实证分析结果表明, 慢性病对农村老年人的健康状况和健康贫困有显著的影响, 而健康受损会影响农村老年人的社会交往。例如, 宋新明等 (2016) 的研究结果表明, 慢性病对农村老年人具有显著的致残效应[①]。再如, 范翔等 (2022) 基于河南省 60 岁及以上老年人的调查数据, 实证分析了慢性病对老年人社会交往能力的影响效应。研究结果表明: 罹患慢性病共病的老年人社会交往能力受损风险是没有罹患慢性病共病老年人这一风险的 2.749 倍; 罹患 4 种及以上慢性病以及常见的 4 种慢性病共病组合是老年人社会交往能力受损的主要危险因素[②]。

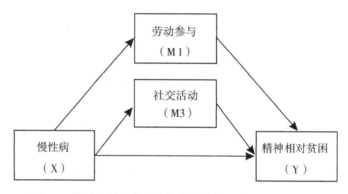

图 5-3　慢性病影响农村老年人精神相对贫困的内在机制

农村老年人的社会活动有广义和狭义之分, 狭义的社交活动主要是生活性的社交活动, 而广义的社交活动也包含了生产性的社交活动。农村老年人参与农业劳动, 是一种生产性社交活动。因为, 农业劳动生产很难通过一个人来完成, 往往是在夫妻之间、家庭成员之间、甚至邻里之间的互帮互助下完成的, 农业劳动的过程就是农村老年人参与社会交往的一种过程。因此, 劳动参与也是一种社交活动, 它是广义的社交活动, 是生产性的社交活动。

①　宋新明、周勇义、郭平、冯善伟、薛思莼:《中国老年人慢性病的致残作用分析》,《人口与发展》, 2016 年第 3 期, 第 79-83 页。
②　范翔等:《河南省老年人慢性病共病对社会交往能力的影响研究》,《医学与社会》, 2022 年第 5 期, 第 55-59 页。

已有的经验研究和本书前面的分析已经表明，慢性病显著影响农村老年人的劳动参与率。如果我们能够证明，劳动参与也会影响农村老年人的精神健康，那么，劳动参与将可能是慢性病与农村老年人精神相对贫困的中介变量。劳动参与会影响农村老年人的精神健康状况吗？从现实生活上看，农业丰收的喜悦、农产品交易的快乐，极大地促进了农村老年人的精神富足，减少了精神贫困；从理论上看，农业劳动本身是一种忙碌，挤占了农村老年人"无所事事"、"空虚无聊"的时间，正所谓"有事做，老得慢"，劳动参与也可能有助于减少精神贫困；从经验研究方面看，已有的经验研究表明，劳动参与对农村老年人有或正向或负向的显著影响。例如，刘林平等（2011）基于对长三角和珠三角外来工的问卷调查数据的研究结果表明，劳动加班和强迫劳动对精神健康有显著的负向影响①。

（二）研究假设

基于上述分析，本书提出如下研究假设。

假设9：有无慢性病对农村老年人的劳动参与和社交活动有显著的负向影响，即罹患慢性病的农村老年人，他们的社交活动参与率将大大降低；

假设10：慢性病数量对农村老年人的劳动参与和社交活动有显著的负向影响，即慢性病数量越多的农村老年人，他们的社交活动参与率越低；

假设11：农村老年人的劳动参与和社交活动显著影响他们的精神相对贫困状况，农村老年人的社交活动参与率越低，他们的精神相对贫困问题越突出。

假设12：劳动参与和社交活动对慢性病与农村老年人精神相对贫困有显著的中介效应，劳动参与和社交活动降低了农村老年人的精神相对贫困概率。

二、中介变量选择与模型设定

（一）中介变量与控制变量选择

农村老年人精神相对贫困的中介变量有两个：一是劳动参与 M1，二是社

---

① 刘林平、郑广怀、孙中伟：《劳动权益与精神健康——基于对长三角和珠三角外来工的问卷调查》，《社会学研究》，2011 年第 4 期，第 164-184 页。

交活动 M3。前文已经分析，农业劳动参与率的影响因素，不仅有慢性病，还
受到农村老年人其他因素的影响(见表 5-1 和表 5-3)。同样的道理，农村老年
人的社交活动也不仅受到慢性病的影响，还受到农村老年人个体特征因素、
家庭特征因素、社区特征因素、制度因素和健康行为因素等方面的影响。例
如，张云武(2009)在分析社会信任对社会交往的影响时，把年龄、受教育程
度、婚姻状况、所在地区等变量纳入回归模型，以减少这些因素对社会交往
的影响效应①。胡荣(2005)的分析结果表明，性别、年龄、收入、受教育程
度、政治面貌以及社区身份等是影响农村居民社会交往的个体因素②。芦强
(2021)基于西部调查数据，在分析社会流动对社会交往的影响时，把性别、
年龄、受教育程度、政治面貌、婚姻状况、收入水平和户口性质等因素作为
控制变量纳入回归模型③。

　　农村老年人的社交活动，被操作化为"您过去一个月是否进行了下列社交
活动?(可多选)"，答案设计为十个选项：即(1)串门、跟朋友交往;(2)打
麻将、下棋、打牌、去社区活动室;(3)无偿向与您不住在一起的亲人、朋友
或者邻居提供帮助;(4)去公园或者其他场所跳舞、健身、练气功等;(5)参
加社团组织活动;(6)志愿者活动或者慈善活动;(7)无偿照顾与您不住在一
起的病人或残疾人;(8)上学或者参加培训课程;(9)炒股及其他;(10)以上
都没有。如果农村老年人选择(10)就认为没有社交活动，赋值为 0，表示没
有参与社交活动;如果农村老年人参与了以上几种活动，赋值为 1，表示参与
社交活动。根据上述分析以及前文经济相对贫困和健康相对贫困中介效应分
析时的控制变量选择情况，同时也为了保持分析的规范性和前后一致性，农
村老年人精神相对贫困中介效应分析的中介变量、控制变量选择情况及其统
计描述见表 5-8。

---

　　①　张云武：《不同规模地区居民的人际信任与社会交往》，《社会学研究》，2009 年
第 4 期，第 112-132 页。
　　②　胡荣：《影响村民社会交往的因素分析》，《厦门大学学报(哲学社会科学版)》，
2005 年第 2 期，第 122-128 页。
　　③　芦强：《社会流动对社会交往的影响研究——基于西部社会的实证分析》，《宁夏
社会科学》，2020 年第 2 期，第 142-150 页。

表 5-8 中介变量、控制变量含义及其统计描述

	指标含义	操作化方法	判定标准	最大值	最小值	标准差	平均值	观测值
中介变量	中介变量 M1	劳动参与	参与农业劳动＝1；未参与农业劳动＝0	1	0	0.4985	0.5387	35695
	中介变量 M3	社交活动	参与社交活动＝1；没有参与社交活动＝0	1	0	12.281	84.691	27251
控制变量	个体特征因素	性别	男性＝0，女性＝1	1	0	0.4989	0.4675	35906
		年龄	被调查老年人的年龄	118	60	7.1190	68.815	22297
		受教育程度	文盲＝0；小学、私塾、初中及以上＝1	1	0	0.4329	0.2498	19204
		健康状况	农村老年人日常生活活动能力的综合得分	90	0	84.69	12.282	27251
		婚姻状况	有配偶＝1；无配偶＝0	1	0	0.4260	0.7600	35905
	家庭特征因素	子女数量	农村老年人子女数量	16	0	1.1790	2.7333	31525
		家庭资产	农村老年人的耕地面积（单位：亩）	400	0	5.0391	1.9550	35627
		收入水平	农村老年人家庭农业收入（单位：万元）	60	0	13766	1.4372	35905
	制度因素	医疗保险	参加医疗保险＝1；未参加医疗保险＝0	1	0	0.1980	0.9600	35890
	健康行为	是否吸烟	吸烟＝1，不吸烟＝0	1	0	0.4450	0.2723	35906
		是否喝酒	喝酒＝1，不喝酒＝0	1	0	0.4500	0.2821	35877
	时间	调查年份	数据调查的具体年份	4	1	2.4030	2014.4	35906

(二) 模型设定

检验劳动参与和社交活动参与率对慢性病与农村老年人精神相对贫困之间的中介效应，基本方法仍然采用分层回归。第一层，检验慢性病对农村老年人劳动参与和社交活动参与率的影响，如果通过显著性检验，即式(7)中待

估计系数 θ_1 显著，表明解释变量与中介变量存在线性关系；第二层，检验解释变量对被解释变量的影响，如果模型通过显著性检验，即式（8）中待估计系数 θ_1' 显著，则表明解释变量与被解释变量存在线性关系；第三层，检验中介变量（包括劳动参与和社交活动参与率）和解释变量（有无慢性病和慢性病数量）对被解释变量（农村老年人的精神相对贫困）的影响，如果模型通过显著性检验，即式（9）中待估计系数 T'' 和 θ_1'' 显著，则说明中介效应存在，其中，如果 θ_1'' 和 T'' 待估计系数均显著，则表明劳动参与和社交活动参与率在慢性病与农村老年人的精神相对贫困之间起部分中介效应，如果 θ_1'' 不显著而 T'' 显著，则表明劳动参与和社交活动参与率在慢性病与农村老年人的精神相对贫困之间起完全中介效应。回归模型构建如下：

$$\text{MVar}_i' = \theta_0 + \theta_1 X_i + \theta_2 \gamma_i + \theta_3 \delta_i + \theta_4 \rho_i + \theta_5 \pi_i + \theta_6 \varphi_i + \varepsilon_i \qquad (7)$$

$$\text{Pov}_i'' = \theta_0' + \theta_1' X_i + \theta_2' \gamma_i + \theta_3' \delta_i + \theta_4' \rho_i + \theta_5' \pi_i + \theta_6' \varphi_i + \varepsilon_i \qquad (8)$$

$$\text{Pov}_i'' = \theta_0'' + \theta_1'' X_i + T'' \text{MVar}_i' + \theta_2'' \gamma_i + \theta_3'' \delta_i + \theta_4'' \rho_i + \theta_5'' \pi_i + \theta_6'' \varphi_i + \varepsilon_i \qquad (9)$$

式（9）中 MVar_i' 代表劳动参与率或社交活动参与率，Pov_i'' 为农村老年人的精神相对贫困发生率，X_i 表示慢性病因素，γ_i 表示农村老年人的个体特征因素，δ_i 表示农村老年人的家庭特征因素，ρ_i 表示制度因素，π_i 表示农村老年人的健康行为因素，φ_i 表示调查时间因素，ε_i 为随机扰动项。农村老年人精神相对贫困中介效应的检验步骤与判断方法，与农村老年人经济相对贫困和健康相对贫困中介效应的检验步骤和判断方法完全相同。

三、精神相对贫困的中介效应检验

表5-9显示的是劳动参与对有无慢性病与农村老年人精神相对贫困的中介效应检验结果。其中，模型17分析的是有无慢性病对农村老年人劳动参与的影响效应，模型在1%显著性水平上通过了显著性检验。在控制农村老年人个体特征、家庭特征、制度因素和健康行为等因素的基础上，有无慢性病解释了农村老年人劳动参与变异的25.3%。从模型估计结果来看，有无慢性病对农村老年人的劳动参与有显著的负向影响，相对于没有罹患慢性病的农村老年人，罹患慢性病的农村老年人不参加农业劳动的概率发生比将下降20.78%，这与第五章假设9相符。模型18分析的是有无慢性病对农村老年人精神相对贫困的影响效应，模型在1%显著性水平上通过了显著性检验。从模型估计结果来看，有无慢性病对农村老年人的精神健康有显著的正向影响，

相对于没有罹患慢性病的农村老年人而言，罹患慢性病的农村老年人陷入精神相对贫困的概率发生比将增加 30.4%。模型 19 分析的是劳动参与对有无慢性病与农村老年人精神相对贫困的影响效应，模型在 1% 显著性水平上通过了显著性检验。从模型的估计结果来看，在控制了农村老年人个体特征因素、家庭特征因素、制度因素和健康行为因素的基础上，有无慢性病和劳动参与合计解释了农村老年人精神相对贫困变异的 8%。从模型的估计结果来看，当加入劳动参与这一中介变量之后，有无慢性病对农村老年人精神相对贫困仍然有显著的影响，而且劳动参与对农村老年人精神相对贫困的影响，也通过了显著性检验。这表明，劳动参与在有无慢性病与农村老年人精神相对贫困之间起着中介作用，并且是部分中介效应而不是完全中介效应。劳动参与显著降低了农村老年人的精神相对贫困概率发生率，相对于参加农业生产劳动的农村老年人，他们陷入精神相对贫困的概率发生比将减少 13.2%。这与第五章假设 11 和假设 12 相符。

表 5-9　劳动参与对有无慢性病与农村老年人精神相对贫困的中介效应检验结果

变量类型	变量名称	模型 17：劳动参与		模型 18：致贫效应		模型 19：中介效应	
		β	$\text{Exp}(\beta)$	β	$\text{Exp}(\beta)$	β	$\text{Exp}(\beta)$
个体特征变量	性　别	-0.173***	0.841	0.449***	1.567	0.450***	1.569
	年　龄	0.221***	1.247	0.293***	1.341	0.302***	1.353
	年龄平方	-0.002***	0.998	-0.002***	0.998	-0.002***	0.998
	受教育程度	-0.449***	0.638	-0.652***	0.521	-0.534***	0.586
	健康状况	0.038***	1.039	-0.021***	0.980	-0.018***	0.982
	婚姻状况	-0.332***	0.717	-0.373***	0.689	-0.374***	0.688
家庭特征	子女数量	-0.015	0.985	-0.009	0.991	0.005	1.005
	家庭资产	0.044***	1.045	-0.005	0.995	0.001	1.001
	收入水平	0.000***	1.000	0.000***	1.000	0.000***	1.000
制度	养老保险	-0.932***	0.394	-0.665**	0.514	-0.752***	0.472
健康行为	是否吸烟	0.000	0.999	0.067*	1.070	0.109	1.115
	是否喝酒	0.533***	1.704	-0.217***	0.805	-0.231***	0.793
年份	调查时间	控制	控制	控制	控制	控制	控制

续表

变量类型	变量名称	模型17：劳动参与		模型18：致贫效应		模型19：中介效应	
		β	$\mathrm{Exp}(\beta)$	β	$\mathrm{Exp}(\beta)$	β	$\mathrm{Exp}(\beta)$
慢性病	有无慢性病	-0.188***	0.828	0.265***	1.304	0.243***	1.275
中介	中介变量 M1	—	—	—	—	-0.124***	0.883
模型拟合效果	对数似然值	12233.729		10728.707		12641.081	
	显著性水平	0.000		0.000		0.000	
	伪决定系数	0.190		0.051		0.058	
	调整后系数	0.253		0.078		0.080	

注：***、**和*分别表示变量在1%、5%和10%的统计水平上显著。"-"表示没有进行该项分析。

表5-10显示的是社交活动对有无慢性病与农村老年人精神相对贫困的中介效应检验结果。其中，模型20分析的是有无慢性病对农村老年人社交活动的影响效应，模型在1%显著性水平上通过了显著性检验。从模型估计结果看，有无慢性病对农村老年人的社交活动有显著的负向影响，即慢性病降低了农村老年人的社交活动参与率。相对于没有罹患慢性病的农村老年人而言，罹患慢性病的农村老年人，他们不参加农业劳动的概率发生比将增加15.1%。这与假设10相符。模型21分析的是慢性病对农村老年人精神相对贫困的影响效应，模型的显著性检验结果和模型估计结果与表5-9模型18的结果完全一致。模型22分析的是社交活动对有无慢性病对农村老年人精神相对贫困的中介效应，模型在1%显著性水平上通过了显著性检验。从模型估计结果来看，当加入中介变量M3的情况下，有无慢性病对农村老年人精神相对贫困的影响仍然通过了显著性检验，并且社交活动对农村老年人精神相对贫困的影响也通过了显著性检验。这表明，社交活动对有无慢性病与农村老年人精神相对贫困有显著的中介效应，而且是部分中介效应而不是完全中介效应。社交活动可以显著降低农村老年人的精神相对贫困，相对于没有社交活动的农村老年人而言，有社交活动的农村老年人，他们陷入精神相对贫困的概率发生比将降低21.21%。这与第五章假设11和假设12相符。

表 5-10 社交活动对有无慢性病与农村老年人精神相对贫困的中介效应检验结果

变量类型	变量名称	模型20：社交活动		模型21：致贫效应		模型22：中介效应	
		β	Exp(β)	β	Exp(β)	β	Exp(β)
个体特征变量	性 别	0.344***	1.411	0.449***	1.567	0.464***	1.591
	年 龄	-0.111**	0.895	0.293***	1.341	0.297***	1.346
	年龄平方	0.001**	1.001	-0.002***	0.998	-0.002***	0.998
	受教育程度	0.328***	1.389	-0.652***	0.521	-0.531***	0.588
	健康状况	0.018***	1.018	-0.021***	0.980	-0.017***	0.983
	婚姻状况	-0.225***	0.799	-0.373***	0.689	-0.391***	0.677
家庭特征	子女数量	0.046	1.047	-0.009	0.991	0.007	1.007
	家庭资产	0.003	1.003	-0.005	0.995	0.002	1.002
	收入水平	0.000***	1.000	0.000***	1.000	0.000***	1.000
制度	养老保险	0.485**	1.625	-0.665**	0.514	-0.608**	0.544
健康行为	是否吸烟	0.101*	1.106	0.067*	1.070	0.114*	1.121
	是否喝酒	0.237***	1.268	-0.217***	0.805	-0.204***	0.815
年份	调查时间	控制	控制	控制	控制	控制	控制
慢性病	有无慢性病	-0.141***	0.869	0.265***	1.304	0.242***	1.274
中介	中介变量 M3	—	—	—	—	-0.193***	0.825
模型拟合效果	对数似然值	14040.998		10728.707		12636.089	
	显著性水平	0.000		0.000		0.000	
	伪决定系数	0.030		0.051		0.058	
	调整后系数	0.040		0.078		0.081	

注：***、**和*分别表示变量在1%、5%和10%的统计水平上显著。"-"表示没有进行该项分析。

表 5-11 显示的是劳动参与对慢性病数量与农村老年人精神相对贫困的中介效应检验结果。其中，模型23分析的是慢性病数量对农村老年人劳动参与率的影响效应，模型在1%的显著性水平上通过了显著性检验，这与第五章假设10相符。从模型估计结果看，慢性病数量对农村老年人的劳动参与有显著的负向影响，农村老年人罹患的慢性病数量每增加一种，他们不参加农业劳

动的概率发生比将增加 23.3%，模型 24 分析的是慢性病数量对农村老年人精神相对贫困的影响效应，模型在 1% 显著性水平上通过了显著性检验。从模型估计结果看，慢性病数量对农村老年人的精神相对贫困有显著的正向影响，慢性病数量每增加一种，农村老年人陷入精神相对贫困的概率发生比将增加 13.0%。模型 25 分析的是劳动参与对慢性病数量与农村老年人精神相对贫困之间的中介效应，模型在 1% 显著性水平上通过了显著性检验。从模型估计结果看，当加入中介变量 M1 的情况下，慢性病数量对农村老年人精神相对贫困的影响仍然通过了显著性检验。这表明，劳动参与对慢性病数量与农村老年人精神相对贫困有显著的中介效应，根据模型 25 慢性病数量和劳动参与系数值的显著性检验结果可知，劳动参与在慢性病数量与农村老年人精神相对贫困之间起部分中介效应，而不是完全中介效应。劳动参与对农村老年人精神相对贫困有显著的负向影响，即劳动参与率显著降低了农村老年人的精神相对贫困发生率。相对于没有劳动参与的农村老年人，参与农业劳动的农村老年人，他们陷入精神相对贫困的概率发生比将降低 32.8%。这与第五章假设 11 和假设 12 相符。

表 5-11　劳动参与对慢性病数量与农村老年人精神相对贫困的中介效应检验结果

变量类型	变量名称	模型 23：劳动参与		模型 24：致贫效应		模型 25：中介效应	
		β	$\text{Exp}(\beta)$	β	$\text{Exp}(\beta)$	β	$\text{Exp}(\beta)$
个体特征变量	性　别	-1.102**	0.332	0.950***	2.586	0.906**	2.475
	年　龄	0.065	1.067	-0.149	0.861	-0.164	0.848
	年龄平方	0.000	0.999	0.001	1.001	0.001	1.001
	受教育程度	-0.059	0.943	-0.657**	0.519	-0.674**	0.509
	健康状况	0.048**	1.049	-0.002	0.998	0.000	0.999
	婚姻状况	-0.735**	0.480	-0.440**	0.644	-0.481**	0.618
家庭特征	子女数量	0.792**	2.209	-0.347	0.707	-0.323	0.724
	家庭资产	0.174**	1.190	-0.017	0.983	-0.009	0.991
	收入水平	0.000**	1.000	0.000	1.000	0.000*	1.000
制度	养老保险	17.917	6.045E7	20.797	1.076E9	21.415	1.997E9

变量类型	变量名称	模型23：劳动参与		模型24：致贫效应		模型25：中介效应	
		β	Exp(β)	β	Exp(β)	β	Exp(β)
健康行为	是否吸烟	0.202	1.224	-0.019	0.981	-0.019	0.981
	是否喝酒	0.109	1.115	-0.364	0.695	-0.358	0.699
年份	调查时间	控制	控制	控制	控制	控制	控制
慢性病	慢性病数量	-0.210***	0.811	0.123***	1.130	0.114**	1.121
中介	中介变量 M1	—	—	—	—	-0.283***	0.753
模型拟合效果	对数似然值	840.911		815.432		813.455	
	显著性水平	0.000		0.000		0.000	
	伪决定系数	0.260		0.056		0.057	
	调整后系数	0.350		0.084		0.085	

　　注：***、**和*分别表示变量在1%、5%和10%的统计水平上显著。"-"表示没有进行该项分析。本表模型3中介变量 M1 的 Sobel 检验结果表明，Sig. 值=0.000（$P<1\%$），通过了 Sobel 的显著性检验，表明中介效应存在。

　　表 5-12 显示的是社交活动对慢性病数量与农村老年人精神相对贫困的中介效应检验结果。根据中介效应的检验步骤，课题组首先检验了慢性病数量对农村老年人社交活动的影响效应，模型 26 虽然通过了显著性检验，但是由于慢性病数量对中介变量 M3（社交活动）的影响没有通过显著性检验，因此，社交活动对慢性病数量与农村老年人健康相对贫困的中介效应不存在。这与第五章假设 10、假设 11 和假设 12 不符。慢性病对农村老年人精神相对贫困的影响，关键不在于罹患了多少种慢性病，而在于是否罹患慢性病。一旦罹患慢性病，可能就意味着对农村老年人生命历程的破坏，而这种破坏不仅打击农村老年人的生活希望和未来计划，还让老年人产生一种"年老力衰""不中用"的挫败感，进而加剧了他们的精神相对贫困程度。尽管模型 27 也在 1% 显著性水平上通过了显著性检验，而且慢性病数量对农村老年人的精神相对贫困有显著的正向影响。但是，由于模型 26 慢性病数量对农村老年人的社交活动的影响未能通过显著性检验，因此，没有检验社交活动对慢性病数量与农村老年人精神相对贫困的中介效应。因此，模型 28 的各个变量的估计结果用"-"代替。

表 5-12　　社交活动对慢性病数量与农村老年人精神相对贫困的中介效应检验结果

变量类型	变量名称	模型 26：社交活动		模型 27：致贫效应		模型 28：中介效应	
		β	$\text{Exp}(\beta)$	β	$\text{Exp}(\beta)$	β	$\text{Exp}(\beta)$
个体特征变量	性　别	−0.167	0.846	0.950**	2.586	—	—
	年　龄	−0.178	0.837	−0.149	0.861	—	—
	年龄平方	0.001	1.001	0.001	1.001	—	—
	受教育程度	0.211	1.235	−0.657**	0.519	—	—
	健康状况	0.025***	1.025	−0.002	0.998	—	—
	婚姻状况	−0.102	0.903	−0.440**	0.644	—	—
家庭特征	子女数量	0.349	1.418	−0.347	0.707	—	—
	家庭资产	0.006	1.006	−0.017	0.983	—	—
	收入水平	0.000	1.000	0.000	1.000	—	—
制度	养老保险	0.565	1.759	20.797	1.076E9	—	—
健康行为	是否吸烟	0.163	1.177	−0.019	0.981	—	—
	是否喝酒	0.115	1.122	−0.364	0.695	—	—
年份	调查时间	控制	控制	控制	控制	—	—
慢性病	慢性病数量	0.034	1.035	0.123**	1.130	—	—
中介	中介变量 M3	—	—	—	—	—	—
模型拟合效果	对数似然值	840.911		815.432		—	
	显著性水平	0.000		0.000		—	
	伪决定系数	0.260		0.056		—	
	调整后系数	0.350		0.084		—	

注：***、**和*分别表示变量在1%、5%和10%的统计水平上显著。"−"表示没有进行该项分析，因为中介变量未通过中介效应检验，不能进行中介效应分析。

第四节　本章小结与讨论

本章从中介效应的视角，解释了慢性病对农村老年人经济相对贫困、健康相对贫困和精神相对贫困的影响机制，研究结果与预期假设较为符合。在这里，有必要对主要研究结论进行系统总结，并就其中可能存在的相关问题展开进一步讨论。

一、本章研究小结

(一)慢性病对农村老年人经济相对贫困的影响机制

慢性病对农村老年人经济相对贫困的影响效应，是通过劳动参与这一中介变量实现的。慢性病对农村老年人的劳动参与率有显著的负向影响，相对于没有罹患慢性病的农村老年人，罹患慢性病的农村老年人，他们不参加农业劳动的概率发生比增加了20.1%。从农业收入的角度看，罹患慢性病并没有增加农村老年人经济相对贫困的概率，反而使其陷入经济相对贫困的概率发生比降低了10.3%左右。可能的原因在于，对于农村老年人而言罹患慢性病可能意味着勤劳、更为繁重的农业劳动、更多的耕地资产和更高的农业收入，因此，罹患慢性病并没有增加农村老年人的经济相对贫困发生率。慢性病对农村老年人经济相对贫困的影响主要表现在有无慢性病而不是慢性病的数量，慢性病数量对农村老年人经济相对贫困的影响没有通过显著性检验。通过进一步的影响机制分析发现，有无慢性病对农村老年人经济相对贫困的影响受到劳动参与率的中介作用，而且劳动参与率对有无慢性病与农村老年人经济相对贫困有显著的完全中介效应，而不是部分中介效应。劳动参与对农村老年人经济相对贫困有显著的负向影响，即劳动参与显著降低了农村老年人的经济相对贫困发生率，相对于没有劳动参与的农村老年人，参与农业劳动的农村老年人，他们陷入经济相对贫困的概率发生比将下降4.2倍。

(二)慢性病对农村老年人健康相对贫困的影响机制

自评健康是农村老年人对自己身体健康状况的一种综合评价，这种评价不仅包含老年人的日常生活活动能力，也包括老年人的农业生产劳动能力。当农村老年人评价自身健康状况较差时，往往不仅仅因为他们在吃饭、穿衣、上下床、上厕所、洗澡等方面自理能力的下降，作为一个有着"终生无休止劳动"的一个群体，农村老年人无法再参与农业生产劳动，这会加剧他们较差的健康自评。实证分析结果表明，慢性病对农村老年人健康贫困的影响效应，确实是通过对农村老年人劳动参与和日常生活活动能力两个中介变量实现的。

211

慢性病对农村老年人的日常生活活动能力有显著的负向影响，即慢性病显著降低了农村老年人的日常生活活动能力。相对于没有罹患慢性病的农村老年人，罹患慢性病的农村老年人，他们日常生活活动能力降低的概率发生比将增加7.7倍；慢性病每增加一种，农村老年人的日常生活活动能力降低的概率发生比将增加2.3倍。劳动参与和日常生活活动能力对慢性病与农村老年人健康相对贫困有显著的中介效应，而且劳动参与和日常生活活动能力对慢性病与农村老年健康相对贫困的中介效应，是部分中介效应而不是完全中介效应。劳动参与对农村老年人的健康相对贫困有显著的负向影响，相对于没有参加农业生产劳动的农村老年人，参加农业生产劳动的农村老年人，他们陷入健康相对贫困的概率发生比将减少12.61%。日常生活活动能力对农村老年人的健康相对贫困也呈现出显著的负向影响，农村老年人的日常生活活动能力每增加一个单位，他们陷入健康相对贫困的概率发生比将降低5.04%。

（三）慢性病对农村老年人精神相对贫困的影响机制

农村老年人的社交活动有广义和狭义之分，狭义的社交活动主要是生活性的社交活动，而广义的社交活动也包含了生产性的社交活动。农村老年人参与农业劳动，是一种生产性社交活动。因为，农业劳动生产很难通过一个人来完成，而往往是在夫妻之间、家庭成员之间、甚至邻里之间的互帮互助下完成的，农业劳动的过程就是农村老年人参与社会交往的一种过程。因此，劳动参与也是一种社交活动，它是广义视角下的社交活动，是生产性的社交活动。慢性病对农村老年人精神相对贫困的影响效应，是通过影响农村老年人的劳动参与率和社交活动参与率两条路径来实现的。慢性病不仅显著降低了农村老年人的劳动参与率，也显著降低了农村老年人的社交活动参与率。相对于没有罹患慢性病的农村老年人，罹患慢性病的农村老年人，他们不参加社交活动的概率发生比将增加15.1%；慢性病数量对农村老年人社交活动的影响没有通过显著性检验。劳动参与和社交活动对慢性病与农村老年人精神相对贫困有显著的中介效应，而且劳动参与和社交活动对慢性病与农村老年人精神相对贫困的中介效应，是部分中介效应而不是完全中介效应。劳动参与对农村老年人精神相对贫困有显著的负向影响，相对于不参加农业生产劳动的农村老年人，参加农业生产劳动的农村老年人，他们陷入精神相对贫

困的概率发生比将降低 13.2%。社交活动对农村老年人的精神相对贫困显著
降低了农村老年人的精神相对贫困，相对于没有参加社交活动的农村老年人，
参加社交活动的农村老年人，他们陷入精神相对贫困的概率发生比将减
少 21.2%。

二、进一步的讨论

中介变量是分析自变量和因变量之间影响机制的一条重要途径，但是中
介效应方法本身又存在诸多争议，有必要对下列三个问题展开进一步讨论。

（一）中介变量的合理性

选择什么样的变量作为中介变量，不仅要在理论上找到依据，还需要满
足中介效应分析的三个检验程序。第一步，检验自变量对中介变量是否有显
著影响；第二步，检验自变量对因变量是否有显著影响；第三步，检验加入
中介变量之后，自变量对因变量的影响是否通过了显著性检验。同时，也有
学者提出，中介效应是否存在，还需要满足加入中介变量之后，自变量对因
变量的影响系数值降低时才可以进行中介效应检验，这是中介效应检验的第
四步，但是也有学者认为系数值不一定非要降低。详细文献请参考温忠麟、
叶宝娟（2014）①。本书选取劳动参与、日常生活活动能力和社交活动三个中
介变量，分析他们对慢性病与农村老年人经济相对贫困、健康相对贫困和精
神相对贫困之间的中介效应。根据中介效应检验的步骤，三个变量均通过了
显著性检验，表明三个变量作为中介变量是合理的，也表明三个变量对慢性
病与农村老年人经济相对贫困、健康相对贫困和精神相对贫困有显著的中介
效应。

（二）中介变量的独立性

完美的中介变量应该是独立的中介变量，即中介变量对自变量和因变量
的中介效应是纯粹的中介效应，而不应该再包含其他效应，例如调节效应。
但是，这样的中介变量很难找到。现实生活中，中介变量对自变量和因变量

---

① 温忠麟、叶宝娟：《中介效应分析：方法和模型发展》，《心理科学进展》，2014
年第 5 期，第 731-745 页。

的中介效应和调节效应，往往是包含了调节效应的中介效应和中介效应的调节效应。本书在分析劳动参与、日常生活活动能力、社交活动对农村老年人经济相对贫困、健康相对贫困和精神相对贫困时也发现，三个中介变量并不是完美的中介变量，也往往包含了有调节效应的中介效应。但由于本书分析的重点是从中介效应的角度揭示慢性病对农村老年人经济相对贫困、健康相对贫困和精神相对贫困的影响机制，本书并未对上述复杂的中介效应和调节效应进行详细分析。因此，在这里有必要向各位专家学者说明本书的中介效应到底是纯粹的中介效应，还是混合的中介效应。分析的过程和结果表明，劳动参与、日常生活活动能力和社交活动对慢性病与农村老年人经济相对贫困、健康相对贫困和精神相对贫困的中介效应是混合的中介效应。

（三）中介变量的唯一性

中介变量的唯一性问题是一个非常关键的问题，但也是一个争议颇多的问题。中介变量的唯一性问题，涉及中介效应是完全中介效应，还是部分中介效应。在进行中介效应分析时，学者们一般把加入中介变量后，自变量对因变量的影响是否通过显著性检验，作为判断中介变量对自变量和因变量是完全中介效应和部分中介效应的基本依据。当加入中介变量后，如果自变量对因变量的影响通过了显著性检验，则认为中介变量对自变量和因变量的中介效应是部分中介效应；如果自变量对因变量的影响没有通过显著性检验，则认为中介变量对自变量和因变量的中介效应是完全中介效应。Iacobucci（2012）指出，现实生活中完全中介效应是很少的[1]，而且当我们说中介变量是自变量和因变量之间的完全唯一中介变量时，就排除了将来探讨其他中介变量存在的可能性（Pituch，Whittaker，& Stapleton，2005）[2]，因此，有学者认为应当放弃完全中介的概念（Preacher & Hayes，2008）[3]。因此，有学者建

---

[1]　Iacobucci, D. Mediation Analysis and Categorical Variables：The Final Frontier. Journal of Consumer, Psychology, 2012, 22, 582-594.

[2]　Pituch, K. A., Whittaker, T. A., & Stapleton, L. M. A Comparison of Methods to Test for Mediation in Multisite Experiments. Multivariate Behavioral Research, 2005, 40, 1-23.

[3]　Preacher, K. J., & Hayes, A. F. Asymptotic and Resampling Strategies for Assessing and Comparing Indirect Effects in Multiple Mediator Models. Behavior Research Methods, 2008, 40, 879-891.

议在研究报告中直接报告直接效应和间接效应，而不报告完全中介效应和部分中介效应，本书是根据大多数学者的做法，把中介效应划分为部分中介效应和完全中介效应。

第六章　慢性病视角农村老年相对
贫困治理策略

本章基于 2011 年、2013 年、2015 年和 2018 年中国健康与养老追踪调查数据(CHARLS)和 1993 年、1998 年、2003 年、2008 年、2013 年和 2018 年六次全国卫生服务调查数据，采用描述性统计分析、卡方检验、方差分析以及二元 Logit 回归模型、OLS 线性回归模型和中介效应模型等分析方法，实证分析了农村老年人慢性病现状与结构差异、农村老年人的经济相对贫困、健康相对贫困和精神相对贫困的现状与结构差异，并以此为基础构建分析框架，深入分析了慢性病对农村老年经济相对贫困、健康相对贫困和精神相对贫困的影响效应，从中介效应的角度，进一步分析了慢性病对农村老年人经济相对贫困、健康相对贫困和精神相对贫困的影响机制，基于此，结合国内外农村老年人的慢性病和相对贫困的治理经验，提出相应的政策建议。

第一节　研究发现

一、农村老年人慢性病和相对贫困现状与趋势

(一)农村老年人慢性病的现状与趋势

农村老年人的慢性病现状，包括农村老年人慢性病患病人数和慢性病患病率两个方面。关于农村老年人慢性病的患病人数，从目前来看缺乏全国最新的、全面系统的统计数据，无法准确知道中国现在到底有多少慢性病患病人数，也缺乏农村老年人罹患慢性病人数的数据。官方公开的数据中只有部分慢性病类型的患病人数，截止到 2020 年中国有超重、肥胖症患者 5.1 亿人，高血压患者有 4.2 亿人，血脂异常慢性病患者为 2 亿多人，高血脂慢性

病患者 1 亿人，糖尿病患者为 1.21 亿人，脂肪肝患者 1.2 亿人。2018 年中国健康与养老追踪调查数据中，农村老年人有 2 416 位，其中有 1 102 位农村老年人罹患了慢性病。2018 年全国卫生服务调查数据分析报告中，没有公布最新的中国农村老年人罹患慢性病的人数。

关于农村老年人慢性病的患病率，2018 年全国 65 岁及以上城乡老年人的慢性病患病率为 523.0‰；2018 年第六次全国卫生服务调查数据显示，农村 65 岁及以上老年人的慢性病患病率为 600.0‰，城市 65 岁及以上老年人的慢性病患病率为 649.0‰，即农村老年人的慢性病患病率低于城市老年人的慢性病患病率。2018 年第六次全国卫生服务调查数据的统计结果显示，患病率最高的 5 大类慢性病分别是循环系统疾病、高血压、骨骼和结缔组织疾病、消化系统疾病和内分泌、营养、代谢及免疫疾病，农村糖尿病患病率也比较高，在整个慢性病患病率中排名第六。2018 年中国健康和养老追踪调查数据分析结果与全国卫生服务调查数据分析结果较为类似，即高血压在 14 种慢性病类型中，农村被调查人群的患病率最高，排在第一位，糖尿病的患病率排名第六位。

从慢性病的发展趋势看，全国卫生服务调查数据显示，从 1993 年到 2018 年，中国农村 65 岁及以上老年人慢性病患病率呈现出缓慢增长趋势，慢性病患病率从 398.2‰增长到 600‰。中国农村 15 岁以上居民慢性病患病率呈现出快速增长趋势，慢性病患病率从 1993 年的 105.9‰增长到 2018 年的 352.1‰。在十大类慢性病中，有七大类慢性病患病率呈现出逐渐增长趋势，其中，内分泌系统慢性病患病率增长速度最快，增长了 14 倍，而消化系统、呼吸系统和血液类慢性病患病率呈现出一定的下降趋势。高血压、糖尿病、椎间盘疾病、脑血管疾病、肠胃炎等 10 种慢性病，只有肠胃炎、类风湿关节炎两种慢性病患病率在下降，其他 8 种慢性病患病率都呈现出明显的增长趋势。其中，高血压和糖尿病两种慢性病患病率增长较为明显，而且患病率也排在前两位。高血压患病率从 1993 年的 16.2‰增长到 2018 年的 188.2‰，患病率增长了约 10.6 倍；糖尿病患病率从 1993 年的 2.6‰增长到 2018 年的 5.52‰，患病率增长了约 1.12 倍。中国健康和养老追踪调查数据显示，农村老年人的慢性病患病率也呈现出缓慢增长趋势，从 2011 年到 2018 年，农村 60 岁及以上老年人慢性病患病率从 297.9‰增长到 581.9‰。

（二）农村老年人相对贫困现状与趋势

本章把农村老年人的经济相对贫困操作化为农村老年人人均农业收入中位数40%、50%和60%三种标准，低于上述三种标准则表示农村老年人分别陷入了经济相对贫困、健康相对贫困和精神相对贫困。按照农村老年人日常生活活动能力得分中位数的40%、50%和60%以及健康自评状况两种标准，测量农村老年人的健康相对贫困发生率。按照精神健康量表综合得分中位数的40%、50%和60%三种标准测算农村老年人健康相对贫困的发生率。

从农村老年人相对贫困的发生率来看，按照收入中位数的40%的标准，统计得出农村老年人的收入相对贫困发生率为14.79%，而按照收入中位数的50%的标准，统计得出的农村老年人收入相对贫困发生率为19.22%，按照收入中位数的60%的标准，统计得出的农村老年人收入相对贫困发生率为27.12%；按照身体活动能力（ADL）得分中位数的40%的标准，测得农村老年人健康贫困的发生率为9.64%，按照身体活动能力（ADL）得分中位数的50%的标准，测得农村老年人健康相对贫困的发生率为14.08%，按照身体活动能力（ADL）得分中位数的60%的标准，测得农村老年人健康相对贫困的发生率为17.97%；按照精神健康量表综合得分中位数的40%的标准，测算出农村老年人精神相对贫困的发生率为12.96%；按照精神健康量表综合得分中位数的50%的标准，测算出农村老年人精神相对贫困的发生率为20.41%；按照精神健康量表综合得分中位数的60%的标准，测算出农村老年人精神相对贫困的发生概率为30.5%。

从农村老年人相对贫困的变化趋势看，全国卫生服务调查数据显示，从时间趋势上看，从2013年到2015年农村老年人的经济相对贫困发生率呈现出下降趋势，从2015年到2018年农村老年人的相对贫困发生率却呈现出上升趋势。从年龄趋势看，60~64岁年龄组和65~69岁年龄组的农村老年人三种测量标准下的经济相对贫困发生率分别为9.58%、12.34%和17.7%以及12.53%、15.4%和21.37%。相反，到了80~84岁年龄分组时，农村老年人三种测量标准下的经济相对贫困发生率却分别下降到6.72%、8.01%和10.37%。中国健康和养老追踪调查数据显示，从2011年到2018年，健康标准1测量标准下的农村老年人健康相对贫困发生率从29.61%逐步下降到2018年的26.06%，健康标准2测量标准下的农村老年人健康相对贫困发生率从

76.09%逐步下降到 74.96%。按照 ADLs 得分的三种测量标准，60~64 岁年龄组农村老年人的健康相对贫困发生率分别为 5.3%、8.97% 和 11.28%，而到了 80~84 岁年龄组时，农村老年人的健康相对贫困发生率已经分别上升到 44.94%、60.46% 和 73.3%。按照农村老年人的健康自评标准，60-64 岁年龄组的农村老年人，两种测量标准下的健康相对贫困发生率分别为 29.16% 和 77.37%，而 85-89 岁年龄组的高龄老年人两种测量标准下的健康贫困发生率分别增加到 36.29% 和 79.04%。

二、农村老年人慢性病与相对贫困的结构差异

(一)农村老年人慢性病患病率的结构差异

农村老年人的慢性病患病率呈现出明显的性别差异、年龄分组差异、城乡差异和受教育程度差异。

从农村老年人慢性病患病率的性别差异看，全国卫生服务调查数据显示，从 1993 年到 2018 年，一方面，农村被调查的 15 岁及以上居民慢性病患病率的性别差异始终存在，而且农村女性居民慢性病的患病率始终高于男性居民，患病率的性别差异呈现出一定的缩小趋势，但是患病率性别差异缩小的趋势并不是非常明显；另一方面，农村被调查人群慢性病患病率呈现出快速的增长趋势。其中，农村男性居民慢性病患病率从 1993 年的 119‰增长到 2018 年的 336.3‰，患病率增长了约 1.83 倍；农村女性居民慢性病患病率从 1993 年的 143‰增长到 2018 年的 367.5‰，患病率增长了约 1.57 倍。中国健康和养老追踪调查数据显示，农村老年人慢性病患病率的性别差异也较为明显，农村女性老年人的患病率明显高于农村男性老年人的慢性病患病率。

从农村老年人慢性病患病率的年龄分组差异看，全国卫生服务调查数据显示，农村 60 岁及以上老年人慢性病患病率存在明显的年龄分组差异，其中，70~79 岁老年人群的慢性病患病率最高，为 626.0‰，高于 60~69 岁年龄组和 80 岁及以上高龄老年人群的慢性病患病率，农村 60~69 岁年龄组老年人群的慢性病患病率最低，为 550.0‰。中国健康和养老追踪调查数据显示，农村老年人的慢性病患病率也存在较为明显的年龄分组差异，60~64 岁年龄组和 90~94 岁和 100 岁及以上年龄组的老年人慢性病患病率相对较低，而 65~69 岁、70~74 岁、75~79 岁和 95~99 岁四个年龄分组期间的农村老年人

群慢性病患病率相对较高。其中，60~64 岁年龄组老年人的慢性病患病率为733.2‰，90~94 岁年龄组老年人的慢性病患病率为 660‰，100 岁及以上年龄组老年人的慢性病患病率为 333.3‰。而 65~69 岁年龄组老年人的慢性病患病率为 760.7‰，70~74 岁年龄组老年人的慢性病患病率为 753.1‰，75~79 岁年龄组老年人的慢性病患病率为 738.1‰，95~99 岁年龄组老年人的慢性病患病率为 833.3‰

从老年人慢性病患病率的城乡差异来看，全国卫生服务调查数据显示，2013 年全国老年人的慢性病患病率平均为 502‰，其中，城市老年人的慢性病患病率为 546‰，农村老年人的慢性病患病率为 454‰。2018 年全国老年人的慢性病患病率平均为 592‰。其中，城市老年人的慢性病患病率为 606‰，农村老年人的慢性病患病率为 575‰。相对于 2013 年而言，全国老年人的慢性病患病率提高了 9 个百分点，而城市和农村分别提高了 6 个百分点和 12.1个百分点。老年人患病率的城乡差异趋势，随着年龄的增长呈现出相似的变化趋势，城市老年人和农村老年人慢性病患病率的差异趋势呈现出一种"喇叭形"的发展趋势。中国健康和养老追踪调查数据显示，老年人慢性病患病率的城乡差异也明显存在，城市老年人的慢性病患病率明显高于农村老年人的慢性病患病率。

从农村老年人慢性病患病率的受教育程度差异看，中国健康和养老追踪调查数据显示，农村老年人的慢性病患病率呈现出明显的受教育程度差异。小学及以下受教育程度的农村老年人，慢性病患病率最高，慢性病患病率为689.2‰，中学受教育程度的农村老年人慢性病患病率最低，慢性病患病率为613.7‰，而高中及以上受教育程度的农村老年人慢性病患病率也比较高，慢性病患病率为 682.6‰。

（二）农村老年人相对贫困发生率的结构差异

农村老年人的相对贫困发生率也呈现出明显的性别差异、婚姻状况差异和受教育程度差异。

从农村老年人经济相对贫困发生率的具体差异看，中国健康和养老追踪调查数据显示，从 2011 年到 2018 年，三种相对贫困测量标准下，农村老年人经济相对贫困发生率平均分别为 13.55%、17.14% 和 23.70%，农村女性老年人经济相对贫困发生率比农村男性老年人经济相对贫困发生率分别高

0.53%、0.93%和1.77%。有配偶的农村老年人经济相对贫困发生率分别为14.37%、18.42%和26.26%，而无配偶的农村老年人经济相对贫困发生率分别为10.81%、12.92%和15.23%。有配偶的农村老年人经济相对贫困发生率，比无配偶农村老年人的经济相对贫困发生率分别高出3.56%、5.50%和11.03%；小学及以下受教育程度的农村老年人，经济相对贫困发生率分别为9.29%、11.87%和16.49%，而高中及以上受教育程度的农村老年人，经济相对贫困发生率分别下降到1.56%、2.0%和2.87%。

健康贫困1和健康贫困2标准下，农村老年人健康相对贫困发生率分别为32.4%和79.2，其中，农村男性老年人的健康相对贫困发生率分别为27.9%和76.8%，农村女性老年人的健康相对贫困发生率分别为36.3%和81.2%；有配偶的农村老年人健康相对贫困发生率分别为31.2%和78.9%，而无配偶的农村老年人健康相对贫困发生率分别为36.5%和80.0%，无配偶的农村老年人健康相对贫困发生率，比有配偶的农村老年人健康贫困发生率分别高5.3%和1.1%；没有正式上过学的农村老年人健康相对贫困发生率分别为35.4%和80.7%，而上过小学、私塾和初中以上受教育程度的农村老年人，他们的健康相对贫困发生率分别为80.7%和75.2%。两种健康相对贫困标准下，上过学的农村老年人他们的健康相对贫困发生率分别比没有上过学的农村老年人健康相对贫困发生率高10.5%和5.5%。

从农村老年人精神相对贫困发生率的具体差异看，按照精神贫困测量量表得分中位数的40%、50%和60%三种测量标准，农村女性老年人的精神相对贫困发生率分别为11.9%、18.9%和28.2%，而农村男性老年人的精神相对贫困发生率分别为5.9%、10.7%和17.5%；有配偶的农村老年人精神相对贫困发生率分别为8.1%、13.9%和21.9%，而无配偶的农村老年人精神相对贫困发生率分别为12.4%、18.6%和27.5%；受教育程度越高，农村老年人的精神相对贫困发生率越低，小学及以下受教育程度的农村老年人，精神相对贫困发生率分别为12.67%、20.59%和31.02%，初中受教育程度的农村老年人，精神相对贫困发生率分别为5.65%、11.0%和20.56%，高中受教育程度的农村老年人，精神相对贫困发生率分别为6.97%、12.28%和20.58%，而大学及以上受教育程度的农村老年人，精神相对贫困发生率分别为2.02%、4.78%和10.64%。

三、慢性病对农村老年人相对贫困的影响效应

慢性病对农村老年人相对贫困的影响效应，包括有没有影响、影响的方向和影响程度三个方面。由于慢性病包括慢性病数量和有无慢性病，农村老年人的相对贫困包括经济贫困、健康贫困和精神贫困三个方面，因此，慢性病对农村老年人相对贫困的影响效应，可以总结为下列三个方面：

（一）慢性病对农村老年人经济相对贫困的影响效应

以农业收入水平的一定比例测量农村老年人的经济相对贫困，实证分析结果表明，慢性病对农村老年人的经济相对贫困有显著的负向影响。即慢性病不仅没有增加农村老年人经济相对贫困的概率，反而降低了农村老年人经济相对贫困的发生率。相对没有罹患慢性病的农村老年人而言，罹患慢性病的农村老年人陷入经济相对贫困的概率发生比，反而降低了 10.74%。这表明农村老年人罹患慢性病的背后，并不仅仅是生活方式的负效应，而是农村老年人勤奋劳动损耗的身体再现。慢性病数量对农村老年人经济相对贫困的影响没有通过显著性检验，这表明慢性病数量对农村老年人经济相对贫困的影响缺乏统计学意义。性别、年龄、受教育程度、健康自评、子女数量、家庭资产、医疗保险、是否吸烟、是否喝酒和调查时间，都对农村老年人的经济相对贫困有显著的影响。其中，性别、子女数量、医疗保险和是否喝酒，对农村老年人的经济相对贫困有显著的正向影响，而年龄、受教育程度、健康自评、是否吸烟和调查时间对农村老年人的经济相对贫困有显著的负向影响。

（二）慢性病对农村老年人健康相对贫困的影响效应

慢性病对农村老年人健康相对贫困有显著的正向影响。其中，有无慢性病对农村老年人健康相对贫困，有显著的正向相应。相对于没有罹患慢性病的农村老年人而言，罹患慢性病的农村老年人陷入健康相对贫困的概率发生比增加了 1.23 倍；慢性病数量对农村老年人健康相对贫困也具有显著的正向影响，即农村老年人罹患慢性病的数量越多，他们陷入健康相对贫困的概率发生比越大，慢性病每增加一种，农村老年人陷入健康相对贫困的概率发生比将增加 59.2%。性别、年龄、受教育程度、收入水平和是否喝酒对农村老年人的健康相对贫困有显著的影响。其中，年龄和收入水平两个变量对农村

老年人的健康相对贫困有显著的正向影响，即年龄越大、收入水平越高和有医疗保险的农村老年人，他们面临更大的健康相对贫困风险。

(三)慢性病对农村老年人精神相对贫困的影响效应

慢性病对农村老年人的精神相对贫困有显著的正向影响。其中，有无慢性病对农村老年人精神相对贫困，具有显著的正向影响相应。相对于没有罹患慢性病的农村老年人而言，罹患慢性病的农村老年人，他们陷入精神相对贫困的概率发生比增加了 30%。慢性病数量对农村老年人精神相对贫困的影响显著为正，即农村老年人罹患慢性病的数量越多，他们陷入精神相对贫困的风险越大。慢性病数量每增加一种，农村老年人陷入精神相对贫困的概率发生比将提高 12.6%。性别、年龄、受教育程度、健康状况、婚姻状况和是否喝酒对农村老年人精神相对贫困有显著的负向影响，而收入水平和调查时间对农村老年人精神相对贫困有显著的正向影响。

四、慢性病对农村老年人相对贫困的影响机制

中介效应分析是检验自变量对因变量影响机制的一种重要方法。从中介效应的角度看，慢性病对农村老年人相对贫困的影响机制，主要通过慢性病影响农村老年人的劳动参与、日常生活活动能力和社交活动，进而影响农村老年人上述三个方面的相对贫困问题。但是，不同中介变量对慢性病与农村老年人相对贫困的中介效应却呈现出一定的差异性。

(一)慢性病对农村老年人经济相对贫困的影响机制

慢性病对农村老年人经济相对贫困的影响效应，是通过劳动参与这一中介变量实现的。慢性病(自变量)对农村老年人的劳动参与率(中介变量)有显著的负向影响，罹患慢性病的农村老年人不参加农业劳动的概率发生比增加了 20.1%。慢性病对农村老年人的经济相对贫困有显著的负向影响，罹患慢性病并没有增加农村老年人经济相对贫困的概率，反而使其陷入经济相对贫困的概率发生比降低了 10.3% 左右。慢性病对农村老年人经济相对贫困的影响主要表现在有无慢性病而不是慢性病的数量。有无慢性病对农村老年人经济相对贫困的影响受到劳动参与率的中介作用，而且劳动参与率对有无慢性病与农村老年人经济相对贫困有显著的完全中介效应，而不是部分中介效应。

劳动参与显著降低了农村老年人的经济相对贫困发生率，相对于没有劳动参与的农村老年人，参与农业劳动的农村老年人陷入经济相对贫困的概率发生比下降了 4.2 倍。

（二）慢性病对农村老年人健康相对贫困的影响机制

慢性病对农村老年人健康贫困的影响效应，是通过其对劳动参与和日常生活活动能力的影响进而影响农村老年人的健康相对贫困问题。慢性病（自变量）对农村老年人的日常生活活动能力（中介变量）有显著的负向影响，即慢性病显著降低了农村老年人的日常生活活动能力。罹患慢性病的农村老年人日常生活活动能力降低的概率发生比增加了 7.7 倍；慢性病每增加一种，农村老年人的日常生活活动能力降低的概率发生比增加了 2.3 倍。有无慢性病和慢性病数量均对农村老年人健康相对贫困有显著的影响。这表明，劳动参与和日常生活活动能力对慢性病与农村老年人健康相对贫困有显著的中介效应，而且劳动参与和日常生活活动能力对慢性病与农村老年健康相对贫困的中介效应是部分中介效应而不是完全中介效应。劳动参与显著降低了农村老年人的健康相对贫困发生率，参加农业生产劳动的农村老年人陷入健康相对贫困的概率发生比减少了 12.61%。日常生活活动能力显著降低了农村老年人的健康相对贫困发生率，农村老年人的日常生活活动能力每增加一个单位，他们陷入健康相对贫困的概率发生比将降低 5.04%。

（三）慢性病对农村老年人精神相对贫困的影响机制

慢性病对农村老年人精神相对贫困的影响效应，是通过影响农村老年人的劳动参与率和社交活动参与率两条路径来实现的。慢性病不仅显著降低了农村老年人的劳动参与率，也显著降低了农村老年人的社交活动参与率。罹患慢性病的农村老年人不参加社交活动的概率发生比增加了 15.1%；慢性病数量对农村老年人社交活动的影响没有通过显著性检验。劳动参与和社交活动对慢性病与农村老年人精神相对贫困有显著的中介效应，而且劳动参与和社交活动对慢性病与农村老年人精神相对贫困的中介效应，是部分中介效应而不是完全中介效应。劳动参与对农村老年人精神相对贫困有显著的负向影响，参加农业生产劳动的农村老年人陷入精神相对贫困的概率发生比降低了 13.2%。社交活动显著降低了农村老年人的精神相对贫困发生率，参加社交活动的农村老年人陷入精神相对贫困的概率发生比降低了 21.2%。

第二节　国内外经验

一、国内农村老年人慢性病的治理经验

慢性病是人口老龄化快速发展、生态环境恶化和社会经济发展水平不断提高等诸多因素共同作用的结果。越是经济发达的地区，人口老龄化问题就越突出，慢性病的治理理念也就越为超前。本部分以北京市、上海市和厦门市的慢性病治理经验为例。

(一)北京市的慢病治理经验

北京市丰台区的"快乐生活俱乐部"，是社区慢性病管理的创新模式。2009 年 8 月，丰台区卫生局和莫纳什大学的技术专家、北京大学医学部的学者、北京市卫生局、方庄社区卫生服务中心共同讨论决定在中国引入澳大利亚"美好生活俱乐部"[1]，由社区医生给慢性病患者当"健康教练"，每周跟患者进行 4 次左右、每次 20 分钟的谈话，解疑答惑，传授健康知识，帮助患者养成自我管理的习惯。俱乐部每个月还会组织活动，让大家在一起交流心得、听讲座、举办厨艺大赛等。项目实施的关键在于将社区卫生工作者培训为健康教练，充分发挥初级卫生保健和全科医学在应对慢性病挑战方面的重大作用。

主要做法包括：患者可自愿加入俱乐部成为慢性病治疗的会员；所有病例均按照最新的中国高血压、糖尿病和成人血脂异常防治指南予以诊断和药物治疗，由全科主治医生负责诊治及健康指导；俱乐部会员均要求按时参加每月一次的健康教育讲座与交流活动，同时可享受免费测血糖、血压、体重及免挂号费的待遇；所有慢性病患者在干预开始和结束之时均做统一的慢性

---

[1]　Colette Browning、Shane Thomas、杨辉、Anna Chapman、张拓红、李志新：《社区慢性病管理新模式的基本原理和设计——快乐生活俱乐部 ~(TM)项目成果报告(一)》，《中国全科医学》，2011 年第 1 期，第 1-5 页。

病知、信、行问卷调查及观察指标监测，观察时间为期 1 年①。

北京市的慢性病治理经验启示，有以下三点：

一是重视发挥初级保健的作用，强化基层慢性病管理工作者的能力建设。通过培训让临床工作者掌握咨询和行为改变技术，在提供常规的社区卫生服务的同时，恰当地运用时机谈话，通过医患间交流减少患者的恐惧与焦虑以及增强患者对疾病的抵抗力，提高患者的依从性，在新的医患关系中发挥帮助患者改变行为的作用，加快慢性病患者生活方式改变的进程。

二是强调患者参与，提高自我管理能力。对于大多数慢性病患者来说，改变生活方式是最基本最重要的管理途径。因此，公共卫生人员与患者合作，让患者参与管理自己慢性病的过程中来，逐步引导慢病患者转变健康观念，增强自我健康意识和慢性疾病管理能力，帮助患者达到改善生活方式的目的，促进慢性病患者早日康复，减轻医疗费用负担。

三是建立项目的监控和评价机制。在快乐生活俱乐部的项目设计中，包括了一系列的研究和评价活动，如随机对照研究设计以及一系列卫生服务质量改进活动，帮助社区卫生服务管理者制定和实施卫生服务质量改进计划，保证快乐俱乐部得以有效地实施②。

（二）上海市的慢性病治理经验

上海市的慢性病治理经验，包括四个方面：

一是完善政策支持，注重综合治理。2000 年，上海市政府出台了全国第一个省级慢性病防治规划《上海市预防与控制慢性非传染性疾病中长期规划（2001—2015 年）》，以社区组织为依托，以健康促进为主要手段，分工负责，分级管理，实施人群早期干预，预防和治疗措施并举。2009 年，上海市人大通过《上海市公共场所控制吸烟条例》，2012 年，上海颁布实施《上海市市民体育健身条例》，2015 年颁布实施《上海市精神卫生条例》，为营造慢性病防治的政策支持性环境提供了法律保障。

---

① 《学会观察——六个国家的慢病管理模式》，https：//m. thepaper. cn/newsDetail_forward_18560029

② Colette Browning、Shane Thomas、杨辉、Anna Chapman、张拓红、李志新：《社区慢性病管理新模式的基本原理和设计——快乐生活俱乐部 ~（TM）项目成果报告（一）》，《中国全科医学》，2011 年第 1 期，第 1-5 页。

二是优化慢性病综合防治体系。针对慢性病发生、发展的不同阶段，为每个居民提供包括健康教育与咨询、预防性筛查与干预、疾病诊断与治疗、疾病系统管理及急诊救治等在内的分级、全程、有序的综合服务与管理。其中，社区卫生服务中心负责慢性病高危人群筛查、干预和系统管理。市和区县疾病预防控制中心全面开展对慢性病防治管理的效果监测与评价。

三是注重病人自我管理，推行健康生活方式。大力推动市民健康自我管理小组建设，把健康自我管理与社区老年关爱、睦邻关系建设、群众社团发展和社区文化培育等工作有机结合起来，鼓励更多居民参与健康自我管理小组，充分发挥自我管理在慢性病管理中的作用。通过发放《上海市民健康自我管理知识手册》《上海市民中医养生保健知识读本》《上海市民食品安全知识读本》等健康科普读物和健康礼包，开展场所健康促进工作，促进健康知识传播，营造良好的健康支持环境。

四是推动公共卫生"互联网+"实践。按照国家卫生信息化"352121"总体规划，已建立了电子健康档案和电子病历两个基础数据库，推进了区域医学影像、心电监测和检验中心建设，构建了市、区县两级数据共享交换平台，在全国率先实现市、区公立医疗卫生机构互联互通和数据共享。通过大数据的管理，支持卫生和计划生育行政部门对慢性病防控的决策分析；利用大数据开展社区诊断，开发和应用主要慢性病高危人群筛查系统，形成连续、动态、个性化的健康管理模式；支撑医疗机构和家庭医生的服务协同，为慢性病患者提供精细化治疗；支撑患者和居民的自我健康管理，让每个慢性病患者、高危人群能够知晓自己的健康状况，及时获得医生建议，采取有效的自我健康管理。①。

(三)厦门市的慢性病治理经验

厦门市创建了"三师共管"型的慢性病管理模式。"三师共管"模式是厦门市分级诊疗制度改革探索的产物，为我国其他省市开展慢性病管理提供了很好的借鉴②。"三师共管"的具体做法是：由三级医院的专科医师、基层医疗

① 蔡淳、周晓伟、姜综敏、程旻娜：《夯实体系建设 促进医防融合 推进上海慢性病全程健康管理》，《上海预防医学》，2016年第10期，第682-686页。

② 李进、张海燕、杨佳：《国内外经典慢性病管理模式对我国农村地区慢性病管理的启示》，《中国全科医学》，2022年第16期，第1935-1941页。

机构的全科医师及经培训认证的健康管理师组成团队，对糖尿病、高血压患者提供全程、个性化、连续性诊疗及非药物干预等综合性管理。"三师共管"中的专科医师，由三级医院中级职称以上的专科医师担任，主要工作是对签约入网的患者进行诊断，并制定个体化治疗方案，同时定期下基层医疗机构巡诊，带教指导全科医师，以提高全科医师的诊治能力；全科医师由基层医疗机构获得全科医师资格的医师承担，负责执行专科医生的治疗方案，监测患者病情，做好患者随访；健康管理师的职责是协助"两师"联系患者，负责日常随访、筛查，强化个体化健康教育、饮食、运动、生活方式干预①。

"三师共管"的基本原则有三：一是坚持上下一体、医防融合。"三师共管"将"防"与"治"有机结合，打通了不同层级医疗机构之间合作沟通的通道，有效构建了上下一体的服务机制和服务模式，引导优质医疗资源的下沉，使慢性病患者获得连续性的医疗服务，实现慢性病干预的"关口前移"，有力增强了慢病防控成效。二是坚持系统改革，协调推进。"慢病先行、三师共管"得以有效实现，依赖于创新体制机制和出台相关配套措施，比如建立基层考核激励机制、改革医疗保险结算方式、调整医疗服务价格等②。三是健康管理信息化。厦门市通过建立慢病管理系统，在患者确诊为慢病时及时进行登记上报，实现医院—社区—专业机构一体化管理，实现了治疗、预防一体化，为病人提供全程医疗、保健、康复等一体化服务，还利用可穿戴设备、手机App等智能服务，方便患者就诊、转诊、自我监测，提高健康管理效率③。

二、国外农村老年人慢性病的治理经验

国外农村老年人慢性病的治理经验，以日本、芬兰和澳大利亚为代表，其中，日本是世界上人口老龄化最严重的发达国家，芬兰是典型的地处斯堪的纳维亚半岛的北欧高福利国家，澳大利亚是人口只有2000多万人的一个发达的岛国，同时也是人口老龄化程度较高、老年贫困问题较为突出的国家。

---

① 唐国宝、林民强、李卫华：《分级诊疗"厦门模式"的探索与评价》，《中国全科医学》，2016年第22期，第2624-2627页。
② 杨叔禹、、陈粮：《慢病先行 三师共管 分级诊疗改革让群众得实惠——厦门市推进分级诊疗改革探索之路》，《现代医院管理》，2016年第4期，第2-6页。
③ 姚冠华：《厦门："三师共管"保障居民健康》，《中国卫生》，2018年第9期，第29-30页。

(一) 日本的慢性病治理经验

日本是世界上人口老龄化程度最高的国家，农村老年人慢性病问题也较为突出。早在 2008 年，癌症、心脏病、脑血管疾病共计已占日本总死因的60%以上①。在日本，慢性病被称之为"生活习惯病"，为了应对生活习惯病，日本采取了一系列措施进行预防与控制。例如，日本 2005 年 12 月制定的《医疗制度改革大纲》中规定，40~74 岁的被保险者和被抚养者有参加"生活习惯病"预防为目的的特定健康检查和特定保健指导的义务。日本的慢性病治理经验，主要体现在四个方面。

一是基于法律实施慢性病防控。日本的慢性病防控基本是在法律框架下运行，这些法律均强调预防为主。早在 1983 年，日本就颁布了《老人保健法》，提出"40 岁保健，70 岁医疗"的原则，强调老人疾病的预防保健应从中年开始，规定年满 40 岁的国民均可免费享受建立健康档案、健康教育、健康资讯、健康诊查、医疗、机能训练和访问指导等医疗保健服务。其他系列法律也相继颁布和施行，不断补充和完善老人医疗保健对策，如《介护保险法(2000 年实施)》《高龄者医疗确保法(2004 年实施)》《健康增进法(2005 年实施)》。

二是基于证据制定防控重点和评估防控效果。依据《健康增进法》的规定，对国民开展健康、行为和生活方式及营养抽样调查，建立数据库。调查结果有助于分析国民生活习惯病的流行趋势、行为危险因素流行现况，对生活习惯病防治成果及"健康日本21"实施效果进行评价，列出地区差异，为下一步的干预工作提供决策依据。

三是注重多部门合作和社会团体的参与。"健康日本21"对日本全国制定了明确的目标和 9 个干预领域。为达成这些目标，日本规定了中央政府和地方政府、相关机构和团体以及个体需共同努力，但各地区可根据自身情况选择适宜的干预活动。通过官、产、学的合作以及社区的积极参与，改善国民健康水平。

四是注重基层专业保健队伍的建设。在日本，药剂师、产业医师、公共

---

① 徐望红：《国内外慢性病防控策略及借鉴》，上海：复旦大学出版社，2013 年版，第 24 页。

卫生保健师、营养师、运动指导师、心理指导师和护师等卫生专业人员均由国家实施统一认证制度，是公共卫生保健机构和营利性、非营利性组织中特定保健指导的执行者，在健康知识的传播和健康行为的指导上发挥着中坚作用①。

(二)芬兰的慢性病治理经验

芬兰的慢性病治理经验，主要包括五个方面。

一是将社区作为慢性病防控行为的主体，运用社区干预的手段去改变整个人群的风险因素，重点是通过各种社区项目(如胆固醇项目、高血压项目、无烟运动、学校健康项目、工作场所项目以及浆果和蔬菜项目)改变不健康的生活方式。

二是建立慢性病及危险因素监测系统，由国家公共卫生研究院负责，基础工作是死亡率数据、疾病登记、风险因素调查和健康行为调查②。

三是营造健康的环境。芬兰主要是通过颁布政策法规的方式营造健康的环境。以控烟为例，政府制定和颁布了一系列的控烟策略和法规，包括提高烟草价格，提高烟草税到75%，并于1977年和1995年分别颁布和修改了《禁烟法》，立法规定禁止一切烟草广告、禁止向18岁以下青少年售烟和学校校园全部设为禁烟区等；议会还颁布了无烟市标准，1994年在北卡试点，随后在全国50~60个城市中试行。

四是普及健康教育，为慢性病的社区干预营造良好的社会氛围。如以青少年为重点开展了吸烟行为的干预工作；举办全国性的戒烟竞赛，鼓励全民参与；利用海报、宣传单、信息公告、墙报、电视节目广告广泛宣传，营造有利于慢性病防治的人文环境和社会环境。

五是提供优质的卫生服务。由受过专门训练的公共卫生护士提供健康预防服务，重视社区慢性病病人及高危人群的筛查，以减少发病和死亡，提高

---

① 徐望红、张勇、王继伟、吴菲、Hiroto Narimatsu、赵根明：《中日两国慢性病防控策略比较及政策启示》，《中国慢性病预防与控制》，2016年第8期，第593-596页。

② 郇建立：《慢性病的社区干预：芬兰北卡项目的经验与启示》，《中国卫生政策研究》，2016年第7期，第8-14页。

患者的生命质量，并借此开展健康教育①。

(三)澳大利亚的慢性病治理经验

澳大利亚也把慢性病防治上升到国家战略的高度(NCDS)进行管理，具体措施包括五个方面。

一是建立全面系统的慢性病综合战略体系，形成强大的政策合力，全方位应对慢性病产生的不利影响。由于慢性病的影响因素复杂，澳大利亚制定了针对各类危险因素的具体预防战略，如关于吸烟、营养、酗酒、体育锻炼(SNAP)的实践框架、公共卫生行动计划之澳大利亚老龄化问题、国家烟草战略2004—2009、澳大利亚动起来规划(健康设施策略2005—2010)、土著居民和托雷斯海峡岛民国家健康战略框架2003—2013、澳大利亚健康饮食：公共健康营养行动2000—2010、全国土著居民和托雷斯海峡岛民营养战略和行动2000—2010等。

二是建立慢性病监测体系。澳大利亚国家公共卫生信息工作组制定了"慢性病及相关决定因素全国监测蓝图"，连续地收集、分析和检索全国范围的慢性病及相关因素的监测和监督数据，用于建立全国慢性病监测体系，监督和评价战略行动有效性，为战略的调整完善和可持续发展提供保障。

三是注重持续性的疾病预防和健康促进。健康促进和减少疾病危险因素适用于慢性病预防和护理的统一体中，除了预防疾病本身，还可以预防疾病进展和并发症的发生。通过早发现和早治疗，可以降低死亡率，延缓疾病的进展和并发症，改进生命质量和自我管理能力，防止或推迟家庭护理，改善健康状况。

四是重视慢性病护理服务体系建设。针对慢性病不同时期和不同阶段的预防和护理，对不同症状及并发症的预防和护理，提供个性化的最佳的预防和护理，使自我管理和护理人员的作用充分发挥，为不同疾病阶段的病人提供了良好的照顾。

五是注重提高慢性病患者的自我管理能力。通过健康教育提高慢性病患者的健康意识，从饮食、生活习惯、服药适应性、适度锻炼等方面，使慢性

---

① 田娜、付朝伟、徐望红、姜庆五：《芬兰慢性病防控成功案例分析及启示》，《中国初级卫生保健》，2013年第2期，第35-37页。

病患者主动参与慢性病管理，不仅改善了慢性病病人、家属及其护理人员的健康状况和生活质量，也减轻了健康护理系统的慢性病负担①。

三、国内农村老年人相对贫困治理经验

中华人民共和国成立 70 周年之际，国内外学者对中国反贫困经验进行了大量总结。例如，李小云（2021）从社会学角度，分析了中国消除贫困问题的政策过程②。再如，杨灿明（2021）从农村反贫困角度，总结了中国特色的反贫困理论与策略③。又如，王昉、王晓博（2020）从政策文本角度，系统总结了中华人民共和国成立 70 年的反贫困思想的演进路径与逻辑架构④。还有，邢中先、张平（2019）从马克思社会总资本再生产理论的角度，总结了中华人民共和国成立 70 年来的反贫困历程、经验和政策启示⑤。在笔者看来，中华人民共和国成立 70 年来反贫困经验，可以归结为反贫困标准、反贫困内容、反贫困主体、反贫困手段和反贫困机制的不断优化与调整。

（一）反贫困标准的不断优化

科学的贫困线设定，不仅决定一个国家贫困人口瞄准的准确性和合理性，也对一个国家反贫困的社会政策范围和力度产生广泛影响⑥。国际上贫困线的划定，标准差异较大。世界银行制定的贫困线有"低贫困线"和"高贫困线"

---

① 朱敏、吴华章：《澳大利亚国民慢性病战略及其启示》，《中国慢性病预防与控制》，2010 年第 5 期，第 539-541 页。

② 李小云：《中国消除贫困政策过程的社会学分析》，《中央社会主义学院学报》，2021 年第 6 期，第 126-133 页。

③ 杨灿明：《中国战胜农村贫困的百年实践探索与理论创新》，《管理世界》，2021 年第 11 期，第 1-15 页。

④ 王昉、王晓博：《新中国 70 年反贫困思想的演进路径与逻辑架构——基于政策文件的文本对比研究》，《经济学家》，2020 年第 2 期，第 44-53 页。

⑤ 邢中先、张平：《新中国 70 年来的反贫困实践：历程、经验和启示》，《财经科学》，2019 年第 9 期，第 53-62 页。

⑥ 顾昕：《贫困度量的国际探索与中国贫困线的确定》，《天津社会科学》，2011 年第 1 期，第 56-62 页。

之分，低贫困线是指每人每天 1 美元，高贫困线是指每人每天 2 美元①。欧盟理事会把各国收入中位数的 60% 设定为贫困线②。经济合作与发展组织将人均可支配收入的 50% 和 60% 作为相对贫困的测量标准③。英国于 1979 年开始使用相对贫困线，即家庭收入低于可支配收入中位数的 50% 是英国相对贫困的基准④。日本于 1984 年采用"生活水平相对均衡方法"来测量贫困，其总目标是低收入家庭的人均生活消费支出达到中等收入家庭的 60%⑤。

中国官方制定的贫困线始于 1978 年，在 1978 年之前的近 30 年里，中国实际上没有现代意义上的贫困线。当时对贫困人口的认定标准是"三无人员"，即无劳动能力、无收入来源、无法定抚养人或赡养人，或者有法定抚养人或赡养人，但法定的抚养人或赡养人没有劳动能力和收入来源。这是计划经济时期中国对贫困人口的识别方法，即传统的"五保对象"，主要是农村老年人。1978 年党的十一届三中全会以后，中国开始制定了现在意义上的国家贫困线标准，从 1978 年以来，国家总共制定过三次贫困线，分别是 1978 年、2000 年和 2010 年，贫困线分别为 100 元、865 元和 2 300 元。其他年份的贫困线数据，则是根据当年的价格指数换算之后的当年贫困线标准，中国贫困线变化趋势见图 6-1。

贫困线的不断优化调整，虽然为贫困对象的有效识别提供了数量标准，但实践中却很难执行。因为 2010 年 2300 元贫困线是国家根据农民每人每天消耗 2100 大卡热量，60 克蛋白质，非粮食支出占比为 40% 的标准测算出来的。实践中，农民每天到底消耗了多少热量，非粮食支出到底占多少比例，

①　2018 年，世界银行《贫困与共享繁荣：2018》报告，针对中低收入国家和中高收入国家制定了 3. 2 美元和 5. 5 美元的两条高贫困线，并引入了社会贫困线(social poverty line，SPL)的概念。

②　Tony Atkinson etc. , Social Indicators：The EU and Social Inclusion, Oxford：Oxford University Press，2002.

③　Aldi J. M. Hangenass etc. , Poverty Statistics in the Late 980s：Research Based on Micro-data，Luxembourg：Office of Official Publications of the European Communities，1995.

④　Bourquin，P. , J. Cribb, T. Waters, and X. Xu, 2019, "Living Standards, Poverty and Inequality in the Uk：2019"，Institute for Fiscal Studies，https：//www. ifs. org. uk/publications/14193.

⑤　焦培欣：《我国小康社会生活救助标准研究——日本水准均衡方式的借鉴》，《中国行政管理》，2019 年第 5 期，第 143-150 页。

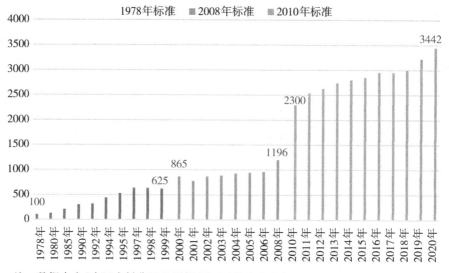

注：数据来自《中国农村贫困监测报告》和《住户收支与生活状况调查》。

图 6-1　中国贫困线的不断优化趋势

根本没有办法计算和测量，扶贫行政部门在扶贫工作中很难执行这一标准，为了落实扶贫工作议程，于是形成了"两不愁、三保障"扶贫标准，即"不愁吃、不愁穿，义务教育、基本医疗、住房安全有保障"[①]。值得指出的是，这里的"两不愁、三保障"并不是国家的扶贫标准，而是扶贫部门为了便于扶贫工作的顺利开展而制定的实践标准。除了"两不愁、三保障"之外，国家识别贫困对象的基本依据是收入水平。现在，中国形成了"一个收入、两不愁、三保障"的贫困对象识别的"一、二、三"标准。

(二) 反贫困内容的不断优化

不同的社会经济发展阶段，反贫困内容不同。从中华人民共和国成立初期到 1978 年，反贫困工作是以解决"三无人员"的吃、穿、住、烧 (柴火)、医、葬等为主要内容的济贫式扶贫。反贫困内容具体表现在三个方面：一是

---

① 孙久文、夏添：《中国扶贫战略与 2020 年后相对贫困线划定——基于理论、政策和数据的分析》，《中国农村经济》，2019 年第 10 期，第 98-113 页。

实行土地改革，解决农民生产资料缺乏问题①。二是开展大规模"扫盲运动"，缓解农民的教育贫困问题②。三是开展合作医疗制度，解决农民的健康贫困问题。从 1978 年到 1985 年，反贫困工作一方面继续对传统的"五保户"提供吃、穿、住、医、葬五个方面的基本保障，另一方面是实施"以工代赈"，为农民提供资金或物质。从 1986 年到 1993 年，大规模的扶贫开发增加了地方上的就业机会。从 1994 年到 2000 年的八七扶贫，一是加大基础设施建设力度，二是大力发展教育事业。从 2001 年到 2010 年，通过降低农业税税率、取消农业特产税，对农民进行直接补贴、加大"两减免、三补贴"和对农村基础设施、农村科教文卫事业投资力度、新农村建设巩固脱贫攻坚成果。从 2011 年到 2020 年，中国反贫困的目标是"两不愁、三保障"。

(三) 反贫困主体的不断优化

反贫困主体的不断优化，反映的是扶贫资源来源及其结构的不断优化，中国反贫困主体的不断优化与调整，大致经历了四个阶段：一是 1949—1977 年计划经济时期以农村集体生产组织和国家托底为主的反贫困阶段③；二是 1978—2005 年市场经济背景下以中央投入为主、以对口帮扶、东西协作、国际组织参与为辅的反贫困阶段；三是 2006—2012 年免除农业税之后以国家财政投入为主、以"两不愁、三保障"为主要目标的反贫困阶段；四是党的十八大以来政府、市场和社会力量多方参与、形成"专项扶贫"④、"行业扶贫"⑤

---

① 李小云、于乐荣、唐丽霞：《新中国成立后 70 年的反贫困历程及减贫机制》，《中国农村经济》，2019 年第 10 期，第 2-18 页。
② 李小云、于乐荣、唐丽霞：《新中国成立后 70 年的反贫困历程及减贫机制》，《中国农村经济》，2019 年第 10 期，第 2-18 页。
③ 汪三贵：《当代中国扶贫》，北京：中国人民大学出版社，2019 年版。
④ 专项扶贫指政府开展易地扶贫搬迁、整村推进、以工代赈、产业扶贫、就业促进、扶贫试点、革命老区建设等大规模专项扶贫行动，带动贫困人口脱贫致富。
⑤ 行业扶贫要求各行业部门充分发挥人才、资金、技术等方面的优势，履行行业管理职能，采取发展特色产业、开展科技扶贫、完善基础设施、发展教育文化事业、改善公共卫生和人口服务管理、完善社会保障制度、重视能源和生态环境建设等活动，促进贫困地区和贫困人口脱贫。

和"社会扶贫"①多主体参与的"三位一体"的大扶贫格局阶段②。

(四)反贫困手段的不断优化

反贫困手段的不同，带来反贫困效果的较大差异。不同的社会经济发展时期，中国面临的贫困问题不同，反贫困的手段也不同，中国反贫困手段的不断优化主要经历了以下几个阶段：一是1949—1978年的中华人民共和国成立初期，以小规模的救济扶贫为主要手段的反贫困时期。二是1978—1985年以实施家庭联产承包责任制改革为主要手段的贫困人口大幅减少阶段。三是1986—2000年以政府主导的大规模扶贫开发反贫困阶段。四是2001—2010年以定点扶贫、协作扶贫、国际扶贫、社会组织扶贫等为主要手段的反贫困阶段。五是2011—2020年以为贫困户建档立卡、移民搬迁、光伏产业、旅游开发、生态保护、"互联网+"等多种扶贫手段协同发力的反贫困阶段。

(五)反贫困机制的不断优化

反贫困机制的不断优化，体现在对象瞄准机制、组织保障机制、多主体参与机制和扶贫工作落实机制等四个方面的机制创新。其中，对象瞄准机制包括：从1949年到1977年的"典型识别"("三无人员")反贫困；从1978年到1985年的整村贫困瞄准阶段；从1986年到2000年的贫困线瞄准阶段；从2001年到2012年的村级贫困瞄准机制阶段；从2013年到2020年的贫困户瞄准和精准扶贫阶段。组织保障机制指的是，中国形成了共产党集中统一领导下，责任体系、工作体系、政策体系、投入体系、帮扶体系、社会动员体系、监督体系、考核评估体系等有机统一的反贫困组织保障体系③。反贫困参与机制，中国形成了广泛动员全社会力量参与和"志智双扶"促进贫困人口参与的反贫困模式。反贫困工作落实机制不断优化，一方面形成了"五级书记"一起抓扶贫的反贫困工作落实机制，另一方面充分发挥反贫困效果的第三方评

---

① 社会扶贫则要求动员包括企业、社会组织、个人等在内的全社会力量参与扶贫，推进东西部协作，采用结对帮扶、吸纳就业、扶贫捐赠等方式推动扶贫攻坚。

② 张宁：《中国共产党贫困治理的百年历程、基本经验与战略前瞻》，《中共成都市委党校学报》，2021年第4期，第10-14页。

③ 张宁：《中国共产党贫困治理的百年历程、基本经验与战略前瞻》，《中共成都市委党校学报》，2021年第4期，第10-14页。

估机制。

四、国外农村老年人相对贫困治理经验

(一)美国的相对贫困治理经验

美国是世界上最发达的国家,也是贫困问题最为严重的国家,截至 2020 年,美国相对贫困人口仍然有 4 000 多万人,贫困发生率高达 12.3%(见图 6-2)。在美国历史上,政府治理贫困问题的主要举措是建立健全社会福利制度。从"大萧条"到现在,美国社会福利的发展历史,可以划分为福利初创、福利扩张、福利调整、福利改革与福利完善五个时期。经过 90 余年的发展,美国的福利制度已经形成了以《社会保障法案》为统领、以约翰逊总统"向贫困开战"的大规模反贫困为典型标志、以"劳动所得税收抵免制度"(The Earned Income Tax Credit)和"贫困家庭临时救助"(Temporary Assistance for Needy Families)为核心内容和以"社会养老保险"(OASDHI)、"医疗救助"(Medicaid)、"补充保障计划"(SSI)和"食品券"(Food Stamps)为配套政策的反贫困社会福利制度体系①。

回顾美国社会福利反贫困的历史,美国针对相对贫困(包含老年贫困人口)的反贫困经验可以归纳为五个"注重":

一是注重差异化的贫困标准。美国是用贫困线来区分贫困人口与非贫困人口,而贫困线并不是按照世界银行制定的"极度贫困"标准,即每人每天生活支出不足 1.9 美元的贫困标准,而是以家庭为单位,根据家庭人口数量来确定每个家庭的贫困线标准(见表 6-1)。美国的贫困线标准随着家庭规模的变化和家庭中是否有 65 岁及以上的老年人为划分贫困与否的基本依据。65 岁及以上的空巢老年人家庭贫困线为每年 12413 美元,平均每人每个月为 1034.4 美元,而 65 岁及以下的空巢老年人,贫困线则为 1122.1 美元。但是,如果是三口之家,贫困线则下降为平均每人每个月 562.3 美元,九口及以上之家,贫困线则进一步降低为平均每人每个月 530.7 美元②。

---

① 朱明玉:《美国的贫困问题:成因、政策与影响》,《领导科学论坛》,2020 年第 7 期,第 42-55 页。

② 《深度剖析:美国贫困人口现状》,https://www.163.com/dy/article/FS-FQVTFO0531BI54.html

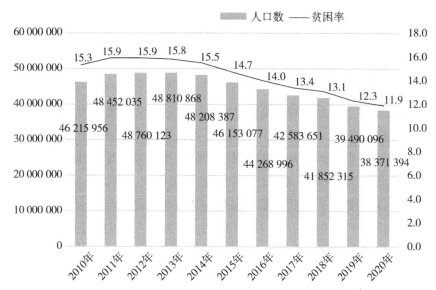

注：数据来自 U. S. Census Bureau，Current Population Survey，2010 to 2020 Annual Social and Economic Supplement.

图 6-2 2010—2020 年美国贫困发生率与贫困人口变动趋势

表 6-1 **2020 年美国的贫困线标准（美元）**

家庭规模	18 岁以下相关子女								
	无子女	一个子女	两个子女	三个子女	四个子女	五个子女	六个子女	七个子女	八个以上子女
一口之家：									
65 岁以下	13465								
65 岁以上（含 65）	12413								
两口之家：									
户主为 65 岁以下	17331	17839							
户主为 65 岁及以上	15644	17771							
三口之家	20244	20832	20852						
四口之家	26695	27131	26246	26338					
五口之家	32193	32661	31661	30887	30414				

续表

家庭规模	18 岁以下相关子女								
	无子女	一个子女	两个子女	三个子女	四个子女	五个子女	六个子女	七个子女	八个以上子女
六口之家	37027	37174	36408	35674	34582	33935			
七口之家	42605	42871	41954	41314	40124	38734	37210		
八口之家	47650	48071	47205	46447	45371	44006	42585	42224	
九口之家或更多	57319	57597	56831	56188	55132	53679	52366	52040	50035

数据来源：美国人口普查局，http：//www.census.gov/。

二是注重反贫困项目立法。立法先行是西方发达国家社会福利制度发展的典型特点和基本经验，也是美国社会福利反贫困的一贯做法。从 1935 年美国罗斯福总统颁布《社会保障法案》以来，美国出台了一系列社会福利项目的相关法律法规，形成了较为系统的社会福利法律体系，有效保障了社会福利项目的顺利实施。这些法律法规包括：1962 年颁布的《公共福利修正案》、1964 年颁布的《食品券法案》、1972 年颁布的《补充收入保障法》、1975 年颁布的《税收减免法》、1988 年颁布的《家庭援助法》、1993 年颁布的《税收调和法》、1996 年颁布的《个人责任与工作机会协调法案》和 2009 年颁布的《复苏与再投资法》等。

三是注重对受助对象的内在激励。注重对受助对象的内在激励，实际上是激励个人积极参加劳动和工作，承担相应责任，美国反贫困的历史教训表明，过于慷慨的社会福利，会导致严重的福利依赖现象①，不仅造成有限福利资源的浪费，也导致新的社会不公平和贫困代际传递问题。为了避免这一问题的出现，美国社会福利项目改革的基本取向是注重对受助对象的内在激励，例如，"劳动所得税收抵免制度"（The Earned Income Tax Credit），该制度规定有合法的劳动所得成为受助对象享受该项社会福利的必要前提；再如，"贫困家庭临时救助"（Temporary Assistance for Needy Families），明确规定了临

---

① 林亦府：《从"福利依赖"到"工作自救"——美国福利制度改革对中国城市低保制度可持续发展的启示》，《哈尔滨工业大学学报（社会科学版）》，2013 年第 1 期，第 45-50 页。

时救助的时间限制，超过规定的时间则无权再享受此项目。

四是注重对贫困人口的医疗补助。美国是一个以商业保险为主的市场经济国家，高昂的医疗保险价格往往使得穷人缺乏支付保险费的能力而无法获得健康保险的保护。因此，美国政府的医疗补助计划对缓解老年贫困人口"因病致贫"和"因病返贫"问题具有决定性作用。美国的反贫困实践也表明，医疗补助计划是美国老年贫困人口享受的最大社会福利项目，联邦政府和州政府都有医疗保障项目和医疗补助项目，为老年贫困人口提供较为充分的医疗保障援助①。统计数据显示，2018 年美国联邦政府福利总支出为7 380亿美元，其中，医疗救助支出高达3 890亿美元，占美国联邦福利总支出的一半以上，超过其他 13 项福利项目支出的总和②。

五是注重不同福利项目之间的协同。美国的社会福利项目，并不是来自单一的部门和责任主体，如何加强不同福利项目之间的协同发力，是提高福利项目反贫困效应的重要方面。据统计，在美国对于低收入群体，尤其是老年贫困人口，劳动部、健康和人类服务部、州政府提供了 47 项相似的项目，其中的 44 个项目之间有重叠③。美国通过多种方式实现不同社会福利项目之间的协同与联动④。以美国临时家庭援助计划为例，项目之间协同与联动的基本做法包括三个方面：一是差异化保留福利项目。对于不服从工作规则而失去"贫困家庭临时救助"（TANF）资格的家庭，该家庭的医疗救助资格会被部分取消；二是在享受某一项救助制度时，自动享受其他社会救助项目，例如独居的 TANF 接受者（主要是老年人）会自动获得食品券资格；三是劳动所得收入与临时社会救助的协同，美国大部分州在测评是否享受临时救助资格时，会将劳动所得的前两个月收入免于计算，有的州全部免于计算，以激励贫困人口就业的积极性。

---

①　《深度剖析：美国贫困人口现状》，https：//www.163.com/dy/article/FS-FQVTFO0531BI54.html

②　Federal Safety Net. https：//federalsafetynet.com/safety-net-programs.html.

③　Lee-Joy Cheng and Seng-Lee Wong. Examining Administrative Effect on Changes in TANF Caseloads in the United States. Administration in Social Work，2013，37（4）：39-58.

④　刘宝臣：《美国贫困家庭临时救助：制度变迁、运行特征及启示》，《经济体制改革》，2018 年第 6 期，第 157-162 页。

(二)日本的相对贫困治理经验

日本是世界上的第三大经济体，也是贫困问题较为突出的国家，甚至某些群体(如中产阶层)的贫困发生率成为世界之最①。统计数据显示，从 1985 年到 2015 年，日本单亲家庭的贫困发生率从未低于 50%，甚至有的年份贫困发生率高达 63%②，见图 6-3。日本不仅单亲家庭群体的相对贫困发生率畸高，整体人口的相对贫困发生率也明显较高。统计数据显示，截至 2020 年日本总人口有 1. 26 亿人，而贫困人口高达 2000 多万人，贫困发生率为 16%，并且呈现出缓慢增长趋势，见图 6-4。

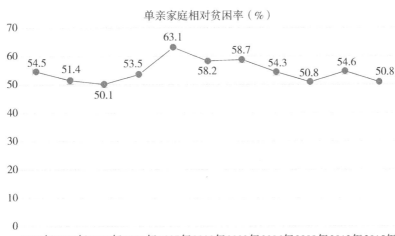

注：数据来自 https：//data. oecd. org/inequality/poverty-rate. htm

图 6-3　1985—2015 年日本单亲家庭贫困发生率

日本是世界上人口老龄化程度最高的国家，老年人口贫困问题也较为突出。日本厚生劳动省 2020 年公布的数据显示，2019 年日本人均预期寿命已经连续 8 年增加，女性人均预期寿命 87. 5 岁，连续 5 年排名世界第二，男性人

---

① 　焦晓璐、王欢：《日本贫困率居发达国家之首 贫困席卷中产阶层》，环球网：2014 年 10 月 29 日，https：//world. huanqiu. com/article/9CaKrnJFKni

② 　《日本的贫困人口为啥比中国还多》，澎湃新闻网：2020 年 9 月 11 日，https：//www. thepaper. cn/newsDetail_forward_9109624

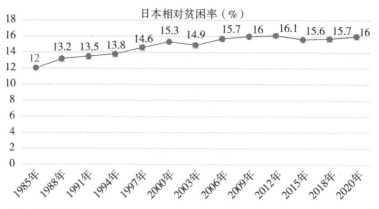

注：数据来自 https：//data.oecd.org/inequality/poverty-rate.htm

图 6-4　1985—2020 年日本相对贫困发生率

均预期寿命 81.4 岁，连续 3 年排名世界第三①。2019 年，日本全国 65 岁以上的老年人首次超过 3610 万人，占全国总人口的比重达到 28.7%。同时，日本人口的高龄化趋势也较为明显，全国 100 岁以上的老年人口数量已经超过 8 万人②。日本老年人口的贫困发生率，随着老年人口年龄的增长而不断上升（见图 6-5），有效治理老年人口贫困问题是日本反贫困的一项重要任务。

日本政府的反贫困经验，也可以归结为四个"注重"：

一是注重反贫困目标瞄准。其中，建立专门针对老年人的反贫困政策。包括：（1）建立较为完善的养老保险、年金制度以及长期护理保险制度，并积极完善相关政策参数。具体包括：提高部分高收入人群护理保险费个人承担的比例，维持或减免低收入群体护理保险费的个人承担比例；建立高龄老年人的医疗保险制度，高收入老年人的医疗费报销比例明显低于贫困老年人的报销比例；降低年金参保缴费年限的最低限制，从原来的最少缴费 25 年降到

① 全球各国和地区中，2019 年中国香港女性人均预期寿命最长，为 88.13 岁，香港地区男性人均预期寿命同样位列全球第一，为 82.34 岁；西班牙女性人均预期寿命 86.22 岁，排名第三；瑞士男性人均预期寿命 81.7 岁，排名第二。

② 《日本 65 岁以上人口突破 3610 万，老龄化程度居全球首位》，光明网，2020 年 9 月 21 日，https：//m.gmw.cn/2020-09/21/content_1301587191.htm

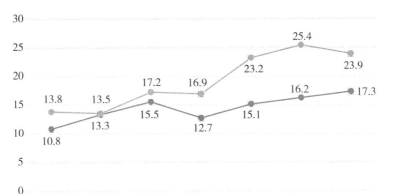

注：丁英顺：《日本老年贫困现状及应对措施》，《日本问题研
究》，2017 年第 4 期，第 69-80 页。

图 6-5　日本年龄与老年贫困发生率的性别差异

现在的 10 年①，以避免人口老龄化导致的老年收入下降和贫困问题；（2）鼓
励老年人就业和再就业。根据日本 1986 年颁布的相关法律，日本的退休年龄
是 60 岁，为了鼓励老年人就业，日本先后多次修改相关法律，把退休年龄提
高到 65 岁。同时，为了保障老年人的就业权益，日本还于 2016 年修改了《雇
佣保险法》，把雇佣保险制度的覆盖范围扩大到 65 岁及以上年龄的就业老年
人。在这些政策的支持下，日本 65 岁及以上老年人在劳动者中的比例，也从
1980 年的 4.9% 提高到 2014 年的 10.6%②；（3）提高企业雇佣补助金。日本政
府对允许员工工作到 70 岁退休的企业和用人单位，实施奖励计划和补助金制
度，鼓励其他企业效仿这一做法。

二是注重反贫困法制建设。为了鼓励老年人就业和再就业，有效缓解及
消除老年贫困问题，日本于 1998 年和 2006 年修订 1986 年颁布的《高龄者雇
佣安定法》，并于 2013 年实施新的《高龄者雇佣安定法》，2016 年 11 月日本

---

① 丁英顺：《日本老年贫困现状及应对措施》，《日本问题研究》，2017 年第 4 期，
第 69-80 页。

② 丁英顺：《日本老年贫困现状及应对措施》，《日本问题研究》，2017 年第 4 期，
第 69-80 页。

出台《无年金对策法案》，2016 年 3 月通过了《雇佣保险法修订案》，2016 年 12 月又颁布了《年金改革法》。

三是注重贫困人口的"自立"。日本社会福利反贫困中的"自立"概念，包括消极自立论和积极自立论两种观点。其中，消极自立论重在预防懒惰和摆脱保护，积极自立论重在发现和促进贫困人口的自主独立。鼓励贫困人口自立，是日本社会福利体制发展中的典型特点之一。"自立"在日本社会福利法制建设中的首次出现，始于 1950 年颁布的《生活保护法》。该法第一条规定"国家对于所有贫困国民，根据其贫困程度提供必要的保障，保障他们最低生活水平的同时，促进其提高自身的自立性"[1]。不仅如此，该法第十七条、第二十七条、第三十八条和第三十五条以及日本后续的社会政策，均鼓励贫困人口在外力的帮助下实现"自立"。

四是注重差异化的反贫困政策设计。注重差异化的反贫困政策设计，实质是提高了反贫困政策的针对性和有效性。日本的贫困人口主要集中在城市，但并不是说日本不注重农村人口贫困问题。日本针对农村人口贫困问题的反贫困措施，主要通过土地规模化经营、提高农产品的价格、充分发挥农业协会的作用以及实施倾斜性的农业金融支持政策等措施，实现农民增收以消除农村人口贫困问题。而针对老年人贫困问题，则通过更加完善和系统的教育福利体系和老年福利体系实现他们摆脱贫困的目标。例如鼓励老年人的就业与再就业等，就是专门针对老年人贫困的反贫困措施。

(三)印度的反贫困治理经验

印度是世界上仅次于中国的第二个人口大国，目前的人口数量世界排名第二，甚至很快会超越中国成为世界上人口最多的发展中国家。根据最新的统计数据显示，2021 年印度的总人口已经达到 13.3 亿人。依照印度政府划分的贫困线标准，在印度政府制定划分贫困线标准的 1993 年，印度全国的贫困发生率高达 45.3%，经过 18 年的贫困治理后，在 2011 年，印度的贫困发生率降为 21.9%，但贫困发生率仍然较高(见图 6-6)。不仅如此，印度的贫困发生率呈现出明显的城乡差异，农村人口的贫困发生率是城市人口贫困发生率

---

① [日]白瀬由美香：《日本社会福利的变迁：向以"自立"为主的生活支援转型》，《社会保障评论》，2018 年第 2 期，第 107-118 页。

的一倍还多，见表6-2。

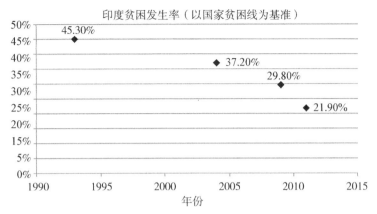

印度贫困发生率（以国家贫困线为基准）

注：资料来自世界银行，https：//data. worldbank. org/indicator/
SI. POV. NAHC？ locations＝IN

图 6-6 1993—2015 年印度的贫困发生率

表6-2 印度贫困发生率的城乡差异（基于国家贫困线）

财年	贫困人口比例(%)			贫困人数（亿）		
	农村	城市	总计	农村	城市	总计
2004—2005	41.8	25.7	37.2	3.26	0.81	4.07
2009—2010	33.8	20.9	29.8	2.78	0.76	3.54
2011—2012	25.7	13.7	21.9	2.17	0.53	2.70

注：数据来自：India Planning Commission，Databook for PC，22nd December，
2014，p. 99.

与美国和日本不同的是，印度的贫困人口主要集中在农村地区，为了解决农村的贫困问题，印度政府制定了一系列反贫困计划和战略，但是印度农村老年人口的贫困问题并不是最突出的，因为印度人口老龄化程度较低，农村老年人数量相对较少。针对不同的贫困对象，印度政府推行不同的反贫困项目，在住房保障方面，印度实施了"尼赫鲁—全国市区重建计划"和"拉吉夫城市住房工程"等计划；为了改善农村落后的卫生环境，印度政府发起"厕所

运动"；为了保障印度妇女的就业权利，印度政府推出贾瓦哈尔计划，要求将30%的就业机会留给妇女。

印度的反贫困措施与经验，可以归结为四个"注重"：

一是注重贫困人口的就业问题。在满足贫困人口最直接的粮食需求问题后，印度政府开始着手于解决就业问题，通过就业可以增加农民收入来减轻贫困状态。印度政府主要通过实施农村综合发展计划、以工代赈的就业计划等措施来解决就业问题。印度从1979年开始实施农村综合发展项目，政府向生活在贫困线以下的小农、贫困边缘农民以及无地农户提供补助和贷款，同时还为农户提供种子、化肥和农药等，并提供各种技术性服务①。为了增加贫困人口的就业机会，印度政府通过加强基础设施建设，以工代赈的形式为贫困人口提供就业机会。1989年，全国农村就业项目和农村无地者就业保障项目合并成为农村工资就业计划，采用政府直接拨款的形式使农村贫困家庭获得收益，扩大农村基础设施的生产性工程，来创造新的就业机会。2005年辛格政府提出农村就业保障项目，主张印度经济发展与基础设施建设紧密相关，额外投入800亿卢比用来加强农村基础设施的建设。

二是注重社会保障体系建设。为满足贫困人口的需要，印度加强了社会保障制度反贫困力度。主要做法包括：一是建立公营分配制度。政府在全国各地建立控制价格的一系列平价商店，以确保广大人民特别是贫弱阶层能以合理的价格获得粮食、食用油、煤油、白糖等在内的基本消费品②。二是实行全民免费医疗制度。印度在全国实行全民免费医疗制度，依靠公立医院体系落实该制度，同时由于印度贫困人口主要集中在农村，政府健全了包括保健站、初级保健中心和社区保健中心三个层次的农村医疗服务网络，免费向穷人提供医疗服务。按印度政府的计划，在农村地区，每10万人设置一个基层医疗保健中心，每5000人设一座保健站，每800人设一位兼职医生，由此形成一个乡村三级医疗保健网③。

---

① 林闽钢、霍萱：《大国贫困治理的"中国经验"——以中国、美国和印度比较为视角》，《社会保障评论》，2021年第1期，第90-104页。

② 明拥军：《印度的反贫困经验与启示》，《新疆农业科技》，2006年第6期，第8-9页。

③ 王建平：《印度反贫困的沿革及其启示》，《老区建设》，2009年第17期，第62-63页。

三是注重实施特定扶贫计划。印度政府财力有限，为更高效地解决贫困问题，选择制定的特定扶贫计划侧重于满足贫困者不同方面的需求，例如实施"土地改革"和"绿色革命"计划首先满足贫困者的食物需求；实施的农村综合发展计划和国家农村就业项目是针对贫困者就业问题，为其提供就业机会。将有限的反贫困资源集中起来办大事，而不是对贫困人口"撒胡椒面"，这些做法符合印度国情，事实证明这样的反贫困计划成效较好。

四是注重反贫困的多主体参与。在印度农村贫困治理中，政府、潘查亚特、非政府组织及社会公民都是反贫困的主要力量，各自发挥作用，共同参与贫困治理。政府在农村反贫困中充当"元治理者"角色，主导制定反贫困项目、统筹社会资源开展反贫困项目、协调各方促进项目良好实施、监督项目成效；村级、区级、县级三级潘查亚特分工协作，共同承担地方开发管理职能；非政府组织可以为项目建设提供资金支持、为贫困人口提供反贫困项目信息等；社会公民既是项目执行的受益人，同时也是项目建设的重要监督者。此外，世界银行也在印度的反贫困中扮演了借款人、管理者和政策顾问等角色。近年来，世界银行还关注印度的教育、健康和妇女的发展问题。

第三节　对策建议

综合国内外慢性病和老年人相对贫困的治理经验可以发现，关于农村老年人的慢性病和相对贫困问题的研究虽然较多，但是已有的研究往往把慢性病与老年人相对贫困两个问题割裂开来，很少有从慢性病视角来总结农村老年人相对贫困的治理经验，也很少有从老年人相对贫困视角来总结慢性病治理经验。国外关于慢性病和老年人相对贫困问题的治理措施，虽然较多也较早，但很多方面并不适合中国的国情，例如中国农村老年人口是世界上规模最多的国家，而且习近平总书记在二十大报告中也指出，中国式现代化是人口规模巨大的现代化，这其中就包含了老年人口尤其是农村老年人口，因此，农村老年人口相对贫困问题的有效治理，具有世界意义；再如立法先行，中国农村老年人的慢性病治理和相对贫困治理需要加强立法，但并不一定非要立法先行，因为中国式现代化的基本经验是"摸着石头过河"，是一种先有实践、试点再上升到中央政策和法律层面的中国特色的慢性病与老年人相对贫困治理路径。慢性病与人口老龄化程度高度相关，人口老龄化进程越快、程度越深，慢性病问题就越突出，全面建成小康社会的顺利实现标志着中国已经历史性地解决绝对贫困问题，巩固全面建成小康社会的良好局面，特别是在中国人口老龄化快速发展和"疾病谱"快速转变的时代背景下，需要高度重视和有效防控由慢性病导致的农村老年人口相对贫困问题。结合本书的研究发现，借鉴国内外慢性病和农村老年人口相对贫困问题治理的有益经验，笔者提出如下对策建议。

一、农村老年人慢性病防治的对策建议

农村老年人的慢性病防治对策，包括两个方面：一是慢性病的事前预防，二是慢性病的事后治理。其中，慢性病的事前预防比事后治理更加重要。慢性病的事前预防是指对农村老年人尚未罹患而可能罹患的慢性病，或者虽然已经罹患慢性病但是未发展成严重的慢性病或慢性病并发症问题的提前预防，以期阻断慢性病对农村老年人的身心健康和多维贫困的影响。慢性病的事后治理，是指对那些已经出现的慢性病问题进行事后的治疗和医疗保障补偿机制建设。从理论上看，站在不同的角度，农村老年人慢性病的防治对策是不同的，但是无论站在何种角度，都应该加强慢性病的预防问题。因此，本书提出的第一个政策建议是加强慢性病的预防机制建设。

（一）提高农村老年人对慢性病的知晓度

农村老年人对慢性病知晓度的高低，与他们对自身健康状况的重视程度以及医疗条件有关，将会以"助推"（Nuge）的方式影响农村老年人的健康行为以及就医行为，进而影响他们的慢性病和老年相对贫困治理效果。中国健康和养老追踪调查数据（CHARLS）通过询问三种慢性病的知晓率来反映农村老年人对14种慢性病的知晓率问题（数据中没有询问其他慢性病的知晓率）。从表6-3的统计结果来看，农村老年人对慢性病的知晓率非常低。其中，农村老年人对高血压慢性病的知晓率只有1.9%，21478位回答这一问题的农村老年人中，有21061位农村老年人回答不知晓，所占比例为98.1%。同样，农村老年人对肺部疾病的知晓率只有1.7%，对精神类疾病的知晓率只有0.7%。这也就是说，在医生正式告诉他们罹患慢性病之前，绝大部分农村老年人并不了解自己已经罹患慢性病。因此，提高农村老年人对慢性病的知晓率就显得非常重要。

表6-3　　　　　　　　　　农村老年人对慢性病的知晓率

慢性病类型	观察值	是否知晓	频数	百分比	有效百分比	累积百分比
高血压	21478	不知晓	21061	56.6	98.1	98.1
		知晓	417	1.1	1.9	100.0
肺部疾病	27951	不知晓	27481	73.8	98.3	98.3
		知晓	470	1.3	1.7	100.0
精神类疾病	32234	不知晓	32023	86.0	99.3	99.3
		知晓	211	0.6	0.7	100.0

注：数据来自中国健康和养老追踪调查数据。

提高农村老年人对慢性病的知晓率有两种方法：

一是农村老年人通过自我体检提高知晓率，比如对于高血压、高血糖、记忆类疾病（阿尔茨海默病）等不需要到医院就诊就可以知道的慢性病。但是，农村老年人自我检测（相当于自己给自己体检）的前提，是他们知道什么是标准的健康指标，而这些指标对于农村老年人而言往往无法自我获得，因为农村老年人受教育程度普遍较低，例如75%以上的农村老年人是文盲，这就为农村老年人通过现代信息技术，如网络、智能手机等获取慢性病知识带来困难。因此，对于通过自我体检提升慢性病知晓率的老年人群，基层医疗卫生服务机构应当加强慢性病和慢性病危害以及可防可治相关知识的宣传，一方面增强农村老年人对慢性病进行自我体检的基本能力，另一方面再次以"助推"（Nuge）的方式引起农村老年人 UI 慢性病问题的高度重视和积极预防。

二是由政府买单为农村老年人开展常规体检。对于现在的农村老年人而言，绝大部分是农民，在农村土地上辛劳一生、奉献一生。孔祥智、何安华（2009）的估算结果表明，中华人民共和国成立以来农民通过工农产品价格"剪刀差"、廉价劳动力和廉价的土地资源三种方式，为国家建设积累资金至少高达 17.3 万亿元[1]，如果把利息和投资收益考虑进来，那么农民的贡献可能超过 50 万亿元，而且大部分贡献人群是现在已经进入老年期的农村老年人。因

_____

[1]　孔祥智、何安华：《新中国成立 60 年来农民对国家建设的贡献分析》，《教学与研究》，2009 年第 9 期，第 5-13 页。

此,农村老年人应当视为"国有农业单位"的雇员,由国家买单为农民每年进行一次体检,相当于现在各个单位为自己的员工体检一样,是农村老年人应该享有的国家职业福利。这不仅是对农村老年人过去辛勤奉献的一种国家补偿,有利于促进共同富裕和社会纵向公平,也有助于增强农村老年人对慢性病的知晓率,促进农村老年人的慢性病预防,防止"小病拖成大病"导致国家财政、基本医保基金和农村老年人更大的医疗费用支出负担。

(二)有效推动农村老年人家庭医生签约服务

有效推动农村老年人家庭医生签约服务,相当于为农村老年人建立起"社区健康守门人"制度。慢性病的有效防控,仅仅提高农村老年人对慢性病的知晓率是不够的,还需要长期的跟踪服务。由于受到农村老年人劳动时间、经济约束以及出行便利程度的约束,仅仅依靠农村老年人的自觉行为,是很难做到对慢性病的及时治疗和有效管理的。因此,开展农村老年人家庭医生签约服务,是长期跟踪农村老年人慢性病问题,并能够提供及时防治建议的重要途径。关于开展家庭医生签约服务的问题,国家出台了一系列相关政策文件(见表6-4)。但是,从政策实践效果来看,家庭医生签约服务运行状况很不理想,城市的家庭医生签约服务普遍存在"签而不约"、"流于形式"的问题,农村的家庭医生签约服务更是严重滞后。

表6-4　　　　国家关于开展家庭医生签约服务的相关政策文件

时间	出台部门	政策文件名称	主要目标
2011 年	国务院	《关于建立全科医生制度的指导意见》	推行全科医生与居民建立契约服务关系,基层医疗机构或全科医生与居民签订定期服务协议。
2013 年	中共中央	《中共中央关于全面深化改革若干问题的决定》	建立全科医生和居民契约服务关系。
2015 年	国务院办公厅	《全国医疗卫生服务体系规划纲要(2015—2020 年)》	推动家庭医生责任制,逐步实现签约服务。
2016 年	中央深改组	《关于推进家庭医生签约服务的指导意见》	推动家庭医生与居民签约服务。

续表

时间	出台部门	政策文件名称	主要目标
2017 年	国家卫计委	《关于做好 2017 年家庭医生签约服务工作的通知》	详细规定家庭医生签约服务内容。
2017 年	国务院办公厅	《国务院办公厅关于印发中国防治慢性病中长期规划（2017—2025 年）的通知国办发〔2017〕12 号》	优先将慢性病患者纳入家庭医生签约服务范围；推动分级诊疗，健全治疗—康复—长期护理服务链。
2021 年	中共中央、国务院	《中共中央 国务院关于加强新时代老龄工作的意见（2021 年 11 月 18 日）》	提高失能、重病、高龄、低收入等老年人家庭医生签约服务覆盖率，提高服务质量。

注：资料来自国家相关部委官方网站公布的文件整理而得。

造成家庭医生签约服务"签而不约"的原因有很多。一些学者对"签而不约"现象背后的原因进行探究，例如高和荣（2018）分析了家庭医生签约服务"签而不约"的情景与结构因素，他认为政治情景与文化情境、利益结构与社会结构是造成国内家庭医生签约服务"签而不约"的影响因素[1]。再如肖蕾等（2018）从全科医生数量、签约医生收入与工作量、签约服务考核机制、居民对签约服务的知晓度、配合度等方面深入分析签约服务"签而不约"的原因[2]。但是，本书认为，造成家庭医生"签而不约"的关键障碍是中国的"分级诊疗"体系尚未建立起来，如果不首先推动"分级诊疗"体系建设，那么，家庭医生"签而不约"的问题就很难解决。那么，如何推动"分级诊疗"体系建设呢？

"分级诊疗"的基本内容是"基层首诊，双向转诊，急慢分治，上下联动"。其中，首要问题是基层首诊。当前推动"分级诊疗"的基本做法是把"基层"定位在城市的社区医院和农村地区的乡镇卫生院，并通过利益诱导（基本医保报销比例激励）吸引患者（农村老年人）到社区医院（乡镇卫生院）就诊，

---

① 高和荣：《签而不约：家庭医生签约服务政策为何阻滞》，《西北大学学报（哲学社会科学版）》，2018 年第 3 期，第 48-55 页。

② 肖蕾、张太慧、张雅莉、李家伟：《分级诊疗视角下家庭医生签约服务"签而不约"的原因及对策研究》，《中国全科医学》，2018 年第 25 期，第 3063-3068 页。

但是从实践效果看，"困难多、阻力大、进展缓慢、困难重重"①，大医院"人满为患"、小医院"门可罗雀"的现象不仅没有改观反而有更加严重的趋势，大医院尤其是三级医院的"虹吸"现象仍然十分突出②。其实，分级诊疗的主要障碍是因为基层医疗机构缺乏优秀的医生、也留不住优秀的医生。因此，推动"分级诊疗"体系建设和促进家庭医生签约服务的关键是改变传统的做法，重新定位"基层"。应当把"基层"定位在县级医疗机构，并通过机制设计让县级医院的医生而不是社区医院的医生与农村老年人签订家庭医生服务协议，并定期深入到农户(村委会)为农村老年人提供随访服务。

如此设计的依据是：一是传统的"基层首诊"制度，由于"基层"缺乏优秀的医生，导致患者不愿意到"基层"(城市社区医院或乡镇卫生院)就医，而经验研究表明：无论是大病，还是常见病，农村老年人更愿意到县级医疗机构而非乡镇医疗机构和市级医疗机构就医③。因此，把"基层"定位到县级医疗机构，既符合农村老年人就医的基本习惯和选择，又解决了农村老年人对乡镇医院等"基层"医院医生不信任的问题。

(三)致贫效应视角差异化的慢性病对策设计

一般而言，任何慢性病都会导致农村老年人的健康受损和经济损失，但是未必都会导致农村老年人的多维贫困问题。因此，从致贫效应的角度治理农村老年人的慢性病问题，应该设置慢性病治理的优先顺序。前文的实证分析已经表明，慢性病对农村老年人经济相对贫困、健康相对贫困和精神相对贫困有显著的影响。因此，差异化的慢性病治理对策是必要的。差异化的慢性病政策设计，包括两个方面：一是区分农村老年人慢性病的发病率和"慢性病共病"问题，二是区分农村老年人罹患慢性病的类型，即区分不同慢性病对农村老年人不同维度贫困的影响。差异化的慢性病防治对策，首先应该重点治理慢性病发病率高和容易导致并发症或其他疾病的慢性病。高血压、糖尿

---

① 申曙光、杜灵：《我们需要什么样的分级诊疗？》，《社会保障评论》，2019 年第 4 期，第 70-82 页。

② 高和荣：《健康治理与中国的分级诊疗制度》，《公共管理学报》，2017 年第 2 期，第 139-145 页。

③ 于长永：《疾病类型、医疗保险与农民就医机构选择行为研究》，《农业技术经济》，2017 年第 2 期，第 82-92 页。

病、慢性肾病等不仅发病率高还容易引起并发症，应该给予更多重视。从经济贫困的角度看，血脂异常、心脏病、哮喘应该成为慢性病的重点治理对象。从健康贫困的角度看，重点治理的慢性病应该依据图 6-7 的慢性病排序作为治理的依据，即优先治理农村老年人的癌症问题，最后才是治理高血压问题①。从精神贫困的角度看，慢性胃病引起的精神贫困更加明显，应该给予更多关注和治理。

注：数据来自本书的实证分析结果。

图 6-7　不同慢性病健康致贫效应的差异

(四)优化医疗保障制度对慢性病的报销政策

医疗保障政策是包括农村老年人(包括所有居民)的"健康保护伞"，是正式的社会支持力量，其本质功能不是转嫁疾病风险(发病率)而是转嫁农村老年人因疾病导致的经济损失。但是，不同的医疗保险报销政策对农村老年人医疗费用支出的分担程度差异较大，导致不同的疾病保障效果。慢性病虽然病程长且难以治愈，但是并不是所有的慢性病都需要住院治疗，甚至绝大部

---

① 值得说明的是，如果两种差异化的对策导致"冲突"怎么办，例如本书的分析两种差异化的政策设计依据导致"高血压"的重视差异，这里的"冲突"只是重视程度的"冲突"，并不妨碍进行差异化的政策设计，例如从发病率的角度，应该着重预防高血压，但是从致贫效应的角度，应该更加重视癌症而不是高血压导致的贫困问题。

分慢性病及其后期治疗根本不需要住院治疗，而我们当前的医疗保险报销政策却往往以住院治疗作为医疗费用报销的条件，这不仅提高了农村老年人的医疗费用负担，甚至导致"支出型贫困"问题，还影响医疗保险基金的可持续性问题。因此，优化医疗保障制度对慢性病的报销政策，对慢性病的及时有效治疗具有重要的引导作用。目前，全国各地已经陆续出台了主要针对城乡居民的"基本医疗保险门诊慢性病和特殊病管理办法"，而且采用保障范围、报销比例和病种限制三种方法控制医保基金支出风险。2021年国务院办公厅又印发了《关于建立健全职工基本医疗保险门诊共济保障机制的指导意见》(国办发〔2021〕14号)，提出要做好"高血压"和"糖尿病"等"两病"保障问题①。

但是，从政策执行层面来看，全国关于城乡居民的慢性病保障范围、报销比例和报销限额的地区差异较大。例如，安徽省2021年的慢性病保障范围，常见慢性病涵盖36种(包括高血压II和III级、冠心病、慢性阻塞性肺疾病、支气管炎、慢性肾病等)和特殊慢性病27种(包括肺动脉高压、肝硬化、慢性肾衰竭、精神障碍等)②。再如，江苏省2022年的慢性病保障政策规定，特殊慢性病范围包括恶性肿瘤、肺结核等8大类20种慢性病和3种儿童慢性病③。又如，湖北省2021年的慢性病保障政策规定，普通慢性病种类包括高血压(极高危)、糖尿病、肝硬化、支气管哮喘、慢性肾功能不全等30种类型，特殊慢性病包括恶性肿瘤、肾功能衰竭透析治疗等14种。而且不同地区，报销比例有的设置为门诊报销50%，有的设置为70%；有的省份规定门诊可以报销，有的省份规定需要住院才能报销，而且各地报销限额差异也较大。这一方面是由于全国医疗保障基金统筹层次过低，绝大部分停留在县级统筹层面(当前医保改革的目标之一是全面做实"市级统筹")，另一方面是由于不同统筹区医保基金收支结余情况差异较大导致的。慢性病报销政策的差异不利于慢性病的有效防治，也容易导致慢性病医疗费用负担的差异，带来不同的致贫效应。因此，国家层面有必要统一慢性病的保障范围、保障限额

---

① 《国务院办公厅关于建立健全职工基本医疗保险门诊共济保障机制的指导意见》，http://www.gov.cn/zhengce/content/2021-04/22/content_5601280.htm

② 《安徽省医疗保障局关于印发〈安徽省基本医疗保险门诊慢性病、特殊病管理办法(试行)〉的通知》，https://www.sohu.com/a/537059964_121106991

③ 《江苏省医疗保障局关于统一基本医疗保险门诊特殊病保障政策的通知》(苏医保发〔2022〕46号)，http://ybj.jiangsu.gov.cn/art/2022/8/3/art_74036_10563381.html

和报销比例，可以借鉴基本医保的"三个目录"（药品、耗材和医疗服务设施）政策，来制定政策统一、保障水平适度差异的慢性病保障政策。

（五）提高农村罹患慢性病老年人的医生遵从度

农村慢性病老年人的医生遵从度，对慢性病的防治效果具有重要的影响。但是，从目前来看，农村慢性病老年人的医生遵从度仍有待提高。表6-5的统计结果表明，总体来看农村罹患慢性病的老年人医生遵从度较低，其中，饮食调理遵从度只有18.5%，控制体重的医生遵从度为9.8%，控制吸烟的医生遵从度为9.6%，运动锻炼的医生遵从度为12.1%。只有就医治疗的遵从度较高，但仍然有27.2%的农村慢性病老年人没有进行必要的就医治疗。因此，提高农村罹患慢性病老年人的医生遵从度，主要对慢性病的防治起到良好的效果。提高农村罹患慢性病老年人的医生遵从度，主要有三种方式：一是加强慢性病知识的宣传，提高农村罹患慢性病老年人对医生遵从度重要性的认识，提高他们主动为自身健康状况负责的自觉性；二是通过农村老年人家庭签约医生的定期随访，提高农村罹患慢性病老年人的医生遵从度；三是通过利益诱导机制，引导农村老年人自觉遵从医生建议的意识。

表6-5　　　　　　农村罹患慢性病老年人的医生遵从度

防治措施	样本量	尊从度	观察值	百分比	有效百分比	累计百分比
就医治疗	37089	采取治疗	10129	27.2	27.3	27.3
		未采取治疗	26960	72.4	72.7	100.0
饮食调理	35998	未调理饮食	29336	78.8	81.5	81.5
		调理饮食	6662	17.9	18.5	100.0
体重控制	35509	未控制体重	32033	86.1	90.2	90.2
		控制体重	3476	9.3	9.8	100.0
吸烟控制	35527	未控制吸烟	32107	86.3	90.4	90.4
		控制吸烟	3420	9.2	9.6	100.0
运动锻炼	35694	未运动锻炼	31363	84.3	87.9	87.9
		运动锻炼	4331	11.6	12.1	100.0

注：数据来自中国健康和养老追踪调查数据库。

二、农村老年人相对贫困的反贫困对策

慢性病对农村老年人相对贫困的影响存在明显差异，反贫困的对策也应该进行分类设计。其中，最为关键的落脚点是降低农村老年人内外部保障的脆弱性、减少社会对农村老年人的环境排斥和机会排斥，数字赋能重建农村老年人的社交网络。

(一)收入补位与支出补偿：农村老年人经济相对贫困治理策略

农村老年人经济相对贫困，受到慢性病对农村老年人的收入和支出的"双重"影响。因此，从慢性病视角治理农村老年人的经济相对贫困，既要补位慢性病给农村老年人带来的收入损失，又要补偿慢性病对农村老年人带来的医疗费用支出。

从收入补位的角度看，农村老年人的收入主要来自三个方面：一是农业劳动收入，包括种植收入和养殖收入，二是农村社会养老保险金，三是家庭内部成员的转移收入。从农业收入的角度而言，慢性病的发生并没有增加农村老年人陷入经济相对贫困的概率，甚至罹患慢性病是农村老年人辛勤劳动的表现，对农村老年人的经济相对贫困产生了负向影响。但是，从慢性病对农村老年人劳动参与的影响以及劳动参与的影响因素来看，慢性病将削弱农村老年人的劳动参与能力、减少他们的劳动参与机会、降低他们的劳动参与强度，而且年龄也对农村老年人的劳动参与有显著的负向影响，即年龄越大农村老年人的劳动参与越少。因此，随着农村老年人年龄的增大，农村地区人口老龄化程度的加深，特别是当前农业劳动仍需要较大体力支持的背景下，农村老年人的农业劳动收入将呈现出一种减少趋势，进而导致农村老年人的经济相对贫困问题。因此，弥补农村老年人劳动收入的减少，将有助于降低农村老年人经济相对贫困发生率。

弥补农村老年人劳动收入的减少，有三种路径：一是规范农村老年人的耕地使用权流转市场，推动农村耕地适度规模经营，提高农村耕地使用权流转价格，可以在一定程度上补充农村老年人劳动收入减少、降低农村老年人经济相对贫困发生率；二是大大提高农村老年人的社会养老保险金水平，农村老年人为我国社会经济发展和财富积累作出了巨大贡献，农村老年人应当以"国家农业企业雇员"的身份像城市职工一样领取较高水平的"退休金"，虽

然农村老年人从 2009 年开始也已经开始领取农村社会养老保险金(新农保),但是当时基础养老金只有 55 元,即便到 2021 年底,农村社会养老保险金仍然较低,全国平均只有 110 元左右。如此低的养老金水平,不仅难以弥补农村老年人对国家的巨大贡献,不利于社会的纵向公平,也不利于共同富裕的实现,因此,大力提高农村老年人的社会养老保险金水平(比如通过五年左右的时间,把农民养老金水平提高到 600 元/月),不仅是还权于农村老年人的体现,也将有利于大大降低农村老年人的经济相对贫困发生率,进而促进共同富裕目标的有效实现。三是以"个人养老金"(国办发【2022】7 号文)发展为契机①,鼓励农村老年人子女为老年人建立个人养老资产专户,国家给予财政支持和税收优惠等,一方面积极落实"中共中央　国务院印发《国家积极应对人口老龄化中长期规划》"提出的构建家庭支持体系的基本精神,二是有助于农村老年人子女"孝心"的表达,并能够有效降低农村老年人的经济相对贫困发生率,起到一举多得的实践效果。

从支出补偿的角度看,慢性病引起的农村老年人支出,包括两个方面:一是因为慢性病治疗引起的医疗费用支出,二是因为慢性病导致的残疾或失能老年人的照料服务支出。补偿农村老年人因慢性病引起的医疗费用支出,只有靠医疗保险的补偿。那么,一个需要回答的问题是当前农村老年人医疗费用报销比例是多少呢,如果医疗费用报销比例已经很高,那么,这条路径将不再可行。从图 6-8 的统计结果来看,农村老年人的医疗费用自负比例仍然较高,其中门诊费用自付比例接近 70%,而住院医疗费用报销比例还不到50%,与国际上理想的报销比例达到 75% 的目标还有比较大的差距。因此,提高农村老年人慢性病医疗费用的补偿比例,是降低农村老年人医疗费用负担和经济相对贫困发生率的有效途径。

二是补偿因为慢性病的致残效应而导致的农村老年人照料服务支出,需要加快农村老年人的互助养老模式发展。农村互助养老是一种新型养老模式,在人口老龄化快速发展、人口老龄化程度城乡倒置、农村传统家庭养老保障弱化、现代农村社会养老保险制度尚未健全的背景下,是国家给予厚望的一

---

① 国务院办公厅:《关于推动个人养老金发展的意见》(国办发【2022】7 号),http://hainan. chinatax. gov. cn/ssxc_1_4/21140008. html

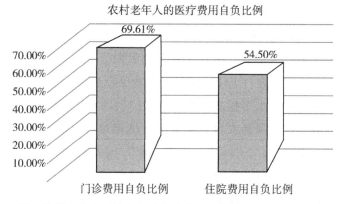

注：数据来自中国健康和养老追踪调查数据。

图 6-8 农村老年人的医疗费用自负比例

种养老模式①。近年来，为了推动农村互助养老发展，国家出台了一系列政策支持文件，包括《中共中央 国务院关于加强新时代老龄工作的意见》(2021年 11 月 18 日)、《国务院关于印发"十四五"国家老龄事业发展和养老服务体系规划的通知》(国发〔2021〕35 号)和《2022 年政府工作报告》等，均明确提出要"鼓励发展农村互助式养老服务"。但是，从政策推动的实践效果来看，农村互助养老发展仍然较为滞后。究其原因是当前关于农村互助养老的政策文件，较多站在了"供给侧"角度，而没有注重农村老年人的"需求侧"，互助养老毕竟是农村老年人的自愿行为，需要考虑和尊重农村老年人的互助养老需求。因此，实地调研农村老年人的互助养老意愿及其实现方式，对推动农村老年人互助养老健康发展将起到较好的作用。

(二) 致残与修复：农村老年人健康相对贫困治理策略

从慢性病的视角治理农村老年人的健康相对贫困问题，最为关键的是要预防和控制慢性病对农村老年人的致残问题。而预防和控制慢性病的致残问题，则要了解哪些慢性病具有显著的致残效应。前文的实证分析已经表明，慢性病对农村老年人的健康相对贫困有显著的影响。而且从慢性病对农村老

---

① 于长永：《农村老年人的互助养老医院及其实现方式研究》，《华中科技大学学报（社会科学版)》，2019 年第 2 期，第 116-123 页。

年人健康相对贫困影响的边际贡献来看，排在前六位的慢性病分别是：癌症、中风、肺部疾病、心脏病、胃病和精神病。这与已有的研究结果也较为一致，例如宋新明等（2016）研究结果表明，致残效应的慢性病类型依次是：痴呆症、中风、肿瘤/癌症、糖尿病、心脏病、慢性支气管炎、骨质疏松症、关节炎和高血压①。因此，预防和控制慢性病对农村老年人的致残问题，首先也需要重点防控癌症、中风、肺部疾病、心脏病和精神病等主要慢性病。

慢性病致残问题的有效防控，包括慢性病致残风险的增量问题和存量问题两个方面。首先，对于慢性病致残风险的增量部分，农村老年人要根据各种慢性病的发病机制，严格遵从医生的专业建议，通过运动锻炼、定期体检等手段，及时发现或排除慢性病风险因素，预防慢性病对农村老年人的致残问题；其次，对于已经发生的慢性病致残问题，即"存量问题"，农村老年人一方面要提高"就医及时性"，另一方面也提高医生遵从度，避免慢性病对农村老年人致残效应的进一步扩大，提高慢性病的康复率。而关于防控慢性病的具体政策建议，2021年国务院办公厅还专门印发了《国家残疾预防行动计划（2021—2025年）》，明确提出了疾病致残防控行动和康复服务促进行动的具体目标（见表6-6②）。

对于经过治疗和康复以后不可逆的慢性病致残问题，需要加快落实《国家残疾预防行动计划（2021—2025年）》中的具体任务，重点包括足额配备康复服务医师人数、提高65岁以上失能老年人健康服务率、扩大开展精神障碍社区康复服务的县（市、区、旗）和开展精神障碍社区康复服务的县（市、区、旗）、提高残疾人基本康复服务覆盖率、残疾人辅助器具适配率和公共建筑无障碍设施建设率。同时，要以贯彻执行民政部、财政部、住房和城乡建设部和中国残联等四部门联合印发的《关于推进"十四五"特殊困难老年人家庭适老化改造工作的通知》为契机，在国家和有关部门的大力支持下，加快有慢性病致残效应的农村老年人家庭进行适老化改造，以增强慢性病致残老年人的活动空间和活动能力，降低慢性病对农村老年人健康贫困的不利影响。

---

① 宋新明、周勇义、郭平、冯善伟、薛思荞：《中国老年人慢性病的致残作用分析》，《人口与发展》，2016年第3期，第79-83页。
② 国务院办公厅：《国家残疾预防行动计划（2021—2025年）》，http://www.gov.cn/gongbao/content/2022/content_5669420.htm

表 6-6　　**国家残疾预防行动计划 (2021—2025 年) 疾病致残行动目标**

领域		指　标	2020 年	2025 年
疾病致残防控行动	1	高血压患者基层规范管理服务率	>60%	≥65%
	2	Ⅱ型糖尿病患者基层规范管理服务率	>60%	≥65%
	3	百万人口白内障复明手术率	>2000	>3000
	4	以社区为单位心理咨询室或社会工作室建成率	—	80%
	5	登记在册的严重精神障碍患者规范规律率	>80%	>83%
	6	适龄儿童免疫规划疫苗接种率	>90%	>90%
	7	控制和消除重大地方病的县 (市、区、旗)	>95%	>95%
	8	接触职业病危害的劳动者在岗期间职业健康检查率	≥90%	≥90%
康复服务促进行动	9	每 10 万人康复服务医师人数	—	力争达到 8 人
	10	65 岁以上失能老年人健康服务率	>80%	>80%
	11	开展精神障碍社区康复服务的县 (市、区、旗)	—	>80%
	12	开展精神障碍社区康复服务的县 (市、区、旗)	—	>60%
	13	残疾人基本康复服务覆盖率	>80%	>85%
	14	残疾人辅助器具适配率	>80%	>85%
	15	公共建筑无障碍设施建设率	—	100%

注：数据来自：http://www.gov.cn/gongbao/content/2022/content_5669420.htm

(三) 破坏与重建：农村老年人精神相对贫困治理策略

从慢性病的视角看，农村老年人精神相对贫困的发生，关键在于慢性病破坏了农村老年人的人生进程，破坏了农村老年人的社交网络，导致农村老年人对未来美好生活丧失信心和社会交往需求无法得到有效满足，进而造成了农村老年人的健康相对贫困问题。因此，有效治理慢性病导致的农村老年人精神相对贫困问题，一方面要深入了解慢性病对农村老年人社交网络的破坏程度，哪些慢性病对农村老年人社交网络的破坏力更大，并加以重点预防；另一方面要充分利用现代信息技术，重建农村老年人的社会交往网络，消除慢性病对农村老年人传统社交网络破坏带来的不利影响。

首先，重点预防慢性病致残效应明显的慢性病。慢性病的致残效应，对农村老年人的社会交往范围和方式都会带来较大的影响，一旦慢性病对农村老年人造成致残后果，那么，农村老年人的社会交往网络很快就会陷入中断或缩小，社会交往的方式和内容也会发生明显的变化，这会导致农村老年人的精神相对贫困问题。同时，由于农村老年人的劳动参与，也具有明显的反贫困效应，因此，要适度保持农村老年人的农业劳动空间，国家在乡村振兴实践中和新型城市化建设中，都应该为农村老年人预留一定的农业耕地和生产活动空间，给农村老年人的农业劳动参与提供基础资源。

其次，数字赋能重建农村老年人的社交网络，利用"虚拟空间"打造农村老年人的精神乐园。这一方面，需要加快发展农村地区的智慧广电网络，推进全国有线电视网络整合和升级改造并向农村地区快速延伸。深入开展农村地区电信普遍服务试点，提升农村及偏远地区网络覆盖水平。加强农村地区信息无障碍建设，提升面向农村老年人的数字化社会服务能力。另一方面，要加快城市智能设施向乡村地区延伸覆盖，完善农村地区的信息化服务供给，推进城乡要素双向自由流动，合理配置公共资源，形成以城带乡、共建共享的数字城乡融合发展格局①，为罹患慢性病的农村老年人特别是因慢性病致残的农村老年人建设"虚拟世界"中的"精神乐园"提供良好的数字基础和信息条件。

---

① 国务院：《国务院关于印发"十四五"数字经济发展规划的通知》国发〔2021〕29号），http：//www. gov. cn/zhengce/content/2022-01/12/content_5667817. htm

参考文献

一、中文文献

[1]阿玛蒂亚·森著，王宇、王文玉译：《贫困与饥荒——论权利与剥夺》，北京：商务印书馆，2001 年版。

[2]白濑由美香：《日本社会福利的变迁：向以"自立"为主的生活支援转型》，《社会保障评论》，2018 年第 2 期，第 107-118 页。

[3]白增博、汪三贵、周园翔：《相对贫困视域下农村老年贫困治理》，《南京农业大学学报(社会科学版)》，2020 年第 4 期，第 68-77 页。

[4]边恕、宋经翔、孙雅娜：《中国城乡居民养老金缓解老年贫困的效应分析——基于绝对贫困与相对贫困双重视角》，《辽宁大学学报(哲学社会科学版)》，2020 年第 1 期，第 88-97 页。

[5]边恕：《老龄群体：不可忽视的社会生产力》，《理论与改革》，2021 年第 5 期，第 140-151 页。

[6]蔡淳、周晓伟、姜综敏、程旻娜：《夯实体系建设 促进医防融合 推进上海慢性病全程健康管理》，《上海预防医学》，2016 年第 10 期，第 682-686 页。

[7]曹辉：《道德教育产品是人力资本的重要构成内容》，《教育与经济》，2005 年第 2 期，第 63 页。

[8]陈国强、罗楚亮、吴世艳：《公共转移支付的减贫效应估计——收入贫困还是多维贫困?》，《数量经济技术经济研究》，2018 年第 5 期，第 59-76 页。

[9]陈思、何文龙、张然：《风险投资与企业创新：影响和潜在机制》，《管理世界》，2017 年第 1 期，第 158-169 页。

[10]陈欣欣、陈燕凤、龚金泉，等：《我国农村养老面临的挑战和养老服务存

在的突出问题》,《中国农业大学学报(社会科学版)》,2021 年第 4 期,第 64-77 页。

[11]陈友华、苗国:《老年贫困与社会救助》,《山东社会科学》,2015 年第 7 期,第 104-113 页。

[12]陈宗胜、黄云:《中国相对贫困治理及其对策研究》,《当代经济科学》,2021 年第 5 期,第 1-19 页。

[13]陈宗胜、沈扬扬、周云波:《中国农村贫困状况的绝对与相对变动——兼论相对贫困线的设定》,《管理世界》,2013 年第 1 期,第 67-75 页。

[14]程令国、张晔:《"新农合":经济绩效还是健康绩效?》,《经济研究》,2012 年第 1 期,第 120-133 页。

[15]程名望、Jin Yanhong、盖庆恩,等:《农村减贫:应该更关注教育还是健康?基于收入增长和差距缩小双重视角的实证》,《经济研究》,2014 年第 11 期,第 130-144 页。

[16]迟振合、杨宜勇:《城镇低收入群体规模及其变动趋势研究》,《人口与经济》,2013 年第 2 期,第 100-107 页。

[17]闫霄、郑方遒、范晓宇,等:《慢性病患者照顾者社会网络研究现状》,《中华现代护理杂志》,2021 年第 31 期,第 4337-4340 页。

[18]邓力源、唐代盛、陈思:《健康资本对我国中老年人劳动参与影响研究》,《哈尔滨商业大学学报(社会科学版)》,2019 年第 2 期,第 113-128 页。

[19]翟绍果:《健康贫困的协同治理:逻辑、经验与路径》,《治理研究》,2018 年第 5 期,第 53-60 页。

[20]丁开杰:《西方社会排斥理论:四个基本问题》,《国外理论动态》,2009 年第 10 期,第 36-41 页。

[21]丁英顺:《日本老年贫困现状及应对措施》,《日本问题研究》,2017 年第 4 期,第 69-80 页。

[22]杜鹏、王武林:《论人口老龄化程度城乡差异的转变》,《人口研究》,2010 年第 2 期,第 3-10 页。

[23]范涛、曹乾、蒋露露,等:《老年人慢性病影响因素的健康生态学模型解释》,《中国全科医学》,2012 年第 1 期,第 33-36 页。

[24]范翔、苗晨、田庆丰,等:《河南省老年人慢性病共病对社会交往能力的

影响研究》,《医学与社会》,2022 年第 5 期,第 55-59 页。

[25]方迎风、邹薇:《能力投资、健康冲击与贫困脆弱性》,《经济学动态》,2013 年第 7 期,第 36-50 页。

[26]方迎风:《中国贫困的多维测度》,《当代经济科学》,2012 年第 4 期,第 7-15 页。

[27]傅鹏、张鹏、周颖:《多维贫困的空间集聚与金融减贫的空间溢出——来自中国的经验证据》,《财经研究》,2018 年第 2 期,第 115-126 页。

[28]高和荣:《健康治理与中国的分级诊疗制度》,《公共管理学报》,2017 年第 2 期,第 139-145 页。

[29]高和荣:《签而不约:家庭医生签约服务政策为何阻滞》,《西北大学学报(哲学社会科学版)》,2018 年第 3 期,第 48-55 页。

[30]高晶晶、朱逸杉、王霞:《抑郁倾向对中国中老年群体劳动参与的影响:基于 CHARLS 面板数据的实证分析》,《劳动经济研究》,2018 年第 1 期,第 63-80 页。

[31]高翔、王三秀、杨华磊:《养老保险对农村老年贫困缓解效应的性别差异》,《金融经济学研究》,2018 年第 2 期,第 117-128 页。

[32]高翔:《农村老年女性多维贫困:现实与因应》,《农业经济与管理》,2019 年第 2 期,第 16-23 页。

[33]高艳云:《中国城乡多维贫困的测度及比较》,《统计研究》,2012 年第 11 期,第 61-66 页。

[34]顾昕:《贫困度量的国际探索与中国贫困线的确定》,《天津社会科学》,2011 年第 1 期,第 56-62 页。

[35]郭熙保、周强:《长期多维贫困、不平等与致贫因素》,《经济研究》,2016 年第 6 期,第 143-156 页。

[36]郭星华、才凤伟:《新生代农民工的社会交往与精神健康——基于北京和珠三角地区调查数据的实证分析》,《甘肃社会科学》,2012 年第 4 期,第 30-34 页。

[37]韩华为、徐月宾:《中国农村低保制度的反贫困效应研究——来自中西部五省的经验证据》,《经济评论》,2014 年第 6 期,第 63-77 页。

[38]韩秀兰、张楠:《堪培拉指数与基尼系数的不平等测度比较》,《统计与决策》,2018 年第 17 期,第 21-26 页。

[39]韩振燕、夏林:《老年多维贫困测量:概念与视角的转换——基于 A-F 法及 CLASS 数据的实证分析》,《河海大学学报(哲学社会科学版)》,2019年第 2 期,第 79-86 页。

[40]何雪松、黄富强、曾守锤:《城乡迁移与精神健康:基于上海的实证研究》,《社会学研究》,2010 年第 1 期,第 111-141 页。

[41]何宗樾、张勋、万广华:《数字金融、数字鸿沟与多维贫困》,《统计研究》,2020 年第 10 期,第 79-89 页。

[42]胡鞍钢、李春波:《新世纪的新贫困:知识贫困》,《中国社会科学》,2001 年第 3 期,第 70-82 页。

[43]胡宏伟、张小燕、郭牧琦:《老年人医疗保健支出水平及其影响因素分析——慢性病高发背景下的老年人医疗保健制度改革》,《人口与经济》,2012 年第 1 期,第 97-104 页。

[44]胡荣:《影响村民社会交往的因素分析》,《厦门大学学报(哲学社会科学版)》,2005 年第 2 期,第 122-128 页。

[45]胡仕勇:《新型农村社会养老保险实施对家庭养老影响研究》,《社会保障研究》,2013 年第 1 期,第 35-40 页。

[46]郇建立:《慢性病的社区干预:芬兰北卡项目的经验与启示》,《中国卫生政策研究》,2016 年第 7 期,第 8-14 页。

[47]郇建立:《慢性病与人生进程的破坏——评迈克尔·伯里的一个核心概念》,《社会学研究》,2009 年第 5 期,第 229-241 页。

[48]黄庆林、李婷:《城乡居民基本医疗保险缓解老年贫困的效应分析——基于双重贫困的视角》,《社会工作与管理》,2022 年第 5 期,第 78-86 页。

[49]黄文湧、宋沈超、杨敬源,等:《老年人慢性病对日常生活功能的影响》,《中国慢性病预防与控制》,2000 年第 2 期,第 81-83 页。

[50]黄艳敏、李春晓:《不平等厌恶偏好与村民相对贫困》,《华南农业大学学报(社会科学版)》,2022 年第 1 期,第 54-66 页。

[51]贾海彦:《"健康贫困"陷阱的自我强化与减贫的内生动力——基于中国家庭追踪调查(CFPS)的实证分析》,《经济社会体制比较》,2020 年第 4 期,第 52-61 页。

[52]焦培欣:《我国小康社会生活救助标准研究——日本水准均衡方式的借鉴》,《中国行政管理》,2019 年第 5 期,第 143-150 页。

[53] 解垩：《公共转移支付与老年人的多维贫困》，《中国工业经济》，2015 年第 11 期，第 32-46 页。

[54] 解垩：《养老金与老年人口多维贫困和不平等研究——基于非强制养老保险城乡比较的视角》，《中国人口科学》，2017 年第 5 期，第 62-73 页。

[55] 解垩：《中国居民慢性病的经济影响》，《世界经济文汇》，2011 年第 3 期，第 74-86 页。

[56] 解垩：《中国老年家庭的经济脆弱性与贫困》，《人口与发展》，2014 年第 2 期，第 67-75 页。

[57] 句华：《助推理论与政府购买公共服务政策创新》，《西南大学学报(社会科学版)》，2017 年第 2 期，第 74-80 页。

[58] 卡斯·桑斯坦著，马冬梅，译：《为什么助推》，北京：中信出版社，2015 年版。

[59] 孔祥智、何安华：《新中国成立 60 年来农民对国家建设的贡献分析》，《教学与研究》，2009 年第 9 期，第 5-13 页。

[60] 孔祥智、涂圣伟：《我国现阶段农民养老意愿探讨——基于福建省永安、邵武、光泽三县(市)抽样调查的实证研究》，《中国人民大学学报》，2007 年第 3 期，第 71-77 页。

[61] 赖明勇、张新、彭水军，等：《经济增长的源泉：人力资本、研究开发与技术外溢》，《中国社会科学》，2005 年第 2 期，第 32-48 页。

[62] 乐章、刘二鹏：《家庭禀赋、社会福利与农村老年贫困研究》，《农业经济问题》，2016 年第 8 期，第 63-73 页。

[63] 乐章：《依赖与独立：新农保试行条件下的农民养老问题》，《中国农村经济》，2012 年第 11 期，第 88-96 页。

[64] 李斌：《社会排斥理论与中国城市住房改革制度》，《社会科学研究》，2002 年第 3 期，第 106-110 页。

[65] 李鹤、张平宇、程叶青：《脆弱性的概念及其评价方法》，《地理科学进展》，2008 年第 2 期，第 18-25 页。

[66] 李建新、张浩：《生育史对中国老年女性寿命的影响》，《中国人口科学》，2017 年第 3 期，第 81-91 页。

[67] 李进、张海燕、杨佳：《国内外经典慢性病管理模式对我国农村地区慢性病管理的启示》，《中国全科医学》，2022 年第 16 期，第 1935-1941 页。

[68] 李蕾：《全球视角下制造业升级对经济增长的影响研究——基于带有交互项的动态面板模型》，《经济经纬》，2019 年第 5 期，第 96-103 页。

[69] 李强：《社会支持与个体心理健康》，《天津社会科学》，1998 年第 1 期，第 67-70 页。

[70] 李实、John Knight：《中国城市中的三种贫困类型》，《经济研究》，2002 年第 10 期，第 47-49 页。

[71] 李实、古斯塔夫森：《八十年代末中国贫困规模和程度的估计》，《中国社会科学》，1996 年第 6 期，第 29-44 页。

[72] 李实、沈扬扬：《中国农村居民收入分配中的机会不平等：2013—2018 年》，《农业经济问题》，2022 年第 1 期，第 4-14 页。

[73] 李实：《中国农村老年贫困：挑战与机遇》，《社会治理》，2019 年第 6 期，第 17-20 页。

[74] 李小云、于乐荣、唐丽霞：《新中国成立后 70 年的反贫困历程及减贫机制》，《中国农村经济》，2019 年第 10 期，第 2-18 页。

[75] 李小云：《中国消除贫困政策过程的社会学分析》，《中央社会主义学院学报》，2021 年第 6 期，第 126-133 页。

[76] 李晓嘉：《教育能促进脱贫吗——基于 CFPS 农户数据的实证研究》，《北京大学教育评论》，2015 年第 4 期，第 110-122 页。

[77] 李晓曼、曾湘泉：《新人力资本理论——基于能力的人力资本理论研究动态》，《经济学动态》，2012 年第 11 期，第 120-126 页。

[78] 李郁、曹颖：《人力资本与社会资本交互项影响贫困的地区一致性研究》，《北京邮电大学学报（社会科学版）》，2021 年第 4 期，第 42-51 页。

[79] 廖少宏、宋春玲：《我国农村老人的劳动供给行为：来自山东农村的证据》，《人口与经济》，2013 年第 2 期，第 60-68 页。

[80] 林红、张拓红、杨辉，等：《老年人日常生活活动能力的影响因素分析》，《中国卫生事业管理》，2002 年第 8 期，第 495-497 页。

[81] 林茂：《向上倾斜与向下倾斜：低龄老人代际关系不平衡及其根源》，《新视野》，2021 年第 5 期，第 124-128 页。

[82] 林闽钢、霍萱：《大国贫困治理的"中国经验"——以中国、美国和印度比较为视角》，《社会保障评论》，2021 年第 1 期，第 90-104 页。

[83] 林闽钢：《相对贫困的理论与政策聚焦——兼论建立我国相对贫困的治理

体系》,《社会保障评论》,2020 年第 1 期,第 85-92 页。

[84] 林闽钢:《中国反贫困新命题》,《中国经济报告》,2016 年第 10 期,第 32-33 页。

[85] 林善浪、王健:《家庭生命周期对农村劳动力转移的影响分析》,《中国农村观察》,2010 年第 1 期,第 25-33 页。

[86] 林亦府:《从"福利依赖"到"工作自救"——美国福利制度改革对中国城市低保制度可持续发展的启示》,《哈尔滨工业大学学报(社会科学版)》,2013 年第 1 期,第 45-50 页。

[87] 刘宝臣:《美国贫困家庭临时救助:制度变迁、运行特征及启示》,《经济体制改革》,2018 年第 6 期,第 157-162 页。

[88] 刘二鹏、张奇林、冯艳:《慢性病的老年贫困风险:理论机制与实证检验》,《保险研究》,2020 年第 11 期,第 63-78 页。

[89] 刘二鹏、张奇林:《农村老年贫困:一个分析框架及解释》,《当代经济管理》,2018 年第 6 期,第 41-45 页。

[90] 刘二鹏、张奇林:《社会养老保险缓解农村老年贫困的效果评估——基于 CLHLS(2011)数据的实证分析》,《农业技术经济》,2018 年第 1 期,第 98-110 页。

[91] 刘桂莉:《眼泪为什么往下流?——转型期家庭代际关系倾斜问题探析》,《南昌大学学报(人文社会科学版)》,2005 年第 6 期,第 1-8 页。

[92] 刘欢、胡天天:《多维度失能测度指标体系构建及失能分级研究》,《人口与经济》,2021 年第 1 期,第 82-98 页。

[93] 刘俐、邓晶、于雪,等:《慢性病对老年人因病支出型贫困影响的城乡差异分析》,《医学与社会》,2022 年第 5 期,第 65-70 页。

[94] 刘林平、郑广怀、孙中伟:《劳动权益与精神健康——基于对长三角和珠三角外来工的问卷调查》,《社会学研究》,2011 年第 4 期,第 164-186 页。

[95] 刘文莘:《"健康中国"战略视域下中国农村慢性病风险防范与治理推进策略研究》,《领导科学论坛》,2016 年第 17 期,第 50-59 页。

[96] 刘西国:《社交活动如何影响农村老年人生活满意度》,《人口与经济》,2016 年第 2 期,第 40-47 页。

[97] 刘远风、孙宇:《社会养老、家庭养老与农村老年人劳动供给:基于 CHARLS 的实证分析》,《南方人口》,2020 年第 5 期,第 15-24 页。

[98]刘宗飞、姚顺波、渠美：《吴起农户相对贫困的动态演化：1998-2011》，《中国人口·资源与环境》，2013 年第 3 期，第 56-62 页。

[99]卢谢峰、韩立敏：《中介变量、调节变量与协变量——概念、统计检验及其比较》，《心理科学》，2007 年第 4 期，第 934-936 页。

[100]路锦非、曹艳春：《支出型贫困家庭致贫因素的微观视角分析和救助机制研究》，《财贸研究》，2011 年第 2 期，第 86-91 页。

[101]路锦非、吕宣如：《新农保减少了农村老年人的劳动供给吗？——基于 CHARLS 数据的实证分析》，《学习与实践》，2018 年第 4 期，第 116-127 页。

[102]罗淳：《高龄化：老龄化的延续与演变》，《中国人口科学》，2002 年第 3 期，第 33-40 页。

[103]罗良文、杨起城：《慢性贫困问题研究新进展》，《经济学动态》，2021 年第 10 期，第 131-144 页。

[104]雒亚男：《中国共产党百年反贫困的机制创新和历史启示》，《经济社会体制比较》，2021 年第 4 期，第 19-26 页。

[105]吕兰婷、邓思兰：《我国慢性病管理现状、问题及发展建议》，《中国卫生政策研究》，2016 年第 7 期，第 1-7 页。

[106]马克思、恩格斯：《马克思恩格斯选集（第 1 卷）》，北京：人民出版社，1972 年版，第 367-368 页。

[107]马瑜、李政宵、马敏：《中国老年多维贫困的测度和致贫因素——基于社区和家庭的分层研究》，《经济问题》，2016 年第 10 期，第 27-33 页。

[108]孟德拉斯：《农民的终结》，北京：中国社会科学出版社，2005 年版。

[109]孟庆国、胡鞍钢：《消除健康贫困应成为农村卫生改革与发展的优先战略》，《中国卫生资源》，2000 年第 6 期，第 245-248 页。

[110]明拥军：《印度的反贫困经验与启示》，《新疆农业科技》，2006 年第 6 期，第 8-9 页。

[111]穆光宗、张团：《我国人口老龄化的发展趋势及其战略应对》，《华中师范大学学报（人文社会科学版）》，2011 年第 5 期，第 29-36 页。

[112]穆滢潭、原新：《居住安排对居家老年人精神健康的影响——基于文化情境与年龄的调解效应》，《南方人口》，2016 年第 1 期，第 71-81 页。

[113]倪赤丹：《社会支持理论：社会工作研究的新"范式"》，《广东工业大学

学报(社会科学版)》，2013 年第 3 期，第 58-66 页。

[114] 聂雪琼、李英华、陶茂萱，等：《中国居民慢性病防治素养水平及其影响因素》，《中国健康教育》，2015 年第 2 期，第 108-111 页。

[115] 牛利华：《教育贫困与反教育贫困》，《学术研究》，2006 年第 5 期，第 121-124 页。

[116] 牛田华、孟庆跃、孟祥臻、李晓妹、李向云：《农村老年人日常生活活动能力现状及影响因素分析》，《现代预防医学》，2010 年第 7 期，第 1290-1292 页。

[117] 潘泽泉、林婷婷：《劳动时间、社会交往与农民工的社会融入研究——基于湖南省农民工"三融入"调查的分析》，《中国人口科学》，2015 年第 3 期，第 108-115 页。

[118] 彭青云、朱晓：《影响城市老年人经济活动参与的家庭因素分析》，《人口与发展》，2017 年第 3 期，第 68-75 页。

[119] 彭争呈、邹红：《儿子、房子与老子：未婚子女、房价与老年人劳动参与》，《经济与管理研究》，2019 年第 7 期，第 75-89 页。

[120] 乔晓春、张恺悌、孙陆军，等：《对中国老年贫困人口的估计》，《人口研究》，2005 年第 2 期，第 8-16 页。

[121] 秦其文：《人的思想观念素质是人力资本的最重要内容》，《重庆社会科学》，2007 年第 1 期，第 22-26 页。

[122] 全国老龄工作委员会办公室：《中国人口老龄化发展趋势预测研究报告》，《中国妇运》，2007 年第 2 期，第 15-18 页。

[123] 冉东凡、吕学静：《退休人口再就业决策的影响因素研究：基于中国健康与养老追踪调查数据》，《社会保障研究》，2020 年第 2 期，第 29-37 页。

[124] 任慧、傅华：《在系统论指导下的慢性病综合管理模式》，《上海医药》，2012 年第 16 期，第 3-7 页。

[125] 申曙光、杜灵：《我们需要什么样的分级诊疗?》，《社会保障评论》，2019 年第 4 期，第 70-82 页。

[126] 沈扬扬、李实：《如何确定相对贫困标准：兼论"城乡统筹"相对贫困的可行方案》，《华南师范大学学报(社会科学版)》，2020 年第 2 期，第 91-101 页。

[127] 石智雷:《多子未必多福——生育决策、家庭养老与农村老年人生活质量》,《社会学研究》,2015 年第 5 期,第 189-215 页。

[128] 世界银行:《2000—2001 年世界发展报告:与贫困作斗争》,北京:中国财政经济出版社 2001 年版,第 140 页.

[129] 世界银行:《贫困与对策:1992 年减缓贫困手册》,北京:经济管理出版社,1996 年版,第 4 页。

[130] 宋健、王记文、秦婷婷:《孙子女照料与老年人就业的关系研究》,《人口与经济》,2018 年第 3 期,第 92-103 页。

[131] 宋献中、胡珺、李四海:《社会责任信息披露与股价崩盘风险——基于信息效应与声誉保险效应的路径分析》,《金融研究》,2017 年第 4 期,第 161-175 页。

[132] 宋晓莹、曹洁:《积极老龄化视域下社会网络对老年人再就业的影响效应研究》,《中国矿业大学学报(社会科学版)》,2021 年第 4 期,第 63-78 页。

[133] 宋新明、周勇义、郭平,等:《中国老年人慢性病的致残作用分析》,《人口与发展》,2016 年第 3 期,第 79-83 页。

[134] 孙朵朵、孙丹丹、黄蓉,等:《日常生活活动能力在老年人社会隔离与认知功能间的中介效应》,《武汉大学学报(医学版)》,2022 年第 5 期,第 1-6 页。

[135] 孙海燕、汤晓峰、周丽华,等:《慢性病健康管理模式在社区居家养老服务中的应用》,《重庆医学》,2016 年第 8 期,第 1062-1064 页。

[136] 孙久文、夏添:《中国扶贫战略与 2020 年后相对贫困线划定——基于理论、政策和数据的分析》,《中国农村经济》,2019 年第 10 期,第 98-113 页。

[137] 孙鹃娟、高秀文:《国际比较中的中国人口老龄化:趋势、特点及建议》,《教学与研究》,2018 年第 5 期,第 59-66 页。

[138] 孙鹃娟:《成年子女外出状况及对农村家庭代际关系的影响》,《人口学刊》,2010 年第 1 期,第 28-33 页。

[139] 孙彦、闫颖娟、薛秦香,等:《陕西省糖尿病患者灾难性卫生支出及其不平等性分解》,《中国公共卫生》,2018 年第 8 期,第 1143-1147 页。

[140] 孙泽人、赵秋成、肇颖:《"新农保"是否真的减少了农村老年人的劳动

参与？——基于 CHARLS 两期截面数据的研究》，《商业研究》，2020 年第 10 期，第 117-126 页。

[141] 唐国宝、林民强、李卫华：《分级诊疗"厦门模式"的探索与评价》，《中国全科医学》，2016 年第 22 期，第 2624-2627 页。

[142] 田立法、沈红丽、赵美涵，等：《城市老年人再就业意愿影响因素调查研究：以天津为例》，《中国经济问题》，2014 年第 5 期，第 30-38 页。

[143] 田娜、付朝伟、徐望红，等：《芬兰慢性病防控成功案例分析及启示》，《中国初级卫生保健》，2013 年第 2 期，第 35-37 页。

[144] 童玉芬、廖宇航：《健康状况对中国老年人劳动参与决策的影响》，《中国人口科学》，2017 年第 6 期，第 105-116 页。

[145] 汪晨、万广华、吴万宗：《中国减贫战略转型及其面临的挑战》，《中国工业经济》，2020 年第 1 期，第 5-23 页。

[146] 汪三贵：《当代中国扶贫》，北京：中国人民大学出版社，2019 年版。

[147] 王春超、叶琴：《中国农民工多维贫困的严谨——基于收入与教育维度的考察》，《经济研究》，2014 年第 12 期，第 159-174 页。

[148] 王德文、张凯悌：《中国老年人口的生活状况与贫困发生率估计》，《中国人口科学》，2005 年第 1 期，第 58-67 页。

[149] 王昉、王晓博：《新中国 70 年反贫困思想的演进路径与逻辑架构——基于政策文件的文本对比研究》，《经济学家》，2020 年第 2 期，第 44-53 页。

[150] 王建平：《印度反贫困的沿革及其启示》，《老区建设》，2009 年第 17 期，第 62-63 页。

[151] 王晶、刘彦喆：《农村丧偶老年女性贫困原因的社会学分析》，《东北师大学报(哲学社会科学版)》，2012 年第 1 期，第 201-206 页。

[152] 王静、杨小洋：《社会交往对老年人心理健康的影响：以老化态度为中介作用》，《第二十一届全国心理学学术会议摘要集》，2018 年，第 1369-1370 页。

[153] 王丽、原新：《流动人口社会交往对心理融合的影响》，《天府新论》，2016 年第 1 期，第 120-127 页。

[154] 王琳：《中国老年人口高龄化趋势及原因的国际比较分析》，《人口与经济》，2004 年第 1 期，第 6-11 页。

[155] 王明杰、郑一山：《西方人力资本理论研究综述》，《中国行政管理》，2006 年第 8 期，第 92-95 页。

[156] 王效俐、罗月领：《情绪资本：人力资本的重要内容》，《科学管理研究》，2007 年第 1 期，第 106-109 页。

[157] 王增文：《农村老年女性贫困的决定因素分析——基于 Cox 比例风险模型的研究视角》，《中国人口科学》，2010 年第 1 期，第 75-84 页。

[158] 温忠麟、叶宝娟：《中介效应分析：方法和模型发展》，《心理科学进展》，2014 年第 5 期，第 731-745 页。

[159] 向德平、向凯：《多元与发展：相对贫困的内涵及治理》，《华中科技大学学报（社会科学版）》，2020 年第 2 期，第 31-38 页。

[160] 向延平：《教育贫困代际传递与阻断：教育精准扶贫路径选择》，《当代教育论坛》，2018 年第 3 期，第 32-37 页。

[161] 肖蕾、张太慧、张雅莉，等：《分级诊疗视角下家庭医生签约服务"签而不约"的原因及对策研究》，《中国全科医学》，2018 年第 25 期，第 3063-3068 页。

[162] 肖水源：《社会支持评定量表的理论基础与研究应用》，《临床精神医学杂志》，1994 年第 2 期，第 98-100 页。

[163] 谢亚：《中国居民慢性病的经济影响》，《世界经济文汇》，2011 年第 3 期，第 74-86 页。

[164] 谢家智、车四方：《农村家庭多维贫困测度与分析》，《统计研究》，2017 年第 9 期，第 44-55 页。

[165] 辛雨佳、王晓华、徐月宾，等：《老年人日常生活活动能力与自我效能感的关系》，《医学与与社会》，2022 年第 1 期，第 95-99 页。

[166] 辛远、韩广富：《2020 年后农村老年相对贫困治理：趋势、挑战与对策》，《广西社会科学》，2021 年第 7 期，第 73-81 页。

[167] 邢中先、张平：《新中国 70 年来的反贫困实践：历程、经验和启示》，《财经科学》，2019 年第 9 期，第 53-62 页。

[168] 熊卫、于长永：《养老资源对农民养老风险的影响研究——基于新疆 13 个地州市 726 位农民调查数据的实证分析》，《西南民族大学学报》（人文社会科学版），2019 年第 12 期，第 31-39 页。

[169] 徐勤、魏彦彦：《从社会性别视角看老年贫困》，《市场与人口分析》，

2005 年增刊，第 99-109 页。

[170]徐望红、张勇、王继伟、吴菲，等：《中日两国慢性病防控策略比较及政策启示》，《中国慢性病预防与控制》，2016 年第 8 期，第 593-596 页。

[171]徐望红：《国内外慢性病防控策略及借鉴》，上海：复旦大学出版社，2013 年版，第 24 页。

[172]亚森江·阿布都古丽：《社会养老保障对农村老年多维贫困的影响》，《统计与决策》，2021 年第 6 期，第 100-103 页。

[173]阳义南：《城镇养老保险金水平影响退休职工再就业决策的实证研究：以广东省为例》，《江西财经大学学报》，2014 年第 4 期，第 79-87 页。

[174]杨灿明：《中国战胜农村贫困的百年实践探索与理论创新》，《管理世界》，2021 年第 11 期，第 1-15 页。

[175]杨翠芬：《受教育程度对中老年人劳动参与率的影响》，《调研世界》，2018 年第 9 期，第 39-44 页。

[176]杨华磊、吴远洋、张思清，等：《生育数量对老年人抑郁的影响》，《人口研究》，2021 年第 2 期，第 47-60 页。

[177]杨建芳、龚六堂、张庆华：《人力资本形成及其对经济增长的影响——一个包含教育和健康投入的内生增长模型及其检验》，《管理世界》，2006 年第 5 期，第 10-20 页。

[178]杨菊华、陈志光：《老年绝对经济贫困的影响因素：一个定量和定性分析》，《人口研究》，2010 年第 5 期，第 51-67 页。

[179]杨菊华：《人口转变与老年贫困问题的理论思考》，《中国人口科学》，2007 年第 5 期，第 88-95 页。

[180]杨立雄：《中国老年贫困人口规模研究》，《人口学刊》，2011 年第 4 期，第 37-45 页。

[181]杨明洪：《论西方人力资本理论的研究主线与思路》，《经济评论》，2001 年第 1 期，第 90-92 页。

[182]杨叔禹、陈粮：《慢病先行　三师共管　分级诊疗改革让群众得实惠——厦门市推进分级诊疗改革探索之路》，《现代医院管理》，2016 年第 4 期，第 2-6 页。

[183]杨雪梅：《关于农村空巢老人养老问题的调研》，《内江科技》，2014 年第 8 期，第 112-117 页。

［184］杨艳琳、付晨玉：《中国农村普惠金融发展对农村劳动年龄人口多维贫困的改善效应分析》，《中国农村经济》，2019 年第 3 期，第 19-35 页。

［185］姚冠华：《厦门："三师共管"保障居民健康》，《中国卫生》，2018 年第 9 期，第 29-30 页。

［186］尹星星、周榕：《社会经济地位、代际支持行为与老年健康贫困——基于五地 2113 名城市独居老人的实证分析》，《人口与发展》，2021 年第 5 期，第 46-57 页。

［187］尹志超、郭沛瑶：《精准扶贫政策效果评估——家庭消费视角下的实证研究》，《管理世界》，2021 年第 4 期，第 64-83 页。

［188］于丽、马丽媛、尹训东，等：《养老还是"啃老"：基于中国城市老年人的再就业研究》，《劳动经济研究》，2016 年第 5 期，第 24-54 页。

［189］于新亮、申宇鹏、熊先军：《慢病致贫与多层次医疗保障研究》，《保险研究》，2019 年第 12 期，第 81-97 页。

［190］于新亮、严晓欢、上官熠文、于文广：《农村社会养老保险与家庭相对贫困长效治理——基于隔代照顾的视角》，《中国农村观察》，2022 年第 1 期，第 146-164 页。

［191］于长永、董敏琳、马瑞丽：《代际关系质量对农村老年贫困的影响——基于全国 12 个省份 1395 份基层调查数据的实证分析》，《农业技术经济》，2019 年第 5 期，第 27-38 页。

［192］于长永：《疾病类型、医疗保险与农民就医机构选择行为研究》，《农业技术经济》，2017 年第 2 期，第 82-92 页。

［193］于长永：《慢性病对农村老年贫困的影响研究———以新疆 11 地州市 31 县调查数据为例》，《西南民族大学学报（人文社科版）》，2018 年第 3 期，第 1-8 页。

［194］于长永：《农村老年人的互助养老医院及其实现方式研究》，《华中科技大学学报（社会科学版）》，2019 年第 2 期，第 116-123 页。

［195］于长永：《农民养老风险、策略与期望的代际差异》，《农业经济问题》，2015 年第 3 期，第 24-33 页。

［196］于长永：《人口老龄化背景下农民的养老风险及其制度需求——基于全国十个省份千户农民的调查数据》，《农业经济问题》，2011 年第 10 期，第 56-66 页。

[197]余成普:《中国农村疾病谱的变迁及其解释框架》,《中国社会科学》,2019 年第 9 期, 第 92-115 页。

[198]余少祥:《人力资本在反贫困中的效用:理论模型与实证分析》,《中央财经大学学报》,2020 年第 2 期, 第 5-17 页。

[199]张川川:《城镇职工退休后就业行为:基本事实和影响因素》,《劳动经济研究》,2015 年第 3 期, 第 106-127 页。

[200]张根长:《健康教育在社区慢性病防治中的地位》,《中国初级卫生保健》,2011 年第 11 期, 第 40-41 页。

[201]张军:《人力资本与要素分配:内容、理论与实现机制》,《经济学动态》,2000 年第 2 期, 第 47-50 页。

[202]张岭泉、邬沧萍、段世江:《解读农村老年人的"零消费"现象》,《甘肃社会科学》,2008 年第 1 期, 第 211-214 页。

[203]张宁:《中国共产党贫困治理的百年历程、基本经验与战略前瞻》,《中共成都市委党校学报》,2021 年第 4 期, 第 10-14 页。

[204]张全红、周强:《中国多维贫困的测度及分解:1989-2009》,《数量经济技术经济研究》,2014 年第 6 期, 第 88-101 页。

[205]张魏丽、刘志坤、刘殿武,等:《高龄人群慢性病患病状况及对其日常生活能力的影响》,《中国老年学杂志》,2007 年第 9 期, 第 884-886 页。

[206]张文娟、付敏:《中国老年人的多维贫困及其变化趋势》,《人口研究》,2022 年第 7 期, 第 55-68 页。

[207]张文娟:《中国老年人的劳动参与状况及影响因素研究》,《人口与经济》,2010 年第 1 期, 第 85-89 页。

[208]张园、王伟:《失能老年人口规模及其照护时间需求预测》,《人口研究》,2021 年第 6 期, 第 110-125 页。

[209]张云武:《不同规模地区居民的人际信任与社会交往》,《社会学研究》,2009 年第 4 期, 第 112-132 页。

[210]赵丹、余林:《社会交往对老年人认知功能的影响》,《心理科学进展》,2016 年第 1 期, 第 46-54 页。

[211]赵晶晶、李放:《养老金收入对农村老年人劳动供给的影响———基于 CHARLS 数据的实证分析》,《农业经济问题》,2017 年第 3 期, 第 63-71 页。

[212]郑爱文、黄志斌:《基于个人和社会双重视角的老年人再就业影响因素分析》,《宁夏社会科学》,2018 年第 5 期,第 133-143 页。

[213]郑晓瑛、宋新明:《中国人口转变、经济发展与慢性病增长》,《中国高校社会科学》,2014 年第 4 期,第 109-118 页。

[214]周坚、周志凯、何敏:《基本医疗保险减轻了农村老年人口贫困吗——从新农合到城乡居民医保》,《社会保障研究》,2019 年第 3 期,第 33-45 页。

[215]周林刚、冯建华:《社会支持理论——一个文献的回顾》,《广西师范学院学报(哲学社会科学版)》,2005 年第 3 期,第 11-15 页。

[216]周林刚:《社会排斥理论与残疾人问题研究》,《青年研究》,2003 年第 5 期,第 32-38 页。

[217]周琳、冯丹、陈运奇等:《农牧区老年人日常生活活动能力调查及其影响因素分析》,《解放军医学院学报》,2022 年第 5 期,第 547-552 页。

[218]周强:《我国农村贫困的动态转化、持续时间与状态依赖研究——基于收入贫困与多维贫困的双重视角》,《统计研究》,2021 年第 10 期,第 90-104 页。

[219]周延风、张婷:《助推理论及其应用研究述评与未来展望——行为决策改变的新思路》,《财经论丛》,2019 年第 10 期,第 94-103 页。

[220]朱敏、吴华章:《澳大利亚国民慢性病战略及其启示》,《中国慢性病预防与控制》,2010 年第 5 期,第 539-541 页。

[221]朱明玉:《美国的贫困问题:成因、政策与影响》,《领导科学论坛》,2020 年第 7 期,第 42-55 页。

[222]朱晓、范文婷:《中国老年人收入贫困状况及其影响因素研究——基于2014 年中国老年社会追踪调查》,《北京社会科学》,2017 年第 1 期,第 90-99 页。

二、英文文献

[1]Abegunde D, Stanciole A. An Estimation of the Economic Impact of Chronic Noncommunicable Diseases in Selected Countries. Https://www.who.int/chp/working_paper_growth% 20model 29may. pdf.

[2]Ahern, K. et al., Measurement of Alcohol Consumption: A Review of Studies

and Instruments, Current Opinion in Psychiatry, 1999, 12(6): 705-709.

[3] Aldi J. M. Hangenass etc., Poverty Statistics in the Late 980s: Research Based on Micro-data, Luxembourg: Office of Official Publications of the European Communities, 1995.

[4] Alkire S, Foster J. Counting and multidimensional poverty measures, OPHI Working Paper 7, Oxford Poverty and Human Development, 2008.

[5] Alkire S, Foster J. Understandings and misunderstandings of multidimensional poverty measurement. Journal of Economic Inequality, 2011, 9(2): 289-314.

[6] Alkire S, Santos M E. Acute multidimensional poverty: a new index for developing countries. OPHI Working paper No. 2010, p. 38.

[7] Barreram, Ainlay S L. The structure of social support: a conceptual and empirical analysis. Journal of Community Psychology, 1983, 11(2): 133-143.

[8] BHOJANI U, THRIVENI B, DEVADASAN R, et al. Out-of-pocket healthcare payments on chronic conditions impoverish urban poor in Bangalore, India. BMC Public Health, 2012, 12(1): 990-1003.

[9] Bird, K. & I. Shinyekwa, Even the "rich" Are Vulnerable: Multiple Shocks and Downward Mobility in Rural Uganda, Development Policy Review, 2005, 23(1): 55-85.

[10] Blaxter, M. The Meaning of Disability. London: Heinemann Educational Books Ltd.

[11] Blumenthal-Barby J. S., Burroughs H. Seeking Better Health Care Outcomes: The Ethics of Using the "Nudge". American Journal of Bioethics, 2012, 12(2): 1-10.

[12] Boorse, C. Health as a theoretical concept. Philosophy of Science, 1977, 44 (6): 542-573.

[13] Bourquin, P., J. Cribb, T. Waters, and X. Xu, 2019, "Living Standards, Poverty and Inequality in the Uk: 2019", Institute for Fiscal Studies, https://www. ifs. org. uk/publications/14193.

[14] BRAUNSTEIN M L. Health care in the age of interoperability: the potential and challenges. IEEE Pulse, 2018, 9(5): 34-36.

[15] Burchard T. Julian Le Grand and David Piachaud. Degree of Exclusion: De-

veloping a Dynamic Multidimensional Measure in John Hills Julian Le Grand David Piachaud: Understanding Social Exclusion, Oxford University Press, 2002, pp. 30-33.

[16] Bury, M. Chronic Illness as Biographical Disruption, Sociology of Health and Illness. 1982, 4(2): 167-182.

[17] CAPLAN G, KILLILEA M. Support system and mutual help: Multidisciplinary explorations. New York: Grune & Stratton, 1974: 19.

[18] Corbin, J. & Strauss, A. Unending Work and Care: Managing Chronic Illness at Home. San Francisco & London: Jossey-Bass Publishers, 1988.

[19] DATTA B K, HUSAIN M J, HUSAIN M M, et al. Non communicable disease-attributable medical expenditures, household financial stress and impoverishment in Bangla desh. SSM Population Health, 2018, 6: 252-258.

[20] Datta, B K, Husain M J, Husain M M, Kostova D. Noncommunicable Disease-attributable Medical Expenditures, Household Financial Stress and Impoverishment in Bangladesh. SSM Population Health, 2018, 6: 252-258.

[21] De Haan, A social Exclusion: Enriching the Understanding of Deprivation, 2000, 2(3): 22-40.

[22] Dribe, M. Long-term Effects of Childbearing on Mortality: Evidence from Pre-industrial Sweden. Population Studies, 2004, 58(3): 297-310.

[23] Duffifin, J. History of medicine: A scandalously short introduction. Toronto: University of Toronto Press, 2010.

[24] Evan Nesterak. Head of White House "Nudge Unit" Maya Shankar Speaks bout Newly formed Social and Behavior Science Team. The Psychreport, July 3, 2014. http://thepsychreport.com/current-events/head-of-white-house-unit-maya-shankar-speaks-about-newly-formed-us-social-and-behavior-science-team/.

[25] Foster J E. What is poverty and who are the poor? Redefinition for the United States in the 1990s, The American Economic Review, 1998, 88 (2): 335-341.

[26] Fried, LP, Tangen, CM, McBurnie, MA. Frailty in older adults: Evidence for a phenotype, JOURNALS OF GERONTOLOGY SERIES A-BIOLOGICAL

SCIENCES AND MEDICAL SCIENCES, 2001, 56 (3): 146-156.

[27] G. F. White. Natural Hazards: Local, National, Global, Oxford: Oxford University Press, 1974.

[28] Garcia-Diaz, R. & D. Prudencio, A Shapley decomposition of Multidimensional Chronic Poverty in Agentina, Bulletin of Economic Research, 2017, 69(1): 23-41.

[29] Gertler, P. and J. Gruber. Insuring Consumption Against Illness. American Economic Review, 2002, 92(1): 51-70.

[30] Go, AS, Chertow, GM, et al. , Chronic kidney disease and the risks of death, cardiovascular events, and hospitalization, New England Journal of Medicine, 2004, 351(13): 1296-1305.

[31] Grossman M. On the Concept of Health Capital and the Demand for Health. Journal of Political Economy, 1972, 80(2): 223-255.

[32] Gustafsson, Bjorn, and Ding Sai, Temporary and Persistent Poverty among Ethnic Minorities and the Majority in Rural China, Review of Income and Wealth, 2009, 55(1): 588-606.

[33] Hagman W. , Andersson D. , et al. Public Views on Policies Involving Nudges. Review of Philosophy and Psychology, 2015, 6(3): 439-453.

[34] Hank, K. Childbearing History, Later-life Health, and Mortality in Germany. Population Studies, 2010, 64(3): 275-291.

[35] Hansen P. G. , Jespersen A. M. Nudge and the Manipulation of Choice. European Journal of Risk Regulation, 2013, 1(2): 3-28.

[36] Henderson S. et al. Neurosis and the Social Environment. 1st ed, New York, Academic Press, 1981, 29-52.

[37] Hoang V M, Huong D L, Giiang K B, Byass P. Economic Aspects of Chronic Diseases in Vietnam. Global Health Action, 2009, 2(1): 1-8.

[38] Hofmann, B. Complexity of the concept of disease as shown through rival theoretical frameworks. New England Journal of Medicine, 2001, 352 (16): 1685-1695.

[39] Hollands G. J. , Shemilt I. Marteau T. M. , et al. Altering Micro-Environments to Change Population Health Behavior: Towards an Evidence Base for

Choice Architecture Interventions. BMC Public Health, 2013, 13(1): 1-6.

[40] Hyman P Minsky. The Financial Fragility Hypothesis: Capitalist Process and the Behavior of the Economy in Financial Crises, Edited by Cambridge University Press, 1982.

[41] Iacobucci, D. Mediation Analysis and Categorical Variables: The Final Frontier. Journal of Consumer, Psychology, 2012, 22: 582-594.

[42] In B. A. Cranefifield (Ed.), The historical development of physiological thought. New York: Hafner. 1960, pp. 353-373.

[43] Janie Percy-Smith. Introduction: The Contours of Social Exclusion in Janie Percy-Smith Edited, Policy Responses to Social Exclusion: Towards Inclusion? Open University Press, 2000, pp. 9.

[44] John Luke Gallup, Jeffrey D. Sachs. The economic burden of malaria. Working paper, Center for International Development at Harvard University. https://www. semanticscholar. org/paper/The-economic-burden-of-malaria. - Gallup-Sachs/807131a295fbb9444a039b8b76ce1dbab6efbd31? p2df.

[45] John T. Cuddington, John D. Hancock. Assessing the impact of AIDS on the growth path of the Malawian economy. Journal of Development Economics, 1994, 43(2): 363-368.

[46] Jonathan Fuller. What are chronic diseases? https://www. wisegeek. net/what-is-chronic-liver-disease. htm

[47] Kevin Ryan, Social Exclusion and the Politics of Order: The New Poverty, the Underclass and Social Exclusion, Manchester University Press, 2007, pp. 21-25.

[48] L. Todman, Reflections on Social Exclusion: What is it, How is it Different U. S. Conceptualisations of Disadvantage? And Why Might Americans Consider Integrating it into U. S. Social Policy Discourse? (Italy), 2004, p. 6.

[49] LAN X, ZHOU Z, SI Y, et al. Assessing the effects of the percentage of chronic disease in households on health payment-induced poverty in Shanxi province, China. BMC Health Services Research, 2018, 18(1): 871-879.

[50] Lange, G. The end of diseases. Philosophical Topics, 2007, 35(4): 265-292.

[51] Lee-Joy Cheng and Seng-Lee Wong. Examining Administrative Effect on Changes in TANF Caseloads in the United States [J]. Administration in Social Work, 2013, 37 (4): 39-58.

[52] Lewis Oscar, Five Families: Mexican Case Studies in the Culture of Poverty, Basic Books, 1995, p. 168.

[53] LIN NAN. Social Support: Life Events and Depression. FL: Academic Press, 1986: 28.

[54] Lindsay, R., & Cosman, F. Chapter 354. Osteoporosis. In D. L. Longo (Ed.), Harrison's principles of internal medicine (18th ed.). New York: McGraw-Hill. 2012.

[55] LINN KuLLBERGA, PAULA BLOMQVISTB, ULRIKAWINBLADA. Health Insurance for the Healthy? Voluntary Health Insurance in Sweden. Health Policy, 2019, 123(8): 737-746.

[56] Margolis, R., and Myrskyla, M. A Global Perspective on Happiness and Fertility, Population and Development Review. 2011, 37(1): 29-56.

[57] Pang L H, Alan D B, Scott R. Working Until You Drop: The Elderly of Rural China. The China Journal, 2004, 52(1): 73-94.

[58] Parker M G, Thorslund M. Health Trends in the Elderly Population: Getting Better and Getting Worse. Gerontologist, 2007, 47(2): 150-158.

[59] Peter Sauders, Can Social Exclusion Provide a New Framework for Measuring Poverty? SPRC Discussion Paper 2003, No. 127, p. 5.

[60] Pituch, K. A., Whittaker, T. A., & Stapleton, L. M. A Comparison of Methods to Test for Mediation in Multisite Experiments. Multivariate Behavioral Research, 2005, 40, 1-23.

[61] Preacher, K. J., & Hayes, A. F. Asymptotic and Resampling Strategies for Assessing and Comparing Indirect Effects in Multiple Mediator Models. Behavior Research Methods, 2008, 40, 879-891.

[62] Pritchett E. Matching Funds from the Federal Government for Medicaid Disease Management: Dietitians as Recognized Providers. Journal of American Dietetic Association, 2004, 104(9): 1345-1348.

[63] Queen Jessica, Zhang Jiajia, Sears Cynthia L. Oral antibiotic use and chronic

disease: long-term health impact beyond antimicrobial resistance and Clostridioides difficile, Gut microbes, 2020, 11(4): 1092-1103.

[64] Ravallion, M., Expected Poverty under Risk-induced Welfare Variability, Economic Journal, 1988, 393: 1171-1182

[65] Read D. et al. Social Networks and Coronary Heart Disease Among Japanese Men in Hawaii, American Journal Epidemiology, 1983, 117(4): 384-396.

[66] Reilly, J. J, Jr., Silverman, E. K., & Shapiro, S. D. Chronic obstructive pulmonary disease. In D. L. Longo (Ed.), Harrison's principles of internal medicine (18th ed.). New York: McGraw-Hill. 2012.

[67] Robert Anderson. The Aftermath of Stroke: The Experience of Patients and Their Families. Cambridge: Cambridge University Press, 1992.

[68] Robertson, F., Challenging the Generational Transmission of Tobacco Smoking: A Novel Harm Reduction Approach in Vulnerable Families, Child & Family Social Work, 2017, 22(1): 106-115.

[69] Romero M., Biswas D. Healthy-left, Unhealthy-right: Can Displaying Healthy Items to the Left of Unhealthy Items Nudge Healthier Choices?. Journal of Consumer Research, 2016, 43(1): 103-112.

[70] Rowntree, B. S. Poverty: A Study of Town Life. Bristol: Policy Press, 1901.

[71] Schofield D, Cunich M M, Shrestha R N. The Economic Impact of Dabetes through Lost Labour Force Participation on Individuals and Government: Evidence from a Microsimulation Model. BMC Public Health, 2014, 14: 1-8.

[72] Sen, A., Development as Freedom. Oxford: Oxford University Press, 1999.

[73] Shen H, Wan Fang, Wyer R S. Cross-cultural Difference in the Refusal to Accept a Small Gift: The Differential influence of Reciprocty Norms on Asians and North Americans. Journal of Personality and Social Psychology, 2011, 100(2): 271-281.

[74] Suhrcke M, Dieter U. Are Cardiovascular Diseases Bad for Economic Growth. Health Economics, 2020, 19(12): 1478-1496.

[75] Suhrcke M. and D. Urban. Are Cardiovascular Disease Bad for Growth, Working Paper, 2006, www. ifo. de/-DocCIDL/cesifo1_wp1845. pdf.

[76] Suhrcke, M., R. A. Nugent, D. Stuckler, et al. Chronic Disease: An Economic Perspective. https://www.docin.com/p-600919879.html

[77] Susser M. Widowhood: A Situational Life Stress or A Stressful Life Event? American Journal Public Health. 1981, 71(8): 793-795.

[78] Thorndike A. N., Sonnenberg L., Riis J., et al. A 2-phase Labeling and Choice Architecture Intervention to Improve Healthy Food and Beverage Choices. American Journal of Public Health, 2012, 102(3): 527-533.

[79] Timmerman P. Vulnerability, Resilience and the Collapse of Society: A Review of Models and Possible Climatic Applications. Toronto, Canada: Institute for Environmental studies, University of Toronto, 1981.

[80] Tony Atkinson etc., Social Indicators: The EU and Social Inclusion, Oxford: Oxford University Press, 2002.

[81] Townsend, P. The Development of Research on Poverty. in Department of Health and Social Security. Social Security Research: The Definition and Measurement of Poverty, HMSO, 1979.

[82] Tunceli K, Bradley C J, Nerenz D, et al. The Impact of Diabetes on Employment and Work Productivity. Diabetes Care, 2005, 28 (11): 2662-2667.

[83] UN. Report by the Secretary-General on the Prevention and Control of Non-Communicable Diseases. New York: The United Nations, 2012.

[84] Vestbo, J. et al., Global Strategy for the Diagnosis, Management, and Prevention of Chronic Obstructive Pulmonary Disease GOLD Executive Summary, AMERICAN JOURNAL OF RESPIRATORY AND CRITICAL CARE MEDICINE, 2013, 187(4): 347-365.

[85] Wagstaff, A., Lindelow, M., Gao, J., Xu, L. and Qian, J. Extending Health Insurance to the Rural Population: An Impact Evaluation of China's New Cooperative Medical Scheme. Journal of Health Economics, 2009, 28: 1-19.

[86] Wagstaff, A. The Economic Consequences of Health Shock. The World Bank, 2005, https://elibrary.Worldbank.org/doi/abs/10.1596/1813-9450-3644.

[87] Wakefifield, J. C. The concept of mental disorder. On the boundary between

biological facts and social values. American Psychologist, 1992, 47(3), 373-388.

[88] Walker R, Yang L C. China's move to measuring relative poverty: implications for Social Protection. Geneva: International Labor Organization Working Paper, 2021, p. 23.

[89] Wang, Z., X. Li, and M. Chen. Catastrophic Health Expenditures and Its Inequality in Elderly Households with Chronic Disease Patients in China. International Journal for Equity in Health, 2015, 14(1): 8-18.

[90] Westendorp, R. G. J., and Kirkwood, T. B. L. Human Longevity at the Cost of Reproductive Success. Nature, 1998, 396(6713): 743-746.

[91] Whelan, T. Christopher and Bertrand Maitre, Vulnerability and Multiple Deprivation Perspectives on Social Exclusion in Europe: A Latent Class Analysis, EPAG Working Paper, 2004-52, Colchester: University of Essex, June 2004.

[92] Williams, N. E. The factory model of disease. Monist, 2007, 90(4): 555-584.

[93] Wilson A. L., Buckley E., Buckley J. D., et al. Nudging Healthier Food and Beverage Choices through Salience and Priming. Evidence from a Systematic Review. Food Quality and Preference, 2016, 51: 47-64.

[94] WORLD BANK. World development report 2000/2001: attacking poverty. Washington, DC: World Bank, 2000.

[95] Yip, W. and Hsiao, W. C. Non-Evidence-Based Policy: How Effective is China's New Cooperative Medical Scheme in Reducing Medical Impoverishment? Social Science and Medicine, 2009, 68: 201-209.

[96] Zhang Xiaohong, Chen Hongbo, Liu Yanhui, Yang Bing. Influence of chronic illness resources on self-management and the mediating effect of patient activation among patients with coronary heart disease. Nursing open, 2021, 8(6): 3181-3191.